Das evolutionäre Führungsmodell

Michael Alznauer · Valerie Lesaar

Das evolutionäre Führungsmodell

Sieben Kernaufgaben für eine erfolgreiche und effiziente Führungskraft

3., aktualisierte und erweiterte Auflage

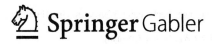

Michael Alznauer
Change Support Team
Bonn, Deutschland

Valerie Lesaar
MP - Management-Profiling GmbH
Bonn, Deutschland

Die ersten beiden Auflagen sind unter dem Titel erschienen: Natürlich führen. Der evolutionäre Quellcode der Führung

ISBN 978-3-658-28041-3   ISBN 978-3-658-28042-0 (eBook)
https://doi.org/10.1007/978-3-658-28042-0

Die Deutsche Nationalbibliothek verzeichnet diese Publikation in der Deutschen Nationalbibliografie; detaillierte bibliografische Daten sind im Internet über http://dnb.d-nb.de abrufbar.

Springer Gabler
© Springer Fachmedien Wiesbaden GmbH, ein Teil von Springer Nature 2006, 2013, 2020
Das Werk einschließlich aller seiner Teile ist urheberrechtlich geschützt. Jede Verwertung, die nicht ausdrücklich vom Urheberrechtsgesetz zugelassen ist, bedarf der vorherigen Zustimmung des Verlags. Das gilt insbesondere für Vervielfältigungen, Bearbeitungen, Übersetzungen, Mikroverfilmungen und die Einspeicherung und Verarbeitung in elektronischen Systemen.
Die Wiedergabe von allgemein beschreibenden Bezeichnungen, Marken, Unternehmensnamen etc. in diesem Werk bedeutet nicht, dass diese frei durch jedermann benutzt werden dürfen. Die Berechtigung zur Benutzung unterliegt, auch ohne gesonderten Hinweis hierzu, den Regeln des Markenrechts. Die Rechte des jeweiligen Zeicheninhabers sind zu beachten.
Der Verlag, die Autoren und die Herausgeber gehen davon aus, dass die Angaben und Informationen in diesem Werk zum Zeitpunkt der Veröffentlichung vollständig und korrekt sind. Weder der Verlag, noch die Autoren oder die Herausgeber übernehmen, ausdrücklich oder implizit, Gewähr für den Inhalt des Werkes, etwaige Fehler oder Äußerungen. Der Verlag bleibt im Hinblick auf geografische Zuordnungen und Gebietsbezeichnungen in veröffentlichten Karten und Institutionsadressen neutral.

Springer Gabler ist ein Imprint der eingetragenen Gesellschaft Springer Fachmedien Wiesbaden GmbH und ist ein Teil von Springer Nature.
Die Anschrift der Gesellschaft ist: Abraham-Lincoln-Str. 46, 65189 Wiesbaden, Germany

*Für die Menschen, die wir als **Sippe** erleben dürfen, in Liebe und Dankbarkeit,*

*und für unsere **berufliche Gemeinschaft** mit echter Freude am Miteinander*

Vorwort zur 3. aktualisierten Auflage

Das Chefsein beenden!

So lautet eine der radikalsten Auswüchse der aktuellen Diskussion in der „Welt der Führung". Provokante Thesen haben wieder einmal Konjunktur: #New Leadership, Agiles Führen, New Work, Digital Leadership, das Ende der Hierarchie, … Weltweit bekannte Großunternehmen zahlen für einen Besuch bei wirtschaftlich unbedeutenden Mikro-Firmen viel Geld, um sich anzuschauen, wie das funktionieren kann: das Chefsein zu beenden![1]

Paradoxerweise sucht unsere verunsicherte Weltengemeinschaft zeitgleich nach Wegen, zerrissene Länder, unterschiedlichste Anschauungen und multinationale Herausforderungen wirkungsvoller zu managen. Wir huldigen Unternehmer-Persönlichkeiten, deren Vermögen unfassbare Größenordnungen erreicht haben, und beobachten zugleich fasziniert scheinbar führungslose Gemeinschaften von Aktivisten.

Es ist schwer, in diesem widersprüchlichen Durcheinander nicht die persönliche Orientierung zu verlieren. Wenn dann noch visionäre Geister prophezeien, dass wir bald alle von einer Künstlichen Intelligenz geführt werden, ist die Verwirrung perfekt. Wird Führung stetig komplizierter, unattraktiver und geradezu lästig? Wird sie völlig anders, überflüssig oder digitalisiert?

Wir werden diese Fragen für Sie beantworten und Ihnen Perspektiven zur Verfügung stellen, mit denen Sie einfacher und wirksamer führen. Versprochen!

Bei der Erstauflage standen wir mit unserer Überzeugung, dass Führung uralte Wurzeln hat, noch weitgehend allein. Zwischenzeitlich ist der Bezug auf die Evolution des Menschen geradezu in Mode gekommen. Selbst auf wissenschaftlicher Seite sind mittlerweile interessante Texte zu unserer Perspektive auf die Führungsaufgabe veröffentlicht worden.[2] Daher erschien uns eine umfassende Aktualisierung dieser Auflage sinnvoll.

---

[1] Vgl. *Marie Rövekamp* in „Das Berufsgeheimnis" (DER TAGESSPIEGEL vom 12.02.2019, S. 3).
[2] Z. B. der von *Vaughn, Eerkens und Kantner* editierte Sammelband „The Evolution of Leadership" (2009), „An Evolutionary Psychology of Leader-Follower Relations" von *McNamara und Trumbull* (ebenfalls 2009) oder „Selected" von *van Vugt und Ahuja* (2010).

Da wir zudem vor einiger Zeit das 10-jährige Jubiläum unseres Führungsansatzes feiern durften, freut es uns besonders, Ihnen das „Update des Evolutionären Führungsmodells" für Ihre eigene Praxis zur Verfügung zu stellen.

Bonn, im November 2019
Michael Alznauer
Valerie Lesaar

Wir können wirksamer führen

"Unsere vormenschlichen Vorfahren waren weder auserwählt noch unschlagbar. Sie hatten einfach Glück."
　E.O. Wilson, Mitbegründer der Soziobiologie

Das Phänomen Führung ist selbst nach vielen Jahrzehnten der Forschung und Jahrtausenden der Praxis noch immer verblüffend unverstanden. Dass wir heute zwischen hierarchiefreier, agiler Selbstorganiation und der Ankündigung einer Führung durch Künstliche Intelligenz nahezu alles angeboten bekommen, bestätigt diese Tatsache nur. Offenbar funktioniert Führung auch, ohne dass wir sie völlig begreifen! Warum also damit beschäftigen?

Unabhängig davon, dass dies schlichtweg unterhaltsam sein kann, gibt es natürlich praktische Gründe: Wenn Sie sich durch das Buch einen größeren Erfolg in Ihrer Aufgabe[1] versprechen, gehören Sie zu den Menschen, die wir beim Schreiben vor Augen hatten. Wir möchten wertvoll für Sie und Ihre Mitarbeiter sein!

Gleichzeitig gehört Führung aber auch zu den wesentlichsten gesellschaftlichen Phänomenen! Darf es uns kaltlassen, wenn immer mehr Menschen bereit sind, „für den Kandidaten zu stimmen, der das simpelste Wahlversprechen hat und darüber hinaus ankündigt, dass er mit der Vergangenheit brechen und das ‚Establishment' entmachten wird"?[2] Unsere gemeinsame Zukunft wird zweifellos von der **Qualität unseres Führungsverständnisses** mitbestimmt. Es ist eindeutig nicht egal, ob und wie wir führen oder geführt werden! Für diese Erkenntnis reicht bereits ein oberflächlicher Blick in die Geschichtsbücher, in unsere Unternehmen oder in die politischen Organisationen.[3]

---

[1] Als Autorenduo, das zwei von drei Geschlechtern unserer Zeit abdeckt, diskutieren wir gerne über unsere Entscheidung, die männliche Sprachform zu wählen. Lieber diskutieren wir aber über Aspekte, die die Führungsqualität beeinflussen.

[2] *Moisés Naím* im Handelsblatt: „Boom für Scharlatane" (2019, Nr. 38).

[3] Da wir den Anspruch haben, die zeitlose Essenz der Führung herauszuarbeiten, werden wir hier weder tages- noch gesellschaftsaktuelle Themen in den Mittelpunkt stellen. Dies lässt sich in einem anderen Format sinnvoller tun: https://www.xing.com/communities/groups/lead2gether-community-4a0e-1102049/posts.

Nun zeigt das wahre Leben: Führung ist nicht nur wichtig – Führung ist auch schwierig! Offenbar sind wir Menschen manchmal eigensinnig und widerspenstig, manchmal pflegeleicht und folgsam. Wir suchen Orientierung und verteidigen zugleich unser Freiheitsempfinden. Wir sind kompliziert. Aber sind die entscheidenden Mechanismen des Phänomens Führung deshalb ebenso kompliziert? Wir werden Ihnen zeigen: Das ist nicht der Fall!

Unterstützung erhalten wir bei unserer Aufgabe von Seiten der ***Evolutionären Psychologie***.[4] Kurz gesagt, ist diese wissenschaftliche Perspektive davon überzeugt, dass die Idee der Evolution nicht nur für unser körperliches Erscheinungsbild relevant ist, sondern auch Erkenntnisse in Bezug auf unsere Psyche bietet. Kann es beispielsweise sein, dass Ihr Schreibtisch im Büro so steht, dass Sie mit dem Rücken zur Wand und nicht zur Tür sitzen? Spüren Sie den Adrenalinstoß, wenn ein Kollege Ihren Plänen öffentlich einen Strich durch die Rechnung macht – oder ein Autofahrer sich im Stau von der Nebenspur aus vor Sie drängt? Wir könnten noch viele ähnliche Beispiele aufzählen und vermutlich ist Ihre Antwort: Ja!

Ist es nicht verblüffend, dass wir solche Annahmen über Sie einfach so in den Raum stellen können? Wir kennen weder Ihr Leben noch die Erfahrungen, die Sie gemacht haben. Aber wir wissen, dass hinter unserem Verhalten **Muster** liegen, die wahrscheinlicher sind als andere. Und die Evolutionäre Psychologie weist darauf hin, dass viele von ihnen nicht zufällig auftreten, sondern mit der langen Geschichte unserer Art auf diesem Planeten zu tun haben.

Dabei geht es keinesfalls um die Reduzierung des Menschen auf Quasi-Instinkte. Es gibt keinen Zweifel daran, dass wir ***mehr sind als „biologische Maschinen"*** und unsere Zukunft erheblich von diesem Mehr abhängt. Allerdings schadet es uns, wenn wir grundlegende Facetten unserer sozialen und biologischen Natur missverstehen.

▶ Führung ist nichts, was *beliebig* zwischen Führungskräften und Geführten ausgehandelt werden kann oder in seinem wesentlichsten Kern aktuellen Moden folgt.

Erfolgreich führen kann nur, wer die menschliche Natur berücksichtigt, statt ihr entgegen zu handeln! Das evolutionär definierte Phänomen Führung besser zu verstehen, ist die grundlegendste Voraussetzung, um den eigenen Führungserfolg zu erhöhen!

Wie können wir uns das „Rätsel Führung" plastischer vor Augen führen? Unsere Lage ähnelt der Situation, auf einen Berg von Puzzle-Steinen zu blicken. Jeder einzelne steht für irgendein Detailwissen zum Thema Führung, für Studienergebnisse, theoretische Ansätze, empirische Belege, Erfahrungen, persönliche Glaubenssätze usw. Das einzige Problem ist, dass uns niemand eine nützliche Bild-Vorlage dazugelegt hat. Wir stehen vor einem einzigen großen Durcheinander!

---

[4] *Buss, D. M.*, Evolutionäre Psychologie, 2004.

Berater, Praktiker, Trainer, Autoren und selbst Wissenschaftler bedienen sich nun beliebig von diesem Berg, um Bilder nach ihren subjektiven Vorstellungen zu untermauern. Entscheidend für deren Erfolg ist oftmals der jeweilige *Unterhaltungs- und Vermarktungswert*. Ernsthafte Prüfungen der Wirksamkeit und des praktischen Nutzens gibt es kaum. Und dann ging den Beteiligten irgendwann leider auch noch die Kreativität aus. Die Führungsliteratur besteht deshalb zumeist aus – freundlich ausgedrückt – Wiederholungen.

Haben wir überhaupt eine Chance, einen anderen Weg einzuschlagen? Schauen wir uns die anstehende Herausforderung noch einmal an: Zunächst benötigen wir für unser Puzzle eine solide Unterlage. Dazu dient uns die Evolutionspsychologie. Sie liefert ein stabiles Fundament und erlaubt uns gleichzeitig, in unserem Puzzlestein-Durcheinander wichtige von unbedeutenden Steinen zu unterscheiden. Dann gilt es zu prüfen, ob aus dem verbleibenden Material ein stimmiges Ergebnis zu schaffen ist. Dazu möchten wir Sie auf eine kleine Zeitreisen durch die Geschichte menschlicher Gemeinschaften mitnehmen. Wir werden dabei zeigen, dass Führung von Beginn an für unsere Art eine entscheidende Überlebensstrategie darstellte.

Wir werden auch die Frage beantworten, was es mit dem *„Rätsel der Führungspersönlichkeit"* auf sich hat und welchen Wert die evolutionäre Führungsperspektive für die *Auswahl und Entwicklung* von Managern bietet. Unsere gemeinsame Reise beenden wir dann mit einem Blick in die *Zukunft der Führung*.

Wenn Sie die Meilensteine auf unserem gemeinsamen Weg später noch einmal Revue passieren lassen möchten, hier einige Lesetipps:

▶ Wichtiger Zwischenschritt: Eine Kernaussage oder Schlussfolgerung, die Sie einer kritischen Prüfung unterziehen sollten.

Beispiele, ergänzende Gedanken und Erläuterungen
Kleine Ausflüge: Informationen, die der Vertiefung dienen.

Tipp: Für Ihre Führungspraxis
Praktische Anregungen: Hinweise auf konkrete Konsequenzen der zuvor entwickelten Gedanken. Hier findet Ihr Bedürfnis nach „Tipps & Tricks" Nahrung.

Schauen wir uns nun an, mit welcher unglücklichen Ausgangslage wir konfrontiert sind, wenn wir uns mit dem Thema Führung beschäftigen. Erlauben Sie uns an dieser Stelle ein wenig Übertreibung und Zuspitzung, um das Wesentliche unmissverständlich transportieren zu können.

Das verflixte Problem Führung

„Um die kreativen Aspekte der Evolution zu verstehen, müssen wir jetzt auch anerkennen, dass Kooperation ein drittes Prinzip in der Entwicklungsgeschichte des Lebendigen darstellt."
Martin A. Nowak, Professor für Biologie

Nach wie vor übersteigt die Anzahl an Veröffentlichungen und Veranstaltungen rund um die Führungsaufgabe das tatsächliche Verständnis zum Thema deutlich.[1] Obwohl viele Bücher mit ihren Titeln Neues suggerieren (z. B. *„New Work"*,[2] *„Radikal führen"*[3] oder *„Leadership 2.0"*[4]): Im besten Fall legen sie weitere Puzzlesteine auf unseren unübersichtlichen Berg.

Zum Thema Führung gibt es mehr Veröffentlichungen, als wir jemals lesen können. Jeder schreibende Manager erzählt davon, wie er selbst erfolgreich geworden ist (oft völlig unterschiedliche, individuelle Erfahrungen), und in den Seminaren erfährt man mehr über die Wertvorstellungen des Trainers als über das sogenannte wahre Leben. Dazu kommen ganz persönliche Erlebnisse, wie wir selbst geführt wurden. Überall nehmen wir ein wenig mit und „basteln" selbst etwas, woran wir uns orientieren – zumindest hin und wieder. Mit kurzen Worten: Subjektivität, Zufall und Willkür beherrschen die Szene!

Unser Verständnis wird noch dadurch weiter erschwert, dass es nicht einmal so richtig gelingen will, den **Erfolg der Führung** näher zu bestimmen. In der Regel wird in der Literatur zumindest zwischen (A) dem *Karriereerfolg* einer Führungskraft und (B) ihrem *Beitrag zum Unternehmenserfolg* unterschieden. Eine nähere Bestimmung dieses Beitrags

---

[1] Es verwundert nicht, wenn *Oswald Neuberger*, einer der populärsten deutschen Führungsforscher, 2002 nahezu zynisch verlangt: „Statt kurzatmig Fakten auf Fakten zu häufen und mit unzulänglichen Messinstrumenten auf Verdacht herausgegriffene Variablen in ihrem Zusammenhang zu ungenügend operationalisierten Ad-hoc-Erfolgsmaßen zu bestimmen, muss der theoretischen Durchdringung der bereits vorliegenden Erfahrungen größere Aufmerksamkeit geschenkt werden …" (Neuberger, 2002, S. 433–434).

[2] *Hübler, M.*, New Work: Menschlich – Demokratisch – Agil, 2018.

[3] *Reinhard K. Sprenger*, Frankfurt: Campus.

[4] *Maren Lehky*, Frankfurt: Campus.

wird als „Herkulesaufgabe" definiert,[5] d. h. als menschlich unmöglich (wenn man bedenkt, dass Herkules ein Halbgott war).

Ein wenig Hoffnung macht da beinahe der Versuch, zumindest die *„Misserfolgsfaktoren der Führung"*[6] zu identifizieren. Bedauerlicherweise stellt sich ein Triumph nicht dadurch ein, dass man Dinge lässt, die die Niederlage garantieren.

▶ Für wie wertvoll würden professionelle Skifahrer es halten, wenn man ihnen den Tipp gäbe, nicht zu stürzen oder eine Muskelzerrung zu vermeiden?
Führungskräfte sind sogar noch schlechter dran als Leistungssportler: Es gibt viele Belege dafür, dass nicht einmal eine bislang ungebrochene Erfolgsbilanz ein Indiz dafür ist, nun zu wissen, was in Zukunft für das gemeinsame Gelingen zu tun wäre.

Führungserfolg entsteht offenbar nicht, indem man sich an klar festgelegte Verhaltensweisen oder Checklisten hält. Dazu ist die Aufgabe zu komplex. Es ist im Grunde sogar fraglich, ob die Aussage „Person x ist (generell) eine gute Führungskraft" überhaupt Sinn macht.

Die Suche nach *der* Führungspersönlichkeit liefert immer wieder die üblichen Facetten der menschlichen Natur. Diese Tatsache interpretiert *Neuberger* gnadenlos, wenn er feststellt, dass viele Studien „... die Grenze zu Kalenderweisheiten oftmals überschreiten".[7] Auch die Managementliteratur ist bei der Lösung unserer Schwierigkeiten „... in so hohem Maße wertlos, dass es sich, von wenigen Ausnahmen abgesehen, praktisch nicht lohnt, sie durchzusehen." Die interessantesten Ansätze sind hier noch solche, die „Schlüsselaufgaben der Führung" als Ausgangspunkt weiterer Überlegungen wählen: Für diese Linie war wohl Professor *Fredrik Malik* ein früher und sprachgewaltiger Vorreiter, dem unser größter Respekt gilt.

Auch die traditionsreiche Forschungslinie, nach *den* Eigenschaften oder Verhaltensmustern zu suchen, die erfolgreich Führende von weniger erfolgreichen unterscheiden, ist ohne größeren Gewinn geblieben: Top-Manager unterscheiden sich genau so deutlich voneinander wie andere Menschen auch.

Auf diesem insgesamt wackeligen Untergrund sehen sich viele Autoren und Forscher genötigt, die chaotische Welt der Führungsdefinitionen um weitere zu bereichern. *Neuberger* entlarvt diese Zugänge als völlig irrelevant: „Wer glaubt, mit dem richtigen Wort ließe sich die Sache entzaubern, irrt."

Peter van Eyk,[8] ein Kenner der Management-Szene, fragte uns vor Jahren einmal humorvoll „Authentisch führen, Radikal führen, Spirituelle Führung, Emotionale Führung

---

[5] *Neuberger, O.*, Führen und führen lassen, 2002, S. 305.

[6] Z. B. *McCall, M. W./ Lomardo, M. M. / Morrison, A. M.*, Erfolg aus Erfahrung. Effiziente Lernstrategien für Manager, 1995, und *Mintzberg, H.*, Manager statt MBAs. Eine kritische Analyse, 2005, S. 136.

[7] *Neuberger*-Zitate auf dieser Seite aus: Führen und führen lassen, 2002, S. 10/25/205.

[8] Damals Bereichsleiter Human Resources Development & Management der Vivento-Group, Deutsche Telekom AG, heute selbstständiger Management-Coach.

… jetzt auch noch Evolutionäre Führung. Ja, was denn nun?"[9] Spricht *van Eyk* Ihnen aus der Seele? Tragen wir mit unserem Ansatz einfach noch weiter zur Unübersichtlichkeit bei? Prüfen Sie selbst!

Wir versprechen Ihnen, dass Sie nach Lesen unseres Buches *jeden* anderen Führungsansatz in seiner Begrenztheit erkennen – und ihn in das Geamtbild des evolutionären Führungsverständnisses einbinden können.

Wir gehen davon aus, dass das Phänomen Führung parallel zu unserer eigenen evolutionären Entwicklung entstanden ist. Fragen wir uns: Womit begann für uns Menschen die Erfolgsgeschichte der Führung? Auf der Suche nach einer Antwort müssen wir weit in die Ur-Zeit unserer Spezies zurück …

---

[9] *Peter van Eyk* zitiert hier Titel von Büchern über Führung.

Inhaltsverzeichnis

Teil I   Die Evolution der Führung

Die Geburtsstunde der Führung 3
1   Leben in Gemeinschaft 5
2   Leben in Sozialstrukturen 9
3   Geführtes Leben 12
   3.1   Die Führenden 15
   3.2   Die Geführten 19

Führung auf dem Weg in die Gegenwart 23
1   Unser Bewusstsein entfaltet sich 24
   1.1   Zeitverständnis: Die Zukunft entsteht 25
   1.2   Komplexität und Dynamik: Die Welt gerät aus den Fugen 27
   1.3   Kompetenz-Explosion: Vom Traum der Welt-Herrschaft 28
2   Unsere Gemeinschaften werden größer 29
   2.1   Politik: Das Spiel um die Macht bekommt ein Eigenleben 30
   2.2   Organisation: Von der Sippe zur Institution 32
3   Wir mehren unseren Besitz 35
4   Kulturen differenzieren sich heraus 37

Teil II   Die Essenz der Führung

Die Aufgabenwelt der Führung ist überschaubar 43

Die Aufgaben professionell wahrnehmen 47

Die Kunst natürlicher Führung 51
1   Persönliche Positionierung: Anspruch erheben und die Legitimation erhalten 51
   1.1   Auftritt: Die eigenen Möglichkeiten wirkungsvoll anbieten .. 53
   1.2   Legitimation: Sich einen Vertrauensvorschuss erarbeiten 55
   1.3   Antritt: Die Führungsrolle spürbar übernehmen 58

2 Erfolgsmodell-Klarheit: Wissen, wie man den gemeinsamen
   Erfolg herstellt 61
   2.1 Wesentlichkeit: Die Erfolgsgesetze des größeren Ganzen verstehen 64
   2.2 Gemeinschaftlichkeit: Den Blick weiten 66
   2.3 Strategie: Eine vielversprechende Wette auf den Erfolg anbieten 69
3 Gemeinsame Wirklichkeit: Ein abgestimmtes Handeln sicherstellen 70
   3.1 Orientierung: Den unumstößlichen Kern des Erfolgsmodells
        verdeutlichen 72
   3.2 Synchronisation: Auf ein einheitliches Vorgehen einschwören 75
   3.3 Präsenz: Wesentliches in den Köpfen der Beteiligten bewusst halten 77
4 Umsetzung: Für die Verwirklichung des Erfolgsmodells sorgen. 80
   4.1 Navigation: Keine unnötigen Kräfte vergeuden 82
   4.2 Entscheidung: Der Gemeinschaft durch Verwirrung und Lähmung
        hindurch helfen 86
   4.3 Fortschritt: Dem Ziel stetig weiter nähern. 95
5 Leistungsgemeinschaft: Das Team wettkampffähig machen und halten 98
   5.1 Gemeinschaft: Zutrauen und Vertrauen entwickeln. 101
   5.2 Leistung: Sich auf den Wettkampf ausrichten 106
   5.3 Zusammenhalt: Interne Konflikte lebbar machen 111
6 Lebensraum: Das Biotop der Gemeinschaft sicherer machen. 114
   6.1 Ressourcen: Den Verhaltensspielraum der Gemeinschaft erhöhen 118
   6.2 Einfluss: Die Kontrolle über das Biotop erweitern 121
   6.3 Einbindung: Aus Fremden Verbündete machen. 123
7 Attraktion: Der Gemeinschaft zu einer guten Zukunft verhelfen 128
   7.1 Sicherheit: Aktuelle Ängste nehmen 132
   7.2 Perspektive: Zukunftsängste reduzieren 136
   7.3 Mythos: Der Gemeinschaft eine bleibende Bedeutung schaffen. 139

Das Besondere der persönlichen Situation berücksichtigen 143

Teil III   Persönlichkeit und Führung

Führungspersönlichkeit: Mythos oder Realität? 151
1 Das Phänomen Persönlichkeit in den Griff bekommen 156
2 Von den Kriminal-Profilern abgeguckt 159
3 Praxis-Tipps für Ihr Unternehmen 162

In die Führungsaufgabe hineinwachsen 169
1 Das richtige Führungsverständnis als Ausgangspunkt 173
   1.1 Wozu ist Führung gut? 175
   1.2 Wer soll die Führung übernehmen? 176
   1.3 Was ist gutes Führungsverhalten? 177

2	Erfahrung: Erfolgreich zum Führenden werden	181
3	Systematik: Die Abkürzung zum „Alten Hasen".	183
	3.1 Selbstreflexion: Der erste Schritt zur Freiheit	185
	3.2 Wandel: Der Schritt über uns hinaus	187
4	Künstlertum: Zur Führungspersönlichkeit reifen	189

Teil IV Die Zukunft der Führung

Führung 10.0 – Bitte nicht!		**195**
1	Was muss Führung heute und in Zukunft leisten?.	196
2	Werden wir irgendwann von Robotern geführt?	199
3	Wie entwickeln sich unsere Organisationen?	200
Führung über das Unternehmen hinaus		**203**
Wettbewerb der Erfolgsmodelle		**211**
Anhang		**215**

Teil I
Die Evolution der Führung

Die Geburtsstunde der Führung

> *„Eine Genossenschaft, welche eine große Zahl gut angelegter Individuen umfasst, nimmt an Zahl zu und besiegt andere und weniger gut begabte Gesellschaften, selbst wenn schon jedes einzelne Glied über die anderen Glieder derselben Gesellschaft keinen Vorteil erlangen mag."*
>
> *Charles Darwin*

Ersetzen wir in diesem Zitat das Wort „begabte" durch „geführte", dann haben wir eine Sichtweise, für die wir in diesem Buch argumentieren. Führung ist seit Urzeiten eine wesentliche Erfolgs- bzw. Überlebensstrategie menschlicher Gemeinschaften.

Den Geburtsmoment der Führung auf ein bestimmtes Datum zu legen, ist natürlich Unsinn. Aus unserer Perspektive fällt es jedoch schwer, Management geschichtlich gesehen als junge Disziplin zu betrachten.[1] Ebenso hielten wir schon 2006 die verbreitete Haltung für wenig überzeugend, archaische Gesellschaften und ihre Mitglieder seien hierarchiefrei und gleichberechtigt gewesen. Es erschien uns unvorstellbar, dass z. B. die kleine Gemeinschaft, die vor mindestens 350.000 Jahren über mehrere Generationen hinweg in der Nähe Erfurt drei Hüttenplätze, „Werkstattzonen" und einen „Schlachtplatz" bewohnte, in dieser Zeit mehr als 1000 Tiere jagte und verzehrte (darunter Nashörner, Waldelefanten und Höhlenlöwen), ohne Führung und Organisation auskam?[2]

---

[1] *Malik, F.*, Führen, Leisten, Leben. Wirksames Management für eine neue Zeit, 2001, S. 9.
[2] *Engeln, H.*, Wir Menschen. Woher wir kommen, wer wir sind, wohin wir gehen, 2004, S. 89 ff.

Erfreulicherweise erhalten wir mittlerweile Unterstützung für unsere Perspektive: „… in den frühesten Gruppen der prähistorischen Hominoiden gab es Arbeitsteilung und eine Hierarchie körperlicher Stärke und geistiger Fähigkeiten … Deshalb glichen und gleichen primitive Stämme eher kooperativen Hierarchien als verteilten Netzwerken. Selbst zwangsläufig kollaborierende Wildbeuter benötigen Führung."[3] Einer der berühmtesten Biologen unserer Zeit ist überzeugt, dass es schon vor 60.000 Jahren „Vorläufer der Medicis, Carnegies und Rockefellers gab, die sich und ihre Familien auf eine Weise voranbrachten, dass auch ihre Gesellschaften davon profitierten".[4]

Wurzeln unseres Verhaltens

Die Evolutionspsychologie definiert **wiederkehrende Überlebensprobleme** der Ur-Menscheit als Ausgangspunkt ihrer Überlegungen (z. B. Ernährung, Miteinander, Vermehrung). Um diese Probleme herum entstanden quasi „instinktive Lösungsmuster", die uns bis heute begleiten. Diese zwingen uns nicht auf, was wir konkret und im Einzelfall zu tun haben. Vielmehr konkurrieren häufig unterschiedliche Impulse in uns, die wir als innere Zerrissenheit erleben („zwei Seelen in einer Brust").

Welcher Impuls sich schließlich durchsetzt, hängt von vielen situativen und psychologischen Bedingungen ab. Wir verfügen damit über erfreulich mehr Verhaltensflexibilität als instinktgesteuerte Wesen oder reine Reiz-Reaktions-Organismen (z. B. Haie oder Amöben).

Wir können den Empfehlungen unseres Autopiloten widerstehen. Ausbauen oder abschalten lässt er sich nicht.

Wenn wir für das Phänomen Führung die evolutionspsychologische Perspektive wählen, müssen wir uns fragen: Für welches wiederkehrende Überlebensproblem stellt Führung eine Lösung dar?

Von Beginn an schuf das Leben in der Gruppe für unsere Vorfahren ein kritisches Spannungsfeld: Eine Gemeinschaft kann stärker als die Summe ihrer Mitglieder sein, ihre Mitglieder können sich aber auch untereinander vom Erfolg abhalten.[5] (siehe Abb. 1)

Genau in dieser Lage bot wirksame Führung einen **evolutionären Zusatznutzen**, da sie Konflikte reduzieren und das koordinierte Miteinander verbessern konnte. Sie machte dadurch das Überleben der Gruppe wahrscheinlicher! Wäre das nicht der Fall gewesen, würde uns das Thema Führung heute nicht mehr beschäftigen. Es wäre irgendwann in der Geschichte wieder verschwunden.

Führende mussten nicht die großen Retter sein oder allgemeines Wohlbefinden schaffen; – sie mussten nur aus einer Gesamtperspektive heraus die Wahrscheinlichkeit erhöhen, dass die

---

[3] *Ferguson, N.*, Türme und Plätze, 2018, S. 85.
[4] *Wilson, E.O.*, Die soziale Eroberung der Erde, 2016, S. 291.
[5] „Die Behauptung, das Leben in einer Gesellschaft basiere auf Kooperation, wirft vor allem das Problem auf, dass man damit vieles von dem ignoriert, was das Leben in einer Gesellschaft zu einer Herausforderung macht.", in *Moffett, M.W.*, Was uns zusammenhält. Eine Naturgeschichte der Gesellschaft, 2019, S. 42.

1 Leben in Gemeinschaft

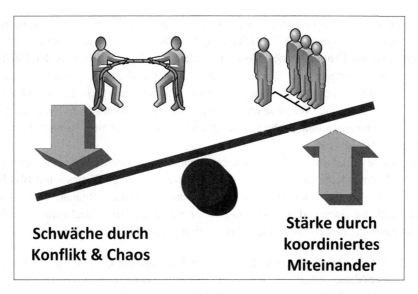

Abb. 1 Chancen und Risiken des Miteinanders

Gruppe ihr *aktuelles Ziel* erreichte. Damals hieß das: Sie sorgten dafür, dass das gemeinsame Überleben zusammen besser funktionierte! In dem Moment, in dem jemand diese übergreifende Aufgabe für die Gemeinschaft erfolgreich wahrnahm, war Führung geboren!

Wenn Sie mit uns die menschliche Frühgeschichte der Führung etwas beleuchten möchten – Interesse an evolutionspsychologischen Gedanken haben –, dann folgen Sie uns nun durch Teil I unseres Buches. Sollten Sie schon zu neugierig auf die praktische Seite geworden sein, dann blättern Sie einfach zu Teil II. Sie können den Hintergrund jederzeit auch später vertiefen.

▶ Viele Ansätze – egal aus welcher Profession – machen einen entscheidenden Fehler: Sie definieren Führung durch bestimmte Strukturen, Eigenschaften oder Verhaltensweisen. In dem Moment, in dem wir **Führung als Aufgabe** erkennen, ändert sich die komplette Perspektive!

1 Leben in Gemeinschaft

Alle heutigen Erkenntnisse sprechen dafür, dass die Entwicklung unserer Art stets in Gruppen stattgefunden hat. Eine Reihe von Wissenschaftlern betrachtet **Gemeinschaft und Kooperation** sogar als Basis des Lebens an sich.[6] Von Beginn an erlebten unsere

---

[6] *Fortey, R.*, Leben. Eine Biographie, 2002, S. 78.

Vorfahren, dass sie zusammen mit Artgenossen wesentliche Überlebensprobleme erfolgreicher bewältigen konnten (z. B. die Treibjagd, Aufzucht oder Verteidigung).

Dabei war die Gruppe nie bei *allem* erfolgreicher als ihre Einzelmitglieder. Ein Team-Dogma gibt es – entgegen der Sichtweise einiger moderner Autoren – nicht! Man kann aus dem Nutzen der *gemeinschaftlichen Arbeit* nicht ableiten, dass es nicht auch vieles gibt, was allein besser geht.[7] Wir sind immer gleichzeitig Individuum *und* Gruppenmitglied! Daher sind einige psychologische Spannungsfelder quasi in uns eingebaut und bestimmen unser Verhalten spürbar.

Im Grunde haben unsere Vorfahren untereinander einen Handel abgeschlossen, den sie niemals ablehnen konnten, und diesen – im wahrsten Sinne des Wortes – mit Blut besiegelt! Wie D'Artagnan, der Musketiere aus Alexandre Dumas Roman, es ausdrücken würde: „Alle für einen und einer für alle!" Wir bezeichnen diesen Deal gerne als „*Gegenseitiges Leistungsversprechen*" und werden darauf später näher eingehen.

▶ Zweifellos können wir von einem urzeitlichen gegenseitigen Leistungsversprechen unserer Ahnen ausgehen: „Wenn Du Deinen Teil des evolutionären Deals einhältst, halte ich auch meinen ein. Dann profitieren wir beide."

Wir sind überzeugt, dass dieser *Ur-Handel* ein Grundprinzip unseres menschlichen Überlebens und damit ein Teil unserer „psychologischen Hardware" geworden ist. Deshalb sind uns beispielsweise im Miteinander Zuverlässigkeit, Berechenbarkeit und Vertrauen so wichtig. Lösen Verstöße dagegen nicht auch bei Ihnen Emotionen aus?

Konnten unsere Ur-Ahnen ihr Versprechen an die Gemeinschaft aufgrund kurzzeitiger Probleme (z. B. Krankheit) nicht einhalten, wurde das von den anderen Mitgliedern ausgeglichen. So lange es sich eine Horde leisten konnte, war sie für Hilfsbedürftige da.[8] Nutzten diese die Unterstützung der Gruppe schamlos aus, wurde das gegenseitige Leistungsversprechen aufgekündigt. Ausgestoßen zu werden, kam damals im Grunde der Todesstrafe gleich: Das Ergebnis war dasselbe!

▶ Als kleinste psychologische Einheit innerhalb der Gemeinschaft lässt sich die **Zweier-Beziehung** verstehen, deren Kern durch eine **Deal-Dimension** bestimmt ist. Nun saßen damals keine Ur-Anwälte zusammen, um gegenseitige Verpflichtungen auszuhandeln. Daher war es nützlich, uns noch auf eine intensivere Weise aneinander zu binden.

Diese Funktion hatte und hat ein *„irrationaler Klebstoff"*, den wir als die **Emotionale Dimension** einer Beziehung verstehen können. Solche intensiven Verbindungen können wir nicht mit sehr vielen Wesen aufrechterhalten. (siehe Abb. 2)

---

[7] Schwächen und Gefahren der Gruppe sind z. B. die Illusion der Unangreifbarkeit, der Druck der Gruppenmeinung oder die Gefahr des sozialen Faulenzens (*Weinert, A. B.*, Organisations- und Personalpsychologie, 2004, S. 431 ff.).

[8] Es gibt sogar Knochenfunde, die zeigen, dass selbst schwer verletzte Gruppenmitglieder, die die ihnen erwiesene Unterstützung nie mehr ausgleichen konnten, lange gepflegt und am Leben erhalten wurden.

1 Leben in Gemeinschaft

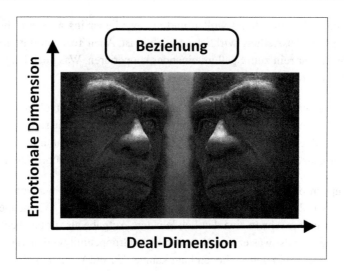

Abb. 2 Verbunden sein

Die kleinste Einheit einer Gemeinschaft – das „*Paar*" – wird durch den eigenen Nachwuchs zu einer „*Kernfamilie*". In Ur-Zeiten war es aus unterschiedlichsten Gründen (z. B. Transport, Ernährung, Verteidigung) nicht wahrscheinlich, dass diese sehr groß war. Vermutlich bildeten 2–3 Kernfamilien (eine Gruppe von etwa 15–25 Individuen), eine Existenzgemeinschaft bzw. einen „*Haushalt*". Mehrere solcher Haushalte (rund 150 Individuen) hatten enge Verbindungen mit- und zueinander, unterstützten sich in Notzeiten („*Clan*", Stamm, Sippe ...). Diese verschiedenen Größen fühlen sich für uns Menschen noch heute irgendwie *natürlich* an.

Sinnvolle Größen unterschiedlicher Gemeinschaften

Bestimmte Gruppengrößen haben sich durch unsere ganze Geschichte hinweg als praktisch erwiesen. Seien Sie also nicht erstaunt, wenn die Produktivität Ihrer Projektgruppe spürbar sinkt, wenn Sie diese z. B. um weitere Mitglieder von 7 auf 15 Personen erweitern.

Es gibt Unternehmen, die stark darauf achten, keine Organisationseinheiten zu haben, die über 150 Mitarbeiter hinausgehen. Zählen Sie mal, wie viele Freunde und wie viele gute Bekannte Sie haben. Und wie groß ist Ihr erweiterter Kreis? Wir wagen die These, Sie finden unsere Zahlen wieder.

Das Leben in der Gemeinschaft scheint uns – zumindest durchschnittlich – gut zu tun. Organisationsmitglieder, die Teil einer harmonisch eingespielten Arbeitsgruppe sind, werden gewöhnlich seelisch, geistig und körperlich mit den Arbeitsbedingungen besser fertig. Sie sind zufriedener, klagen seltener über Stress und sind weniger krank als diejenigen, die als Außenseiter keiner Gruppe angehören.[9]

Weil wir es also prima finden, Bestandteil einer Gemeinschaft zu sein, übertragen wir ihr bereitwillig einen Teil unserer Handlungs- und Entscheidungsfreiheit. Wenn im Urlaub

---

[9] *Weinert, A. B.*, Organisations- und Personalpsychologie, 2004, S. 417.

alle unsere Freunde zum Strand wollen und nur wir lieber ins Museum, überlegen wir schnell, ob uns die Ausstellung wirklich so wichtig ist. Auch Teamsportarten zeigen, dass wir Menschen sogar rein zum Spaß miteinander kooperieren. Was noch lange nicht heißt, wir seien *perfekte* Kooperationspartner.

▶ Die Evolution hat mit der Kooperationsfähigkeit unseren wertvollen egoistischen Impulsen nur einen weiteren Nutzenbringer zur Seite gestellt. Sie sah keine Notwendigkeit, den Mechanismus des Eigennutzes zu eliminieren – zumindest bislang. Somit sind wir ganz anders aufgestellt, als dies z. B. in Ameisenkolonien der Fall ist.[10]

Um überhaupt in den Kooperationsmodus zu kommen, müssen wir von der Grundannahme ausgehen, dass unser Gegenüber uns nicht schaden will. Wir nennen das heute **Vertrauen**. Für unsere Ahnen eine deutlich leichtere Aufgabe als für uns heute.

Jeder wusste damals, was er von einem anderen Gruppenmitglied erwarten konnte, da man einander schon sein ganzes Leben lang kannte. Unsere Vorfahren sind in eine – modern formuliert – *Vertrauenskultur*[11] hineingeboren worden. Studien belegen, dass nicht Freundschaft oder Verträge die wichtigsten kooperationsfördernden Faktoren sind, sondern der „Schatten, den die Zukunft wirft".[12] Mit dem Satz „Man sieht sich im Leben immer zweimal" bringen wir dieses instinktive Wissen zum Ausdruck. Solange sich unser Gegenüber erwartungsgemäß, d. h. berechenbar verhält, gibt es keinen Grund, das Vertrauen aufzukündigen.

Vertrauen

Wenn ein Homo erectus (einer unserer Urahnen) dem anderen das Essen wegnahm, entstand nicht zwingend Misstrauen zwischen diesen beiden, so merkwürdig uns das im ersten Moment vorkommen mag. Es ging allein darum, ob diese Aktion zu erwarten war. Vielleicht gab es Wut, Enttäuschung und Rachegefühle des Unterlegenen – Misstrauen entstand aber nur, wenn die Berechenbarkeit (Vorhersehbarkeit, Verlässlichkeit etc.) verloren ging.

Ähnlich sieht es aus, wenn Sie Ihrem Kind „versprechen", dass es kein Eis bekommt, wenn es Spielkameraden im Sandkasten etwas wegnimmt. Läuft es schließlich tatsächlich auf einen eisfreien Tag hinaus, ist Ihr Nachwuchs sicherlich nicht glücklich und dankbar. Sie haben aber damit das Vertrauen in Ihre Person verstärkt: Was Papa oder Mama sagen stimmt!

Wir wurden zwar schon immer automatisch in eine Gruppe hineingeboren, blieben aber nicht ebenso zwangsläufig darin. Es war also sehr wichtig, bei anderen toleriert und akzeptiert zu sein, im besten Falle sogar anerkannt. Pragmatisch, wie die Natur ist, hat sie diese Anerkennung an den **Wert des Einzelnen** für die Gemeinschaft geknüpft. Noch heute

---

[10] *Hölldobler, B., Wilson, E.O.*, Der Superorganismus, 2009.
[11] Zum Phänomen Vertrauen gibt es nicht ein Tausendstel der Forschung und Literatur, wie zu unserem Thema Führung. Dabei ist es eventuell der zweitwichtigste Einflussfaktor, wenn es um den Erfolg von Unternehmen geht (vgl. *R. Berth*, Erfolg, 1993).
[12] *Allman, W. F.*, Mammutjäger in der Metro, 1999, S. 109.

leiden wir, wenn wir für niemanden nützlich sind und keine Funktion in der Gemeinschaft haben. Die Erwartungen oder „Stellenbeschreibungen" waren zu Urzeiten wohl darauf beschränkt, was jemand aufgrund seines Alters oder seiner körperlichen Möglichkeiten tun konnte. Ausgrabungen von Grabstätten weisen jedoch darauf hin, dass daraus entstehende Statusunterschiede bereits vor 30.000 Jahren vorhanden waren.[13]

Spannenderweise hat die Gruppe gleichzeitig stets darauf geachtet, dass niemand größenwahnsinnig wurde, also seinen eigenen Wert überschätzte. Heute würden wir an dieser Stelle von Arroganz, Hochnäsigkeit oder Überheblichkeit sprechen. Das gefährdete nämlich den Frieden untereinander – und damit die Leistungsfähigkeit der Gemeinschaft. Man holte diejenigen „auf den Boden der Tatsachen" zurück.

> **Selbstwertgefühl**
> Es wird vermutet, dass unser Selbstwertgefühl ein subjektives Messinstrument für die Akzeptanz anderer Menschen sein könnte. Ist es nicht faszinierend, was wir alles tun, um es zu schützen oder gar zu steigern? Und ist es nicht ebenso beeindruckend, wie unendlich gnadenlos wir mit den Menschen umgehen, die es (vielleicht nur versehentlich) verletzen?

Wir müssen zugeben, dass wir nicht nachvollziehen können, wie diese Ur-Gemeinschaften von einigen Autoren und Forschern als egalitär bezeichnet werden können. Eine solche Haltung kommt wohl einer paradiesischen Verklärung archaischer Gesellschaften nahe. Stets wird als Begründung auf die Vielfalt kultureller Traditionen verwiesen, die zur Bewahrung der Gleichheit untereinander dienten. Eine irritierende Argumentation: Gerade die Tatsache, dass seit Ewigkeiten Maßnahmen gegen soziales Ungleichgewicht etabliert werden, beweist doch deren Notwendigkeit. „Da die Menschen in den Horden ständig Anstrengung darauf verwenden mussten, die Gleichberechtigung beizubehalten, liegt die Vermutung nahe, dass diese nicht der ursprüngliche Zustand der Menschheit war, sondern eine Alternative, die erst in jüngerer Zeit vervollkommnet wurde."[14]

Für uns steht außer Frage, dass es innerhalb der Gruppen schon immer Unterschiede in Bezug auf den Beitrag der Einzelnen zum *Überleben* (Deal) und zum *guten Miteinander* (Emotion) gab. Aus solchen Unterschieden entfaltete sich das, was wir heute *Sozialstrukturen* nennen.

2 Leben in Sozialstrukturen

In den frühen Horden gab es keine Klassen, um die man kämpfen konnte. Allerdings gab es sicherlich Unterschiede im Bereich der Kompetenzen und des Sozialverhaltens, die das Miteinander strukturierten. Was wir heute als „klassische" Anführerposition verstehen, hätte innerhalb der Gruppe wohl eher zu Zwist und Widerstand geführt. Sozial- und Machtstrukturen basieren bei uns Menschen schon lange „nicht primär auf Gewalt, sondern auf sozialer Intelligenz. Und sie dienen dazu, das Verhalten der Gruppenmitglieder zu

---

[13] *Moffett, M.W.*, Was uns zusammenhält. Eine Naturgeschichte der Gesellschaft, 2019, S. 221.
[14] *Moffett, M.W.*, Was uns zusammenhält. Eine Naturgeschichte der Gesellschaft, 2019, S. 209.

koordinieren, Konflikte zu vermeiden und Kooperationen zu ermöglichen. Nicht aus moralischen oder ideologischen Gründen, sondern weil es schlicht für alle besser ist".[15] Anders als viele andere Spezies fördern wir ein funktionierendes Miteinander zudem mit kulturell z. T. recht unterschiedlichen Regeln. Dabei gestalteten wir es so aus, wie es die spezifische Situation (z. B. sesshaftes oder nomadisches Leben) erfordert.

In unserem Zusammenhang interessiert insbesondere eine bestimmte Rolle in der Gemeinschaft: Wem folgen andere unter welchen Bedingungen freiwillig? Oder anders gefragt: Woher kommt unsere Neigung, entweder selbst zu führen oder zu folgen? Eine ganze Reihe von Autoren sehen die Eltern-Kind-Beziehung hier als Ausgangspunkt. Selbst in sehr freien Gesellschaften treten Anführer auf, „wenn entschiedenes Handeln erforderlich ist und keine Gelegenheit besteht, die Angelegenheit zu diskutieren".[16] In Notzeiten bilden sich auch in auffallend liberal-demokratisch geführten Völkergruppen straffe Hierarchien. Offenbar gilt für uns Menschen das Primat des Erfolges, sobald rasche Entscheidungen notwendig sind und eine große Herausforderung auftaucht.

Wir können also sagen: Gemeinschaften legitimieren einzelne Mitglieder in bestimmten Situationen zur Führung und statten sie dazu mit Macht aus.

Persönliche Wirksamkeit und Macht

Der Begriff Macht hat Wurzeln in vielen Kulturen und ist im Zusammenhang mit „etwas schaffen" zu finden. Er weist also darauf hin, dass Mächtige etwas vermögen, was andere nicht können. Das Phänomen hat also mit **Unterschieden zwischen den Menschen** zu tun und beruht auf persönlicher Wirksamkeit!

Schon kleinste Kinder haben Freude an der Erfahrung, etwas bewirken zu können, selbst dann, wenn das Ergebnis uns Erwachsenen völlig unsinnig erscheint. Haben Sie schon einmal einem Baby zum siebten Mal einen Schnuller in den Mund gesteckt, den dieses freudig erregt sofort wieder ausspuckt, um Ihre Reaktion zu genießen? Es spürt seine *eigene Wirksamkeit* – und hat einen riesigen Spaß daran.

Es gibt sehr unterschiedliche Macht-*Haber* und prinzipiell verschiedenste Macht-*Quellen*: Manche Menschen können besser laufen oder jagen, andere besser reden, kämpfen, flirten oder Probleme lösen. Das ist völlig natürlich und durchaus für eine arbeitsteilige Gemeinschaft von Vorteil.

Eine echte Schwierigkeit ergibt sich allerdings daraus, dass es für das **Machtstreben** keine triebbefriedigende, abschaltende Endsituation gibt. Wir haben Spaß daran, unseren Wirkungskreis zu erweitern und immer mehr bewirken zu können. Machtstreben kennt keine Grenzen, außer denen, die die Umwelt bzw. Gemeinschaft setzt.

Der Evolutionspsychologe *Mark van Vugt*[17] weist darauf hin, dass wir Strategien entwickelt haben, mit zu dominanten Gruppenmitgliedern umzugehen. Er nennt das unterhaltsamer Weise **STOP** (**S**trategies **T**o **O**vercome the **P**owerful): Der *Klatsch* untereinander ist nach

---

[15] *Pauen, M.*, Macht und soziale Intelligenz, 2019, S. 10.
[16] *Moffett, M.W.*, Was uns zusammenhält. Eine Naturgeschichte der Gesellschaft, 2019, S. 179.
[17] *Mark van Vugt and Anjana Ahuja*, Selected, 2010, S. 114 ff.

seiner Ansicht eine erste Verteidigungslinie gegen aufbegehrende Gruppenmitglieder oder fehlgeleitete Führung. Zeigt das keine ausreichende Wirkung, kommt es zu *öffentlichen Diskussionen* mit kritischem Ton. Auch die *Satire* kommt hier ins Spiel: deutlich sichtbare Kritik, gewürzt mit Humor. Im nächsten Stadium werden wir – mehr oder weniger sichtbar – *ungehorsam*, dann *entthront* die Gruppe den Führenden bzw. *desertiert*. Die heute erfreulich selten gewordene letzte Lösung ist für *van Vugt* das *Attentat*! Allerdings gibt es klare Zeichen, dass selbst Despoten länger hingenommen werden, wenn sie für wirtschaftliche Sicherheit und Wohlbefinden der Gemeinschaft sorgen, d. h., die Ur-Aufgabe der Führung erfüllen.[18]

Machtstrukturen

In großen Organisationen funktionieren die natürlichen Selbstheil- und Kontrollmechanismen in Richtung Führung (*van Vugts* STOP) nicht mehr gut. Wenn sich bestimmte (Macht-) Strukturen einmal gefestigt haben und mit der Kultur zu einem schlüssigen Ganzen wurden, sind sie schwer zu verändern. Nun bliebe prinzipiell noch die Wahlmöglichkeit der Geführten: Sie könnten die Gemeinschaft verlassen, an deren Führung sie nicht mehr glaubt. Da diese Lösung nicht immer und jedem zur Verfügung steht (z. B. aufgrund der Arbeitsmarktlage), kommt es stattdessen oftmals zur „stillen Lösung" der inneren Kündigung.

In besonders ausgeprägter Form finden wir diese Problematik bei nationalen Gemeinschaften. Was tun wir, wenn wir an das Erfolgsmodell unserer Landesführung nicht länger glauben können?

Macht ist *unlösbar* mit der Natur (des Menschen) verbunden! Und wir sollten dies auch nicht bedauern, schließlich ist es gut, dass wir unterschiedliche Kompetenzen haben. Macht an sich ist kein soziales Problem! Es ist der **Macht-Missbrauch**, der ernsthafte Schwierigkeiten produziert! Nur, woran erkennt man den Unterschied? Sie sollten dann sehr hellhörig werden, wenn

1. individuelle Fähigkeiten zu rein **egoistischen Zwecken** eingesetzt werden, was ein Aufkündigen des gegenseitigen Leistungsversprechens darstellt (Deal Dimension),
2. und gleichzeitig keine Rücksicht auf das **Selbstwertgefühl anderer** und damit auf das soziale Gefüge genommen wird (Emotionale Dimension).

Wir wissen nicht, in welchem Moment Hierarchie den negativen Beigeschmack von Machtmissbrauch bekommen hat. Vermutlich, weil hierarchisch Höherstehende mehr Chancen auf Status, Sex und Reichtum hatten – und sich dann oft nur noch auf deren Erhalt konzentrierten. Das sollte jedoch nicht dazu führen, das Prinzip der Hierarchie grundsätzlich infragezustellen. Die Abschaffung der Ausbeutung des Menschen durch den Menschen (das anarchistische Hauptziel) ist nicht durch Hierarchiefreiheit zu erreichen. **Macht ist nicht abschaffbar!** Genau deshalb ist es sinnvoll, an transparenten Machtstrukturen zu arbeiten, die von den Beteiligten reflektiert, legitimiert oder abgelehnt werden können. Der Missbrauch von Macht muss (von den Geführten) erkannt und geahndet werden können.

---

[18] Vgl. *Diamond, J.*, Krise. Wie Nationen sich erneuern können, 2019, S. 165.

Übrigens kann auch mit der Entsorgung offizieller Machthaber – wie es beispielsweise derzeit im Rahmen von „*New Leadership*" immer wieder diskutiert wird – das Phänomen Führung nicht beseitigt werden. Es entstehen unmittelbar neue, meist dann informelle Führungsstrukturen. Der Anthropologe *Donald Tuzin* weist darauf hin, dass Gleichberechtigung in der Regel eine recht unangenehme Doktrin ist, „denn sie verbindet sich mit ständiger Wachsamkeit und Intrigen unter den Mitgliedern einer Gesellschaft, die sich darum bemühen, untereinander gleich zu bleiben."[19]

Machtmissbrauch
Während das schmiedeeiserne Gartentor der Lehrwerkstatt für den Direktor egoistisch sein mag, fördert es zumindest noch die Kompetenzen der Auszubildenden und könnte gar deren Selbstwertgefühl steigern. Die sexuelle Affäre mit jemandem, der später stillschweigend „versetzt" wird, hat da eine andere Dimension.

Vorfahren, die ihre egoistischen Antriebe nicht kontrollieren konnten oder ihre Möglichkeiten (ihre Macht) nur für egoistische Zwecke nutzten, werden im Exil geendet haben, von der Gemeinschaft getötet oder gefangen genommen worden sein.[20]

Halten wir fest: Soziale Strukturen und bestimmte Rollen entstehen in Gruppen nahezu automatisch (z. B. Mitläufer, Know-how-Träger, Treiber). Selbst Mitglieder, die quasi „am Rande" der Gruppe leben (Außenseiter, Prügelknaben, Sündenböcke), haben trotz geringer Integration eine Aufgabe für den Gruppenzusammenhalt zu erfüllen. Vermutlich könnten Sie uns einige interessante Anekdoten zum Thema „Sündenböcke in Wirtschaftsunternehmen" erzählen. Jeder von uns hat solche Erfahrungen, weil sie ein Ur-Thema menschlichen Miteinanders betreffen. Solche *Rollen* sind aber nicht mit Persönlichkeiten zu verwechseln und entstehen oft in unterschiedlichen Aufgaben neu. Wäre es nicht spannend, den ehemaligen Pausen-Clown Ihrer Schule heute einmal mit seinen Mitarbeitern zu erleben?

Wir gehen davon aus, dass die bislang beschriebenen sozialen Phänomene bereits in der archaischen Welt unserer Ur-Ahnen zumindest bereits angelegt waren. Und genau in dieser Welt kristallisierte sich ein neues Erfolgsmodell menschlicher Gemeinschaften heraus: Führung! Sie ist eine Methode, das *Spannungsfeld von Konflikt und Kooperation* bei der Verfolgung gemeinsamer Ziele zu beherrschen.

3 Geführtes Leben

Als spezielle Problemlöse-Methode war Führung zunächst nur ein weiteres *Experiment der Natur*, denn diese hatte ähnliche Probleme bereits in anderer Form bewältigt. So gibt es beispielsweise keinerlei Hinweise darauf, dass Insektenstaaten einer Führung bedürfen,

---

[19] Vgl. *Moffett, M.W.*, Was uns zusammenhält. Eine Naturgeschichte der Gesellschaft, 2019, S. 181.
[20] *Richerson, P. J., Boyd, R. & Paciotti, B.*, An Evolutionary Theory of Commons Management, Draft 4.0 May 30, 2001, Chapter intended for: Institutions for Managing the Commons, Stern, P., managing editor, National Research Council, S. 12.

um ähnliche Überlebensaufgaben zu lösen. Ihr Superorganismus basiert – ab einer Größenordnung von etwa 100.000 Individuen – wohl ausschließlich auf dem Prinzip der Selbstorganisation.[21] Aber wir sind keine Insekten und funktionieren offensichtlich auch sozial anders. Daher ist es nicht so nützlich, das zweifellos spannende Thema **Selbstorganisation** für menschliche Großgruppen zu arg zu strapazieren.

Man braucht auch nicht für jede Situation Führung! Eine lose zusammenstehende Ansammlung von Personen (in unserem Bild: ohne Deal und ohne emotionalen Bezug) kann gut darauf verzichten. Das ändert sich erst, wenn diese Menschen etwas „miteinander zu schaffen haben". Dann kann eine wirkungsvolle Einheit entstehen und Führung als Problemlösemethode seinen Wert entfalten.

Unsere Ahnen profitierten von Beginn an von Führung! Sonst hätte die Evolution dieses Experiment rasch wieder beendet. Die Gemeinschaften, die in der Lage waren, auch wichtige Großprojekte erfolgreich zu managen, lebten zweifellos erfolgreicher. Damals war nicht entscheidend, ob der Einzelne seine individuellen Chancen verbesserte (vielleicht starb er bei der Jagd auf Großwild), sondern ob die Gesamtgruppe erfolgreicher fortbestand.

Worin besteht nun genau die evolutionäre Ur-Aufgabe der Führung? Ganz unspektakulär ging es von Anfang an darum, für den gemeinsamen Erfolg Sorge zu tragen! (siehe Abb. 3)

Wenn wir fragen, was genau denn dieses „*Es*" ist, das zum Funktionieren gebracht werden soll, suchen wir nach dem Grund, aus dem sich die Gruppe zusammengefunden hat – vielleicht besser noch: nach ihrem Sinn! Prosaisch ausgedrückt, lautet eine der grundlegendsten Fragen jeder geführten Gruppe auch heute noch: „*Was ist unser Mammut?*" Zu welchem Zweck tun wir uns zusammen? In Bezug auf die Ur-Aufgabe macht es also überhaupt keinen Unterschied, ob man Bergführer, Abteilungsleiter oder Familienoberhaupt ist! Die Aufgabe besteht stets darin, dafür zu sorgen, dass es gemeinsam besser funktioniert. (siehe Abb. 4)

> **Tipp: Eine Zielsetzung finden, die Gemeinschaft fördern kann**
> Machen Sie nicht den Fehler, die stets propagierten „Zielvereinbarungen" als Lösung für diese Aufgabe zu betrachten. Glauben Sie wirklich, dass Ihr Team sich tief verbunden bei der Herausforderung erlebt, mit vereinten Kräften an einer Umsatzsteigerung von 15 %, einer Prozessoptimierung oder Ertragssicherung zu arbeiten?
>
> Versuchen Sie auch nicht, das „Mammut" der Gruppe durch (künstliche) Team-Erlebnissen zu ersetzen; frei nach dem Motto: Wir brauchen mal einen Workshop, ein Outdoortraining oder ein Barbeque. Auf diesem Weg ist dieser evolutionspsychologische Baustein der Führung nicht zu kompensieren!
>
> Also: Arbeiten Sie sorgfältig daran, eine gemeinsame, attraktive Großaufgabe für Ihr Team zu identifizieren und in den Köpfen präsent zu halten!

---

[21] *Wieser, W.*, Die Erfindung der Individualität oder Die zwei Gesichter der Evolution, 1998, S. 469.

Abb. 3 Die Ur-Aufgabe der Führung

Abb. 4 Erfolgreicher mit Führung

Fassen wir zusammen: Gruppen, in denen jemand das gemeinsame Gelingen aus einer Gesamtperspektive zum Kern seines Engagements machte, waren statistisch erfolgreicher. Was mögen das für Typen gewesen sein? Wem waren die anderen bereit zu folgen? Sicherlich war es für unsere Urahnen nicht nützlich, die Verantwortung für diese Rolle per Zufallsprinzip zu vergeben. Gab es ein „Assessment-Center der Vorzeit"?

3.1 Die Führenden

Es kann rasch Missverständnisse auslösen, Führung mit dem Thema Evolution in Zusammenhang zu bringen. Bei Vorträgen wurden wir schon gefragt, ob Führende die genetisch besser Ausgestatteten seien, also die von der Natur *Auserkorenen*. Hat die Evolution dafür gesorgt, dass eine außergewöhnliche Untergruppe unserer Art die schwächere Masse führt? Hier und jetzt ganz eindeutig: Das halten wir für *extrem unwahrscheinlich*!

> **Es gibt kein spezielles Manager-Gen**
> Wir argumentieren nicht, dass Führende mehr Nachkommen zeugten und damit sozusagen ein „Manager-Gen" weitervererbt hätten. Vielmehr haben sie mit ihrem Beitrag die Wahrscheinlichkeit erhöht, dass sich die ganze Gruppe erfolgreicher vermehrte – und damit auch das Phänomen der geführten Gemeinschaft weiterlebte.

Es geht bei der Führung nicht darum, dass manche („schwache") Wesen eine solche brauchen und Eliten besondere Verantwortung übernehmen müssen, um dem Chaos in der Welt vorzubeugen, wie es *Weibler*[22] für den anthropologischen Erklärungsansatz der Führung unterstellt. In dieser Perspektive ist Hierarchie (wörtlich übersetzt: heilige Ordnung) die einzige Alternative zum Chaos, und Menschen müssen im Zweifelsfall auch gegen ihren Willen geführt und damit „gerettet" werden. Das sehen wir anders und begründen das auch gerne!

▶ Führende sind keine kleine Gruppe von Über-Menschen! Auch in der kläglichsten Gemeinschaft Unterprivilegierter findet Führung statt, sobald es eine gemeinsame Aufgabe gibt, die man nur zusammen bewältigen kann.

Wir sollten uns die Ur-Führenden auch nicht als selbstlose Helden und einsame Kämpfer vorstellen. All unsere Vorfahren sind als *problemlösende, soziale Angstwesen* in ihrer Welt unterwegs gewesen. Diese Welt war ein verschlungener, überquellender Dschungel voller Gefahren. Viele Bewohner waren schneller und gefährlicher als wir. Statt durch ihren Alltag zu wüten, haben unsere Vorfahren wohl einfach nur versucht zu überleben. Helden wären sehr früh gestorben!

---

[22] *Weibler, J.:* Personalführung, 2001, S. 10.

Angst als Urinstinkt der Säugetiere

Erst mit dem Verschwinden der großen Reptilien (Dinosaurier), damals die unumschränkten Herrscher ihrer Welt, wurden die Säugetiere von über 100 Millionen Jahren der Bedeutungslosigkeit befreit. Machen wir uns nichts vor: Die Vorfahren unserer Ahnen waren von Natur aus Angsthasen, denn sonst hätten sie nicht überlebt. „Wir können uns vorstellen, wie sie, mit empfindlichen Schnurrhaaren versehen, zitternd unter einem Palmfarngehölz Schutz suchten, während Sauropoden donnernd vorbeistampften; sie warteten auf den Einbruch der Dunkelheit, um sich hastig über die Reste der Mahlzeit des Riesenreptils herzumachen."[23] Wir sind überzeugt, diese vorsichtige Art ist uns grundsätzlich erhalten geblieben.

Was wir fürchten, ist tief in uns verwurzelt, und auch heute noch schleppen wir die Urängste unserer Vorfahren mit uns herum. Wir sind „Alarmwesen" und unsere Reaktionen werden davon stark beeinflusst. Unsere Ahnen flohen sofort aus der Gefahrenzone. Sie kämpften – wie die meisten Lebewesen – nur um ihr Leben, wenn es unumgänglich war. Statt Helden zu sein, gingen sie die anstehenden Aufgaben einfach *trotz* ihrer Angst an. Aus dieser Welt entstammten die ***ersten Führer***.

Aber auf welcher Basis wurden diese von der Gruppe ausgewählt?

Empirische Untersuchungen bestätigen immer wieder, dass bestimmte Personen verstärkt als Führende wahrgenommen werden. Offenbar verfügen wir hier über ***prototypische Vorstellungen***. Insbesondere Verhaltensweisen, auf die Forscher die Etiketten „Intelligenz" und „Dominanz" geklebt haben, spielen dabei eine Rolle. Lässt sich das aus unserer Perspektive erklären? Erfüllten intelligente, dominante Hominiden die Ur-Aufgabe der Führung durchschnittlich besser? Nun, das hängt natürlich davon ab, was wir damit meinen.

Intelligenz

Während wir viele Jahrzehnte den Grad der Intelligenz über Quotienten bestimmen wollten, wird in der neueren Intelligenzforschung mittlerweile eher von Erfolgsintelligenz gesprochen. Damit ist die Fähigkeit gemeint, die Probleme zu lösen, die in einer bestimmten Umwelt anstehen. Dieser (interkulturell gültige) Intelligenzbegriff korreliert also vor allem mit relevanten Erfolgen im Leben und nicht in erster Linie mit Schulnoten.

Es steht für uns außer Frage, dass es fähige Gruppenmitglieder waren, denen gefolgt wurde. Für die Ur-Geführten war es (überlebens-)wichtig, dass die Führenden von der anstehenden gemeinsamen Aufgabe viel Ahnung hatten – in diesem Sinne also intelligent waren. Personen, die ein solches ***Verständnis der Lage*** mit ***problemlösender Einflusskraft***[24] verbanden, müssen für die frühen Gruppen sehr wertvoll gewesen sein.

Während die intensive Verbreitung von *Intelligenz* durchaus nützlich ist, würde eine weite Verbreitung von *Dominanz* in wenigen Generationen zu Mord und Totschlag führen. Eine evolutionär stabile Strategie darf letztere also nur vorsichtig fördern und muss darauf achten, dass dominantes Verhalten sozial eingedämmt bleibt. Ein für die Gemeinschaft

---

[23] *Fortey, R.*, Leben. Eine Biographie, 2002, S. 339.

[24] Dieses Etikett gefällt uns viel besser, als von Dominanz zu sprechen.

wertloses Durchsetzen von egoistischen Interessen löste wohl den Widerstand der Gruppe aus. Der *Ur-Soziopath* wurde verbannt oder getötet. „Dumme Durchsetzung" eliminierte sich quasi von selbst. „Damit der Betrieb in der Horde reibungslos lief, waren feinabgestufte zwischenmenschliche Fähigkeiten erforderlich."[25]

Ranghohe Säugetiere

Eibl-Eibesfeldt weist darauf hin, dass bei geselligen höheren Säugern nicht die Dominanz für die Rangordnung den Ausschlag gibt: „Der Ranghohe wird unter anderem aufgrund seiner Fähigkeit, Streit zu schlichten, Schwache zu schützen, Feinde abzuweisen, die Initiative zu ergreifen und Aktivitäten organisieren zu können, gewählt und erst in zweiter Linie auf Grund seiner Aggressivität. Diese Leistungen setzen neben Durchsetzungsvermögen Intelligenz und Erfahrung voraus … Statt einer Dominanzbeziehung liegt ein Führungsverhältnis vor." Eine interessante Sichtweise!

Wir können also durchaus vermuten, dass es ein Auswahl-Verfahren der Urzeit gab. Die Kriterien waren nicht sehr differenziert, aber wertvoll: *„Erfolgsintelligenz"* und *„problemlösende Einflusskraft"*. Später wird die *„Fähigkeit mit der Sprache"* umzugehen (heute als Kommunikationskompetenz bezeichnet) dazugekommen sein.

Etwas flapsig ergänzt: Die Probezeit der ersten Führungskräfte war zudem länger. Sie konnten zweifellos nicht einfach machen was sie wollten, sondern standen unter beständigem Erfolgsdruck. Erfüllten sie ihre Aufgabe nicht (mehr), wurde es rasch eng für sie. Führung war schon immer eine **Konkurrenzsituation**: War die Gemeinschaft überzeugt, dass ihr Überleben unter Leitung eines anderen Mitglieds wahrscheinlicher ist, kam es wohl bald zum Wechsel.

Unter Evolutionsperspektive müssen wir uns an dieser Stelle fragen, welchen Nutzen es für den Einzelnen hatte, die anstrengende Führungsfunktion zu übernehmen. Zuallererst profitierte er natürlich – wie alle in der Gruppe – vom **gemeinsamen Erfolg**. Schwer vorstellbar, dass sich der kompetenteste Jäger zurückhielt, um nicht in diese anstrengende Führungsrolle gedrängt zu werden. Er hatte Hunger und nutzte seine Fähigkeiten sicherlich optimal aus. Zweifellos genoss er auch die **Anerkennung** (nicht nur vom anderen Geschlecht) nach getaner Arbeit und die **Privilegien**, die die Gemeinschaft ihm zugestand.

Das, was wir heute *Verantwortungsgefühl* nennen, hatten dagegen sicherlich nahezu alle Gruppenmitglieder. Wir glauben nicht, dass sich Führende hier auffallend abhoben und ihre Rolle aus dieser Motivation heraus übernahmen. Leichter fällt uns da die Vorstellung einer Negativauswahl: Mitglieder ohne Verantwortungsgefühl für die Gemeinschaft fanden weniger Akzeptanz und Gefolgschaft!

▶ Aus evolutionspsychologischer Sicht liegt die Vermutung nahe, dass die erfolgreiche Erfüllung der Ur-Aufgabe der Führung schon immer zu besonderem ***Ansehen***[26], ***Status und Privilegien*** führte.

---

[25] *Moffett, M.W.*, Was uns zusammenhält. Eine Naturgeschichte der Gesellschaft, 2019, S. 179.
[26] Der Begriff „An-sehen" verbindet sehr schön die Verbindung von Einfluss und sozialer Aufmerksamkeit.

Gesellschaftliche Klassen bzw. Hierarchien gab es in den überschaubaren Horden unseren Urahnen noch nicht, soziale Unterschiede dagegen schon. „In so unterschiedlichen Gruppen wie Jäger- und Sammlergemeinschaften auf der einen oder einer Versammlung im Großbritannien des 18. Jahrhunderts hatten einige Menschen größeren Einfluss als andere …". Sie verdankten „ihren Vorrang überlegenem Wissen, besonderem Mut und ähnlichen Vorzügen, und die anderen Mitglieder der Gruppe entschieden, ob sie sich von ihnen führen lassen wollten oder nicht … Das ist Führung in ihrer reinsten Form: Der Führer … als eine Person …, von der sich andere Menschen führen lassen *wollen*."[27] Es kann heute noch belegt werden, dass solche einflussreichen Personen durchaus auch von den Gruppennormen abweichen dürfen, dass sie jedoch die Erwartungen, die an ihre Führungsposition geknüpft sind, weiterhin strikt zu erfüllen haben.[28]

Erfolgreiche versuchten (und versuchen!) immer wieder, ihren sozialen Status in der Gemeinschaft mit allen Mitteln zu halten. Konzentrieren sie ihre Kräfte jedoch auf den Erhalt der Privilegien und vernachlässigen dabei die eigentliche Ur-Aufgabe der Führung, wird ihnen die Legitimation und Unterstützung wieder entzogen. Es entsteht eine sich selbst verstärkende Dynamik: Je intensiver man sich auf die persönlichen Vorteile konzentriert, desto eher verlieren man sie! Es kommt zum Führungswechsel – oder zur erbitterten Verteidigung der Privilegien, d. h. zur **Diktatur**!

> **Tipp: Konzentrieren Sie Ihre Energie nicht direkt auf die Sicherung Ihrer Position**
> Widerstehen Sie der Versuchung, auf Ihrem Karriereweg gewonnene Macht und Vorteile direkt in den Positionserhalt zu investieren. Das mag sich (politisch) geschickt und schlau anfühlen, setzt jedoch einen gefährlichen Mechanismus in Gang: Ihre Mitarbeiter entziehen Ihnen Akzeptanz und Unterstützung, und Ihre weitere Entwicklung ist gefährdet. Das oft beobachtbare Resultat: Erhöhung von Druck und Kontrolle, wachsende Demotivation, Konflikte nehmen zu, Karrieren-Rettung durch Job-Hopping …
>
> Also: Investieren Sie Ihre gewonnene Macht in erster Linie in die immer bessere Erfüllung der Ur-Aufgabe der Führung. Bauen Sie auf diesem Weg Ihre Legitimation weiter aus und verdienen sie sich Ihre Privilegien!

Als immer größere Herausforderungen auftauchten (z. B. kriegerische Angriffe) oder gesucht wurden (z. B. Bau von Bewässerungsanlagen) wuchs auch der Wert wirksamer Führung. Die Entwicklung der frühen Führer hin zu mehr Einfluss und Macht („big man")

---

[27] *Brown A.*, Der Mythos vom starken Führer, 2018, S. 58.
[28] *Hollander, E. P.*, Some effects of perceived status on responses to innovative behavior, in: Journal of Abnormal and Social Psychology 63, 1961, S. 247–250.

nahm ihren Lauf.[29] Es erstaunt nicht, wenn wir auch heute noch in **Krisensituationen** (z. B. Terror oder Wirtschaftskrisen) bereit sind, unseren Führenden mehr Macht zuzugestehen. Und es wird ebenfalls verständlich, wieso diese uns gerne von solch großen Bedrohungen berichten, um uns zur bereitwilligen Gefolgschaft zu bewegen.

Wir bezweifeln, dass die Führungsrolle an sich dabei ständig verteidigt werden musste, wie manche Autoren annehmen. Der Führende war von seinem Ursprung her kein *gewalttätiger Diktator*; er war in erheblichem Maße von der Gruppe *ermächtigt* und so wertvoll, dass diese ihn schützte – statt ihn anzugreifen. Notfalls verteidigte man ihn (ähnlich wie Schachfiguren den König) mit dem eigenen Leben. Fiel der Führende im Kampf mit einer anderen Gruppe, war oft die ganze Auseinandersetzung verloren.

Viele Beschreibungen der Vorgeschichte der Menschen gehen davon aus, dass erst der Übergang zur Agrargesellschaft den Weg für Macht und Rollenunterschiede eröffnete. Es lässt sich jedoch zeigen, dass deren Ursprünge viel älter sind: „… genau wie ein Chamäleon, das je nach den Umständen seine Farbe ändert, so gestalteten auch die Menschen ihr Sozialleben um, wie es die Situation erforderte …"[30] Unsere Art war schon immer – auch zu Zeiten der Jäger und Sammler – in der Lage, sowohl in lockeren Sozialverbänden als auch in straffer organisierten und geführten Gruppen zu handeln.

Wir sehen, dass das Phänomen Führung sich im Spannungsfeld von (a) Herausforderung für die Gruppe, (b) Beitrag des Führenden zum gemeinsamen Erfolg und (c) Verhalten der Geführten entfaltete. Dieses Spannungsfeld variierte über Jahrtausende unserer Vorgeschichte, – und wir passten uns sozial flexibel an die jeweiligen Erfordernisse an.

Wechseln wir an dieser Stelle einmal die Perspektive und schauen uns an, wie die (psychologische) **Welt der Geführten** möglicherweise ausgesehen hat. Der Evolutionspsychologe *Van Vugt*[31] ist überzeugt, dass es eine Art „Gefolgschaftsinstinkt" gibt. Wir akzeptieren seiner Ansicht nach Hierarchien, weil gut geführte Gemeinschaften für alle spürbare Vorteile bieten. Der Wissenschaftler postuliert: Geführt werden ist für uns in Ordnung, – dominiert werden ist es nicht!

3.2 Die Geführten

Es erscheint uns unsinnig, sich die Ur-Geführten als schwache Personen vorzustellen, die sich zitternd dem mächtigen Führer beugten. Noch absurder erscheint uns die Annahme,

---

[29] Hier dürfte die Sicherung gegenüber existenzieller werdenden Bedrohungen eine Rolle gespielt haben. So herrschte in den frühen Hochkulturen z. B. ständig die Angst, die Welt würde ihre Ordnung verlieren. „Wer die Verantwortung für die Fruchtbarkeit des Landes trägt oder an vorderster Front gegen das Böse kämpft – als Priester gegen Unheil, als König gegen sichtbare Feinde –, der kann von denen, für die er kämpft, Unterwerfung und Gehorsam verlangen. Sein Rang und seine Macht wachsen mit der getragenen Verantwortung." (*Manfred Drenning*, Tauschen und Täuschen, S. 55).

[30] *Moffett, M.W.*, Was uns zusammenhält. Eine Naturgeschichte der Gesellschaft, 2019, S. 189.

[31] *Mark van Vugt & Anjana Ahuja*, Selected, 2010, S. 8/9.

dass sie ein „Verlangen, sich gehorsam zu unterwerfen"[32], hatten. Wir können uns zwar vorstellen, dass es irgendwann in der Geschichte einmal für Führende machtpolitisch nützlich gewesen sein mag, ein Bild des „hilflosen Geführten" zu zeichnen und zu verbreiten, – ursprünglich trifft es garantiert nicht zu!

Übersehen wir nicht: Jeder Geführte war schon immer ein *erfolgreich Überlebender*, der hervorragende Arbeit leistete. Wer nicht körperlich stark war, brauchte andere Leistungsmerkmale. Auf jeden Fall qualifizierte er sich garantiert nicht durch Feigheit und allgemeine Leistungsschwäche. Welche Großaufgabe (z. B. Kampf oder Großwildjagd) sollte ein Führer mit unterwürfigen, inkompetenten und ängstlichen Personen bewältigen?

Genau vor diesem Hintergrund braucht jede Führungstheorie eine Antwort darauf, warum kompetente und starke Menschen *freiwillig* Gefolgschaft leisten und dem Führenden sogar Dinge durchgehen lassen, die sie selbst in der eigenen Entfaltung einschränken. Wir vermuten, dass es drei frühe Wurzeln der Gefolgschaft gab, an denen unser Phänomen Führung psychologisch andockte.

- Das *Überlebensprinzip „Bleib bei Deiner Gruppe"*: Unsere Ahnen wussten, dass ihr Leben in der Gemeinschaft sicherer war. Dorthin, wohin sich die meisten anderen begaben, gingen sie deshalb mit. Es war früher tödlich, einfach nur sein „eigenes Ding" zu machen. Tendenziell folgsam gegenüber der Gemeinschaft zu sein, war schlau.
- Das *Modul des sozialen Lernens* (Zeigen und Nachmachen): Wir werden – im Gegensatz zu Nestflüchtern – unfertig geboren und müssen von anderen sehr viel lernen, um überlebensfähig zu werden. Es gehört daher zu unserer psychologischen Grundausstattung, aufmerksam abzugucken und uns beeinflussen zu lassen!
- Das *Lernen durch Belohnung*: Was funktioniert, haben lernfähige Lebewesen schon immer anschließend häufiger gemacht. Da Kooperation, Führung und Gefolgschaft das Überleben wahrscheinlicher machten, etablierten sie sich. Andernfalls wäre das „Experiment Führung" schon vor Jahrtausenden wieder beendet worden.

Das teilweise große Machtgefälle zwischen Gruppenmitgliedern und ihrer Führung ist evolutionär ein absolut junges Phänomen und hat sich sicherlich nicht in unserem archaischen Autopiloten kristallisiert. Es wird in den Ur-Gemeinschaften zwischen allen Beteiligten zumeist gegenseitige Anerkennung und Akzeptanz gegeben haben. Insofern ist es interessant zu sehen, dass es eine erkennbare Entwicklung hin zu einem (wieder) von Dominanz unabhängigeren Führungsverständnis gibt, – zumindest in einigen Kulturkreisen.

Ein respektloses Bild der Geführten

Was mögen Mitarbeiter von unseren heutigen Managern und Autoren halten, wenn sie in einer Buchhandlung solche Titel lesen: „Umgang mit schwierigen Mitarbeitern", „30 Minuten für effektives Delegieren", „Führung durch Charisma. Eine Analogie von Hunden und Katzen", „Pferdeflüstern für Manager. Mitarbeiterführung tierisch einfach"?

---

[32] *Neuberger, O.*, Führen und führen lassen, 2002, S. 106.

3 Geführtes Leben

Auch in Seminaren geht es viel zu häufig um „geschickte" Methoden, unwillige Mitarbeiter zu manipulieren oder gegen diese rhetorisch zu gewinnen. Was für ein unglückliches Verständnis der Sachlage rund um das Führen und Geführtwerden, gegen das sich jüngere Generationen verständlicherweise positionieren.

In unserem Verständnis wirkt es amüsant, wenn Berater und Autoren derzeit ständig darauf hinweisen, dass die Menschen in den Organisationen immer kompetenter werden und Führende ihren Job deshalb keinesfalls mehr auf althergebrachte, authoritäre und besserwisserische Weise erfüllen dürfen. Die Alternative wird bevorzugt mit neuartigen Begriffen vermarktet (Agilität, New Leadership, Führungskraft als Coach oder Moderator etc.) und vermittelt den Eindruck, als wären dazu völlig neue Verhaltensweisen nötig. Weit gefehlt! Historisch betrachtet, ist eher die autoritäre, selbstüberhöhende Art der Führung neuzeitlich.[33] Daher sollte die Empfehlung eher lauten: Besinnt Euch auf die Wurzeln bzw. die Kernaufgaben der Führung!

Natürlich sind wir uns darüber im Klaren, dass zwischen der Geburtsstunde des Phänomens Führung und unserer heutigen Welt viel Zeit vergangen ist. Kaum vorstellbar, dass dies keinen Einfluss auf die Art und Weise hatte, wie Führende und Geführte sich gemeinsam entwickelten.

Ihnen in diesem Zusammenhang eine *Kulturgeschichte der Führung* anzubieten, ist ein reizvoller Gedanke. Eine solche würde aber unseren Rahmen sprengen – und vielleicht auch Ihr Interesse überstrapazieren. Im folgenden Kapitel wollen wir uns daher nur ein paar Apekte anschauen, die die weitere Entwicklung des Phänomens Führung mitbestimmt haben.

---

[33] *Scheidel, W.*, Nach dem Krieg sind alle gleich, 2018, S. 45.

Führung auf dem Weg in die Gegenwart

> *„Am Anfang, noch vor dem ersten Tier, vor der ersten Emotion, war eine Nervenzelle, die sich direkt aus einem Bakterium entwickelt hatte. Der innerste Kern der Neuronen unseres Gehirns, die Millionen von Mitochondrien, ähnelt diesen Urbakterien fast aufs Haar. Wir haben dieses Milliarden Jahre alte System in jeder unserer Zellen."*
>
> *Robert Ornstein, Gehirnforscher*

Unsere bisherigen Überlegungen führen zu der These, dass wir über ein *„Urbild der Führung"* verfügen, das uns weder anerzogen werden muss noch außer Kraft gesetzt werden kann.[1] Allerdings hat es sich selbstverständlich weiter entfaltet. Es wurde kulturell eingebettet und hat sich durch die Geschichte hinweg stets auch an den Zeitgeist angepasst. Eine *Sozialgeschichte der Führung* steht unseres Wissens derzeit noch aus und soll auch hier nicht geleistet werden.[2] Allerdings möchten wir in den nächsten Kapiteln einige Stränge menschlicher Entwicklung und deren möglichen Einfluss auf unser Phänomen Führung etwas genauer beleuchten.

---

[1] „It is an anthropological truism that all societies, from the most egalitarian to the most stratified, have some form of leadership. Forms of impermanent and situational leadership exist in even the most „egalitarian" societies." (Kevin J. Vaughn, Emergent Leadership in Middle-Range Societies, in Vaughn, K. J., Eerkens, J. W., Kantner, J., 2010, S. 148).

[2] Wobei eine tolle Vorarbeit, zumindest für die Ursprünge industriellen Managements, von *Werner Berg* bereits geleistet wurde (in „Die Teilung der Leitung", 1999, Göttingen: Vandenhoeck und Ruprecht); ist aber nur etwas für wahre Fans der Managementgeschichte.

Wenn irgendwo die Evolutionspsychologie zum Thema wird, kommt stets Besorgnis auf: Gehen wir die Probleme von morgen mit der Psyche der Vorzeit und den Werkzeugen von gestern an? Manche Autoren sind sogar der Überzeugung, dass „sämtliche Niederlagen, die wir bereits haben einstecken müssen" mit diesem menschlichen Defizit zusammenhängen.[3] Eine sehr pessimistische Sichtweise. Halten wir uns einmal einige gelungene Aktionen unserer Geschichte vor Augen.

Vor rund 40.000 Jahren steigerten wir unsere **Innovationskraft** in unfassbarem Ausmaß, *differenzierten* Arbeitsschwerpunkte aus und *integrierten* diese gleichzeitig in unser Miteinander. Später veränderten wir über Jahrtausende hinweg unseren **Managementhorizont**: vom Nomaden- und Jäger-Dasein zum Pflanzer und Hirten. Völlig neue Grundhaltungen wurden damals notwendig, um von der gewohnten Ein-Tages-Planung auf eine 365-mal längere Jahresplanung überzugehen. Vor etwa 6000 Jahren begannen wir, mit immer *größer werdenden Gesellschaftssystemen* zu experimentieren. Bereits 500 Jahre vor Christus entwarfen Menschen Religionssysteme, die für Mitgefühl weit über ihre familiäre Sippe hinaus plädierten. Mit den unfassbaren Entwicklungen seither lassen sich Bibliotheken füllen.

Ganz grundlegend können wir uns mit gutem Gewissen als „*soziale Problemlöse-Wesen*" bezeichnen.[4] Gemeinsam haben wir schon faszinierend viel geschafft! Sollen wir wirklich glauben, dass unsere psychologischen und verhaltensbezogenen Muster ein unlösbares Problem für unsere Zukunft darstellen? Aus unserer Perspektive definieren diese Muster eher einen Rahmen für realistische Pläne und Vorgehensweisen.

Lassen Sie uns also unser Phänomen Führung nach – bildlich gesprochen – seiner Geburt durch Kindheit und Pubertät begleiten. Wir werden dabei nicht seinen Lebensjahren folgen, sondern thematische Schwerpunkte setzen. Dadurch können Sie jedes Kapitel unabhängig voneinander lesen, um unser Puzzle und Ihr „Bild im Kopf" weiter auszudifferenzieren.

1 Unser Bewusstsein entfaltet sich

Lassen Sie dieses Wort kurz auf Ihrer Zunge zergehen: Bewusst-Sein! Nach wie vor eines der größten ungelösten Rätsel der Biologie, zumal die meisten Vorgänge in unserem Gehirn unser Bewusstsein auch noch umgehen.[5] Von den Details, wie wir Handlungsabläufe abwägen, Entscheidungen treffen und Ziele bewerten, bekommen wir überraschend wenig mit.[6]

---

[3] *Berth, R.*, Erfolg, 1993, Düsseldorf: Econ, S. 14.
[4] Wenn wir uns nicht schon großspurig für homo sapiens sapiens entschieden hätten.
[5] *Indset, A*, Quantenwirtschaft, 2019, S. 193–208.
[6] *Koch, Ch.*, Bewusstsein – ein neurobiologisches Rätsel, 2005, S. 224 ff.

Unser ursprüngliches Denken kann man sich wohl am ehesten als *„Denken in Bildern"* vorstellen. Die Sprache spielte hier noch keine Rolle. Unser Handeln wurde durch *emotionale Impulse* initiiert. Eine sehr schnelle, energiesparende, wirkungsvolle Methodik. Wenn man berücksichtigt, dass unsere bewusste Verarbeitung in einer Geschwindigkeit von etwa 60 Bits pro Sekunde abläuft, dann wird man demütig bei der Leistung unbewusster Gehirnvorgängen (ca. 11 Millionen Bits pro Sekunde).[7]

Heute kann niemand mehr wissen, was wir ohne Sprache und mit nur rudimentärem Bewusstsein zu leisten vermochten. Zukunftsplanung, Aufarbeitung des Vergangenen, strategischer Umgang mit der Komplexität des Lebens: all das wird vermutlich in der Startphase menschlichen Lebens nicht zu unseren Stärken gehört haben. Heute bestimmen solche Themen den (Manager-)Alltag.

„Denken in Bildern" und Archetypen

C.G. Jung nutzte den Begriff Archetyp, um „Reste einer frühen Kollektivpsyche" zu beschreiben, die „in der Gehirnstruktur vererbt ist". Er sieht im Archetypus eine kollektive Erlebnisbereitschaft, die nicht erworben ist, sondern schon immer da war, seit die Gattung homo existiert. Für ihn liegen Archetypen in einer funktionalen Nähe mit Trieben, und er betrachtet sie als „gigantische historische Vorurteile."[8]

Erkennen wir an dieser Stelle nicht verblüffende Parallelen zu unseren evolutionspsychologischen Gedanken?

Mit dem Auftauchen der Sprache bekamen unsere mentalen Leistungen eine völlig neue Dynamik. Unsere bildhaften „Ur-Gedanken" wurden durch Worte überlagert. Heute wird Bewusstsein zumeist sogar – nicht ganz zutreffend – mit Sprache gleichgesetzt!

Wir können davon ausgehen, dass die Entfaltung unseres Bewusstseins Einfluss auf unser Zeiterleben und die Komplexität in unseren Köpfen hatte. Lassen Sie uns deshalb etwas genauer auf diese beiden Facetten schauen.

1.1 Zeitverständnis: Die Zukunft entsteht

Insbesondere in schwieriger werdenden Zeiten ist es üblich, nach dem *visionären Manager* zu rufen, der die Spielregeln des Erfolgs redefiniert und die Konkurrenz überflügelt. Wir träumen von der Fähigkeit, die Zukunft nicht nur zufällig zu beeinflussen, sondern beständig und strategisch zu gestalten. Nicht Versuch und Irrtum sollen unser Vorgehen charakterisieren, sondern Weitsicht und Genialität.

In der Literatur begegnet uns in dem Zusammenhang häufig eine Aufteilung von Führungskräften in *Problemlöser* (auf das Hier-und-jetzt ausgerichtet) und *Chancensucher* (auf das Mögliche ausgerichtet). Immer wieder wird dabei mit Bedauern festgestellt, dass es zu wenig Visionäre und Chancensucher gäbe. Vielleicht ist dies schlichtweg *natürlich*!

---

[7] *Dijksterhuis, A.*, Das kluge Unbewusste, 2010, S. 34.
[8] *Schmidbauer, W.*, Mythos und Psychologie, 1999, S. 118 ff.

Unser Geist ließ anfangs kaum den Blick in die Zukunft zu. Der Zeithorizont unserer Ahnen war auf das Hier und Jetzt ausgerichtet. Wir waren quasi in natürlichster Weise *aktionistisch*. Wir spürten Hunger und machten uns auf die Suche nach etwas Nahrhaftem. Hatten wir gerade kein Problem, schalteten wir „mehrere Gänge herunter" und kümmerten uns um die Sozialpflege. Es macht absolut Sinn, akute Probleme zu lösen, statt sich in Zukunftsgedanken zu verlieren. Das Morgen fand einfach dann statt, wenn man das Heute überlebte. Daher war auch die Ur-Aufgabe der Führung auf den aktuellen Zeitpunkt ausgerichtet: Dafür sorgen, dass es *hier und jetzt* gemeinsam funktioniert!

Vielleicht ist das der Grund, warum es noch heute für viele Führungskräfte eine Herausforderung darstellt, **Aktionismus** zu vermeiden. Und selbst wenn ihnen dies gelingt, übernimmt nicht automatisch eine bewusste *Zukunftsorientierung* (Vorausdenken, Strategie-Entwicklung, Vision …) den freigewordenen Platz. Vielfach bleibt unser Geist dann erst einmal in der Beschäftigung mit den vergangenen, aktuellen und möglichen Problemen gefangen. Wir grübeln!

Dass sich für unsere Vorfahren irgendwann der erlebte Zeithorizont ausdehnte und sie vorausschauender handeln konnten, setzte niemals ihren *„Grundmodus der Problemorientierung"* außer Kraft. Und das ist gut so! Auch heute noch findet kein Morgen statt, wenn wir das Heute nicht überleben. Müssen wir uns strategische Gedanken über unsere Altersversorgung machen, während wir gerade verhungern?

Belohnungsaufschub

Die Geburtsstunde der Zukunft wird möglicherweise heute noch in jeder Biografie „nachgespielt". So gibt es in jeder persönlichen Entwicklung während der Kindheit einen Moment, von dem an wir verstehen, was es bedeutet, etwas „in einer Woche" zu tun. Und es gibt den Moment, in dem wir entscheiden können, jetzt auf ein Bonbon zu verzichten, um dafür morgen eine Tüte von diesen Süßigkeiten zu erhalten.

Wir sind – statistisch betrachtet – keine Wesen geworden, die sich gedanklich vor allem gestalterisch mit der Zukunft auseinandersetzen. Die Einzelnen von uns, die dies in ungewöhnlichem Maße tun, werden oft sogar als lebensuntüchtig, zerstreut oder gar verrückt erlebt.[9]

Es ist jedoch nicht unwahrscheinlich, dass genau die Gemeinschaften überlebten, in der eine **gelungene Mischung von Individuen** zu finden war: viele gegenwarts- und problembezogene *Macher* im Team mit einigen wenigen zukunftsorientierten *Sehern*. Jetzt musste nur noch dafür gesorgt werden, dass diese sich untereinander respektierten und voneinander lernten. Es ist wohl kein Zufall, dass Führende schon immer „Seher" (Wahrsager, Orakel, Wirtschaftsweise, Trendforscher etc.) in ihrer Nähe haben wollten.[10]

---

[9] Wahrscheinlich wollte das ein bekannter Deutscher zum Ausdruck bringen, als er etwas lästerlich den Menschen, die Visionen haben, einen Therapeuten empfahl.

[10] Sehr unterhaltsam: *Anett Klingner*, Heimliche Regenten. Astrologen als Drahtzieher der Macht, 2012.

> **Tipp: Das Hier-und-Jetzt wertschätzen**
> Lassen Sie sich von den vielen Forderungen nach Vision und Zukunftsmanagement nicht verwirren und zu Aktionismus verleiten.
> Sorgen Sie allerdings dafür, vom Tagesgeschäft regelmäßig so viel Abstand zu gewinnen, dass Sie sich mit Zukunftsfragen der Gemeinschaft (z. B. Vorsorge, strategische Weichenstellungen, attraktive Perspektiven) beschäftigen können. Mehr dazu später.
> Also: Es ist in Ordnung, wenn sich nur wenige – dafür aber die Richtigen – in einer Gemeinschaft mit Zukünftigem befassen.

Die Ausdehnung unseres Zeithorizontes bescherte uns ein paar unerwünschte Nebenwirkungen: Plötzlich konnten wir uns in (Zukunfts-) Sorgen und in (Vergangenheits-) Bewältigung „verlieren". Unsere Innenwelt signalisierte uns zunehmend Probleme, die es real gar nicht gab. Wir konnten uns den ganzen Tag mit unseren Gedanken beschäftigen und das Hier-und-jetzt vernachlässigen. Interessanterweise sind wir in diesem Zustand nicht in sinnvoller Weise auf die Zukunft ausgerichtet. Wir hängen vielmehr quasi in unserer Fantasie fest. Psychologen nutzen in diesem Zusammenhang das Konzept der *Lageorientierung*: Wir sind in diesem Modus so sehr mit uns und unserer Lage beschäftigt, dass wir unsere Handlungsfähigkeit verlieren.

Gehen wir also ruhig davon aus, dass uns Mutter Natur für den strategischen Blick in die Zukunft nicht sonderlich gut ausgestattet hat. Visionäre sind statistisch betrachtet die Ausnahme! Es bringt vielleicht genauso wenig, sie ständig einzufordern (oder ausbilden zu wollen), wie es Sinn macht, von allen Kleinkindern das Einteilen ihrer Schokolade zu erwarten.

Wir waren also die längste Zeit unseres Erden-Daseins vor allem auf die Herausforderungen der Gegenwart ausgerichtet. Die allmähliche Verlängerung des Zeitstrahles in die Zukunft, das Wachstum unserer geistigen Potenziale, die Entfaltung des Bewusstseins: All das führte dazu, dass sich unsere Möglichkeiten massiv erweiterten – und die Komplexität in unseren Köpfen stetig zunahm!

1.2 Komplexität und Dynamik: Die Welt gerät aus den Fugen

Die Zahl unserer Probleme scheint ständig zu wachsen. Ganz offenbar sind wir zunehmend dazu fähig geworden, in uns eine größere Komplexität zu *produzieren*. Gleichzeitig werfen wir uns selbst vor, diese nicht mehr gemanagt zu bekommen und betrachten unsere Zeit als wahnsinnig schwierig. Dabei ist völlig ungeklärt, ob wir dramatischere Entwicklungen erleben als unsere Ur-Ahnen. Erstens hatten sie viel schlechtere Ausgangsbedingungen, zweitens ebenfalls existenzielle Veränderungen zu bewältigen. Damals wie heute suchen wir nach Lösungen, um unsere (innere) Welt wieder unter *Kontrolle* zu bekommen.

Die Entwicklung unserer mentalen Fähigkeiten ist wohl *Segen und Fluch* zugleich. Nachdenken schafft oft erst die Sorgen, die wir mit weiterem Nachdenken lösen wollen. Wir könnten auch zynisch fragen: Werden *zu* intelligente Personen handlungs- und damit erfolgsunfähig?

Für die Gruppe ist der Führende wohl immer schon auch eine **Methode der Komplexitätsreduktion** gewesen. Die Geführten möchten sich vertrauensvoll entspannen können und die Sorge um die gemeinsame Bewältigung der anstehenden Probleme in den besten Händen wissen. Das ist einer der Gründe dafür, warum erlebte Unsicherheit die Sehnsucht nach Führung erhöht. Diese scheint über die Zeiten hinweg unser Begleiter zu bleiben, obwohl die Menschheit insgesamt ihre Fähigkeiten explosionsartig weiterentwickelt hat.

1.3 Kompetenz-Explosion: Vom Traum der Welt-Herrschaft

Wir wurden im Verlauf unserer mentalen Entwicklung immer mächtiger! Alle! Die Evolution machte keinen Unterschied zwischen Führenden und Geführten. Schließlich entwickelten sich hier nicht zwei Gruppen unabhängig voneinander, so wie die Finken auf den Galapagos-Inseln und die in Europa. Wir haben bereits dargestellt, dass die Geführten *von Natur aus* erfolgreiche Überlebende mit entsprechendem Selbstverständnis waren – und wir alle sind deren Nachkommen. Es machte für die Natur absolut keinen Sinn, die Geführten prinzipiell *dumm und schwach* zu halten. Für die Machthabenden eventuell schon!

▶ Im Konkurrenzkampf um die Führung gibt es zwei Wege: Zum einen kann ich stetig besser werden, um einen Vorsprung zu halten. Zum anderen könnte ich dafür sorgen, dass alle anderen schlechter sind als ich – und dies auch bleiben.

Führende haben irgendwann damit begonnen – aus politischen Gründen der Machterhaltung – das „Dumm-und-schwach-Halten" der Geführten selbst in die Hand zu nehmen. Um ein bekanntes Sprichwort etwas abzuwandeln: Wenn man ein Einäugiger ist, wird man König, indem man den Rest der Welt blendet!

Auch heute finden wir Führungskräfte, die alle Lichter um sich herum ständig austreten, damit ihr eigenes heller leuchtet. Dumme und schwache Geführte stellen die Autorität nicht so rasch in Frage. Der Preis dieser Strategie ist allerdings hoch: Schwierige Aufgaben werden immer schlechter gelöst, weil die Mannschaft untauglich ist. Im Überlebenskampf der Gemeinschaften ist das ein echtes Hindernis!

Zunehmend kompetenter werdende Gemeinschaften produzieren allerdings ihr eigenes Problem: Wenn Führende der Herausforderung durch anspruchsvolle Geführte mit **Machtmissbrauch und Gewalt** begegnen, verstoßen sie massiv gegen unsere evolutionär angelegten Vorstellungen von guter Führung. Wenn dadurch der größte Teil der vorhandenen

Energie durch interne Konflikte verbraucht wird, bleibt zu wenig im Wettstreit nach außen. Schauen wir uns nur die vom ständigen Bürgerkrieg geschwächten Länder an.

> **Tipp: Schützen Sie Ihre Rolle nicht durch die Schwächung Ihres Teams**
> Nur mit einer starken Mannschaft können Sie eine entscheidende Rolle im Wettkampf der Gemeinschaften spielen. Widerstehen Sie daher ebenso der Versuchung, schwache Menschen um sich zu versammeln, wie Ihre Gruppe künstlich dumm zu halten, nur damit diese Ihre Führungslegitimation nicht infragegestellt.

Das in den letzten Jahrhunderten gepflegte *Selbstverständnis der Führenden*, in allem besser zu sein, ist völlig unpassend geworden. Schon unsere Ur-Führenden mussten sich damit auseinandersetzen, dass einzelne Gruppenmitglieder etwas besser konnten als sie selbst. Es ist kaum vorstellbar, dass der „*historische Oberchef*" die besten Pfeile herstellte, alles über das Verhalten des Wildes wusste, über eine kraftvolle Konstitution verfügte, Konflikte in der Gemeinschaft löste, das Wetter bestimmen konnte usw. Auch damals gab es sicherlich bereits in gewisser Weise Spezialisten.

Alles in allem wurde es durch die Entfaltung unseres Bewusstseins und das Wachstum unserer Fähigkeiten nicht automatisch leichter, die Ur-Aufgabe der Führung erfolgreich wahrzunehmen. Hinzu kommt noch, dass die Gruppen, die geführt werden mussten, im Verlaufe der menschlichen Geschichte größer und größer wurden.

2 Unsere Gemeinschaften werden größer

Schon vor etwa 11.000 Jahren lassen sich zahlreiche Ortschaften nachweisen, die sich im Laufe vieler Generationen immer mehr zu Siedlungssystemen zusammenfügten. Vor knapp 6000 Jahren wuchsen dann die ersten Gesellschaften, nicht selten auch durch die Gewalt der Herrschenden. Für Menschen wurde es ganz allmählich schwieriger oder nachteiliger, keiner großen Gruppe anzugehören. Der Übergang zu immer größeren Gemeinschaften stellte für unseren frühzeitlichen Verstand eine gewaltige Herausforderung dar. Deren Bewältigung war vermutlich nur dadurch möglich, dass sich unsere soziale Intelligenz mitentwickelte.[11] Gleichzeitig ließen sich unsere archaischen Muster nicht einfach ausradieren: Wir hielten daher auch innerhalb der Großgesellschaften unsere geliebten Kleingruppen und Netzwerke lebendig. Es entstand das, „was unter Menschen in vergleichbarer Lage immer entsteht: ein unentwirrbares Netzwerk von Interessen, Eifersüchteleien, Begehrlichkeiten und natürlich auch Konflikten."[12]

---

[11] Pauen, M., Macht und soziale Intelligenz, 2019.
[12] *Herzog, R.*, Staaten der Frühzeit. Ursprünge und Herrschaftsformen, 1998, S. 38.

Diese Entwicklung hatte einen großen Einfluss auf den Umgang mit der Führungsaufgabe. In der überschaubaren, engen Gemeinschaft wurden z. B. die meisten Entscheidungen nach ausführlicher Abstimmung getroffen. In den Siedlungen der Jäger und Sammler wurde nie etwas aufgebaut, was man als Regierung bezeichnen könnte, obwohl es erkennbare Unterschiede in Bezug auf den Einfluss Einzelner gab. „Institutionen" – also unpersönlich gewordene Lösungen – machen nur in großen Gemeinschaften Sinn. Davor kristallisierten sich zweckmäßige Vorgehensweisen eher in Traditionen und Ritualen.

Als Städte und Weltreiche entstanden, hatten die meisten Menschen keinerlei Kontakt mehr zu den Führenden. So konnten sich deren Privilegien von ihrem Beitrag für die Gemeinschaft lösen. Irgendwann wurde es sogar möglich, dass rein *formale Machthaber* existierten, die nur noch Symbole ohne Leistung waren (z. B. Marionetten-Könige). Im direkten Umfeld einer Führungskraft wirken die archaischen Muster dagegen nach wie vor stark. Den Menschen in seiner Nähe kann man auf Dauer nichts vormachen.

Auch in Bezug auf die Frage, wer sich im Konkurrenzkampf um eine Führungsrolle durchsetzt, verändert die Gruppengröße vieles. War gerade noch die Legitimation durch die Geführten für die eigene Karriere das Entscheidende, kommt plötzlich der Entscheidung „von oben" ein wesentlicher Stellenwert zu. Aus dem in Kleingruppen so wichtigen *„Ansehen"* entwickelte sich das in Großgruppen nicht minder wichtige *„Image"* (also das Bild, das von uns öffentlich ist).

Ego-Marketing wurde damit zu einer eigenen Aufgabe und Karriere-Strategie. Sicherlich war es schon immer ein Anliegen der Gruppenmitglieder, sich durch Nähe zu einflussreichen Personen einen vorteilhaften Status zu sichern. Dazu brauchen wir nicht erst auf die Zeit des Hofstaates zu schauen. Schon unsere Urahnen werden achtsam registriert haben, wer zum *„Inner-Circle"* gehörte. Ist es Zufall, dass viele Menschen davon überzeugt sind, in Großunternehmen könne man nicht mehr durch gute Leistung vorankommen? Nach ihrer Einschätzung benötigt man dafür das berühmte Vitamin B und politische Fähigkeiten. Dabei ist auch das *„Große Spiel der Macht"* keine moderne Erfindung.

2.1 Politik: Das Spiel um die Macht bekommt ein Eigenleben

Soziale Anerkennung und persönlicher Status werden durch einen hormonalen Reflex belohnt. Vermutlich, weil sie für unser Überleben in Gemeinschaften schon immer eine wichtige Funktion hatten. Es handelt sich zweifellos – selbst aus biologischer Perspektive – um einen sehr alten Ansporn.[13] Allerdings einen mit kritischen Nebenwirkungen: Wo Chemie und Lust zusammenkommen, ist die Abhängigkeit immer in der Nähe. In diesem Fall die Sucht nach *Macht und Ansehen*! Das Ringen darum stellt eine Wurzel der Politik dar.

Politische Kompetenz hat erheblich mit dem Erwerben, Erhalten und Vermehren von Macht zu tun. In diesem Zusammenhang wird auch von *politischem Kapital* gesprochen.

---

[13] *Eibl-Eibesfeldt, I.*, Die Biologie des menschlichen Verhaltens, 2004, München: Piper, S. 432.

2 Unsere Gemeinschaften werden größer

Dieses besteht nach Ansicht von Wissenschaftlern aus zwei immateriellen Gütern: ***Ansehen und Beziehungen***. Sie behaupten, dass unser politisches Kapital wächst, wenn wir (a) das Ansehen und die Aufstiegschancen der Menschen in unserer unmittelbaren Umgebung fördern, (b) wenn wir uns ihnen gegenüber loyal verhalten und uns (c) erfolgreich am Netzwerk der gegenseitigen Gefälligkeiten, Einverständnisse und Hilfestellungen beteiligen.[14]

▶ Wenn diese Erkenntnisse stimmen, hat es die Natur sehr geschickt eingerichtet: Wir erhalten Ansehen, wenn wir wertvoll für die Gemeinschaft sind. Allerdings lebten wir zumeist in überschaubaren Kleingruppen. In größeren Gemeinschaften wurde es leichter, mangelnde Leistung durch Beziehungen zu kompensieren!

In größeren Gemeinschaften wurden Anführer zu „… Virtuosen in politischem Manövrieren und bei der Wahrung ihrer eigenen Interessen."[15] Dass sie sich auch heute noch gerne als mustergültige Mitglieder ihrer Gemeinschaft darstellen, ist sicherlich der Tatsache geschuldet, dass wir seit Urzeiten Demut, Integrität und Standhaftigkeit von unseren Führenden erwarten. In überschaubaren Kleingruppen – in denen wir ursprünglich alle lebten – werden wir von anderen Mitgliedern notfalls „geerdet". Für den Fall, dass wir uns für zu wichtig halten, können uns die Menschen in unserem direkten Umfeld am schnellsten wieder auf den berühmten Boden der Realität zurückholen.

> **Tipp: Professionelles Verhalten im Umgang mit jedem Teammitglied**
> Stellen Sie sicher, dass Sie keine Sonder-Beziehungen zu Gruppenmitgliedern aufbauen bzw. zulassen, die Sie in Ihrer Führungsaufgabe einschränken könnten. Achten Sie auf den individuellen Beitrag der Beteiligten zum gemeinsamen Ziel!
> Können Sie Ihren besten Freund offiziell verwarnen, wenn er die Gemeinschaft mit seinem Verhalten gefährdet?

Die Gemeinschaften wuchsen weiter und gute Beziehungen zum Führenden konnten plötzlich eine neue Art von Privileg bescheren: Die Beförderung in eine *eigene* Führungsrolle.

Der Charakter unseres Ur-Phänomens Führung wurde zunehmend „verwaschen", als immer mehr Menschen durch Personen geführt wurden, die nicht von der Gruppe selbst legitimiert waren. Noch heute fällt es Managern nicht immer leicht, bei ihren Personalentscheidungen zwischen „der gefällt mir" und „der wird als Führungskraft gut" zu unterscheiden.

---

[14] *Badaracco, J. L.*, Lautlos führen. Richtig entscheiden im Tagesgeschäft, 2002, S. 83.
[15] *Moffett, M.W.*, Was uns zusammenhält. Eine Naturgeschichte der Gesellschaft, 2019, S. 199–200.

▶ In dem Moment, in dem bei der Besetzung einer Führungsposition nicht mehr der Beitrag zum Erfolg der Gemeinschaft im Vordergrund stand, wurde in der Geschichte eine neue Aufgabe geboren: *„Karriere machen"*! Das ist etwas völlig anderes, als die Aufgabe der Führung selbst!

In der übersichtlichen Gemeinschaft unserer Ur-Ahnen wird es kaum dazu gekommen sein, dass jemand die Verantwortung für die Jagd „von oben" übertragen bekam, ohne die dazu zweckmäßige Kompetenz aufzuweisen. Jeder hätte diese Dummheit sofort mit Hungern gebüßt.

Erst in großen Gemeinschaften, deren Zeit mit der Agrarwirtschaft kam, konnten *Fehlbesetzungen* (eine gewisse Zeit lang) unerkannt bleiben. Diese berühmte Agrar-Revolution hat noch weitere bedeutsame Auswirkungen: Koordination und Organisation wurden erfolgsrelevanter!

2.2 Organisation: Von der Sippe zur Institution

Organisieren war vor Urzeiten vermutlich kein besonderes Problem. Man tat einfach das, was schon immer gemacht wurde. Wesentliches Erfahrungswissen hatte sich über Generationen angesammelt. „Schon die Lager des Homo Sapiens, der vor vielen Jahrtausenden aus dem Dunkel der Eiszeit hervortrat, waren nach einem erkennbaren, immer wiederkehrenden Schema gegliedert ..."[16]

Das Wissen um diese Dinge war vermutlich auf mehrere Köpfe verteilt, die ihre Erfahrungen – modern formuliert – *„on the job"* weitervermittelten. Wenn etwas nicht funktionierte, probierte man so lange herum, bis der Erfolg da war. Dann wurde der Weg nicht mehr in Frage gestellt, sondern *einfach stets wiederholt*. Es gab viele hunderttausend Jahre in unserer Geschichte, in denen sich erfolgreiche Abläufe und Kenntnisse nachweislich nahezu nicht veränderten. Sie hatten sich quasi in der Gemeinschaft „kristallisiert".

▶ Lassen Sie uns die Ur-Sippe als erste Organisation betrachten. Das entspricht sogar modernen Definitionen: „Unter einer Organisation verstehen wir ein strukturiertes soziales System, das aus Gruppen von Einzelpersonen besteht, die zusammenarbeiten, um vereinbarte gemeinsame Ziele zu erreichen ... Die formale Organisation ist ein mit Problemen konfrontiertes und diese Probleme lösendes System."[17]

Eine recht dramatische Veränderung ereignete sich vor rund 14.000 Jahren, als die Menschen zu Ackerbau und Viehzucht übergingen. Die Gemeinschaften wurden größer, man musste und konnte arbeitsteiliger arbeiten. Die Zeit der *Spezialisten* war gekommen

---

[16] *Roman Herzog*, Staaten der Frühzeit, S. 8.
[17] *Weinert, A. B.*, Organisations- und Personalpsychologie, 2004, S. 6/S. 557.

Abb. 1 Organisation als juristische Person

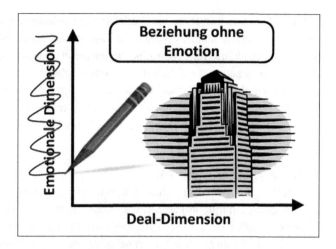

(z. B. Bäcker, Soldaten, Kaufleute), die sich zunehmend in *eigenen Gruppierungen* organisierten (z. B. Zünfte, Heer). Neben der Sippe entstanden neue Strukturen und Institutionen, quasi „*künstliche Familien*", wie Bruderschaften, Gilden und religiöse Organisationen.

Künstliche Familien

Ist Ihnen schon einmal aufgefallen, wie schwer es Mitgliedern oder der Führung einer Organisation fällt, diese bei Zielerfüllung „sterben" zu lassen. Man sucht lieber neue Aufgaben für die Gruppe (ein Beispiel: heutige Schützenvereine, die ursprünglich den Charakter einer Bürgermiliz hatten).

Perfektioniert – und pervertiert – wurde diese Entwicklung in jüngerer Zeit, als es amerikanischen Konzern-Anwälten gelang, Unternehmen als „*juristische Person*" anerkennen zu lassen.[18] Seither gibt es **Pseudo-Wesen ohne Moralsystem**! In unserem Bild: Jemand, der seine Beziehungen nur durch die Deal-Komponente definiert und die emotionale Dimension – rechtlich abgesichert – ignorieren darf. (Abb. 1) Nach DSM IV[19] können wir eine solche Person als Psychopathen betrachten.

Tragisch wird diese Entwicklung, wenn der ursprünglichste Sinn menschlicher Gemeinschaften aus dem Blick gerät: *Überleben und Lebensqualität ihrer Mitglieder* zu sichern.[20]

▶ Unsere Vorfahren nahmen die archaischen Verhaltensmuster und Bedürfnisse aus ihren Sippen mit – und übertrugen diese auf die neu entstandenen Organisationen.

---

[18] Dazu wurde ein Gesetz genutzt, das eigentlich die Rechte von Schwarzen sichern sollte.
[19] ein etabliertes psychiatrisches Diagnose-System.
[20] Heute haben Organisationen oftmals in erster Linie den Zweck, das Vermögen ihrer Anteilseigner zu mehren.

Schauen Sie einmal in Ruhe hin: Verlangt nicht beispielsweise das „Sterben" einer Firma (z. B. bei Fusionen oder Insolvenz) eine Trauerphase der Beteiligten? Tut es uns nicht weh, wenn wir viele Jahre Herzblut in eine Organisation gesteckt haben – und dann vielleicht nur deren Name geändert wird? Selbst wenn unser Arbeitsplatz völlig ungefährdet ist?

Wenn wir als „Gegenmittel" versuchen, uns nicht mehr mit der Organisation zu identifizieren, uns seelisch vor Schmerz zu schützen, fehlt uns etwas. Wir fühlen uns leer, das Arbeiten-Gehen wird zu einer kalten wirtschaftlichen Pflicht und Last.

> **Tipp: Für Ihre Führungspraxis**
> Begehen Sie nicht den Fehler, aufgrund von sogenannten Gründen der Effizienz- und Ertragsoptimierungen Strukturen zu schaffen, die dem menschlichen Naturell widersprechen (z. B. durch extremes Lean Management)!
>
> Bieten Sie Ihren Mitarbeitern Möglichkeiten, sich durch ihren persönlichen Beitrag zum gemeinsamen Erfolg soziales Ansehen zu erarbeiten. Stellen Sie dabei sicher, dass die individuelle Profilierung nicht auf Kosten anderer Team-Mitglieder geschieht. Vergessen Sie nie, dass Ihre Organisation ein soziales System ist.

In den Abertausenden von Jahren hat sich Vieles verändert: Menschen arbeiten heute in Organisationen, verdienen dort ihr Geld und gehen wieder. Sie kommen oft nicht mehr erkennbar um einen gemeinsamen Sinn zusammen. Irgendwann verloren auch unsere Begriffe den Bezug zur Natur: Lebende Gemeinschaften wurden mit abstrakten Organisationen verwechselt und Gruppenmitglieder mit Stellenbezeichnungen. Wir registrieren auf diesem Weg natürlich Probleme, die aus evolutionspsychologischer Sicht vorhersagbar gewesen wären (z. B. sinkende *Loyalität*).

Heute müssen nicht einmal mehr alle Beteiligten zur selben Zeit am selben Ort sein, damit Aufgaben bewältigt werden können. Organisationen sind immer seltener die sozialen Treffpunkte, die sie einmal waren. Sollten sie irgendwann **nur noch virtueller Art** sein, geht uns etwas verloren. „Bedauerlich, aber unvermeidlich!", darf dabei nicht unsere einzige Reaktion sein.

Bei aller Veränderung sollten wir mit *Peter Drucker* eines im Auge behalten: „Das Unternehmen ... besteht aus Menschen. So sollte es dem Zweck dienen, die Stärken der Menschen effektiv zu nutzen und ihre Unzulänglichkeiten bedeutungslos zu machen. Nur mit Hilfe der Organisationen ist es möglich, das umzusetzen – das ist der Grund, warum es Organisationen gibt und warum wir sie brauchen."[21]

Nach Ansicht eines anderen beeindruckenden Management-Denkers sollte niemand in einer Organisation arbeiten müssen, die sich „kein bisschen wie eine lebendige, offene

---

[21] *Drucker, P. F.*, Auf dem Weg zu neuen Organisationsformen, in: *The Drucker Foundation*, Organisation der Zukunft, 1998, S. 15–19.

Gemeinschaft anfühlt, sondern eher wie eine Planwirtschaft". Und wenn er gegen Ende seines Buches zu der Erkenntnis kommt, dass eine Organisation ihre Fähigkeiten erst dann vollkommen ausschöpft, „wenn sie vollkommen menschlich ist,"[22] dann hat er uns voll auf seiner Seite!

3 Wir mehren unseren Besitz

Parallel zur Entwicklung von Organisationen und Positionen, Sprache und Bewusstsein, von Politik und Karriere bekam ein weiterer Aspekt menschlicher Geschichte wachsende Bedeutung: der *individuelle Besitz*. Dieses Thema ist in seiner Bedeutung für uns als Führungsspezialisten insgesamt natürlich „mehrere Nummern zu groß" und Grundlage unterschiedlichster Gesellschaftsentwürfe. Zumindest eine Facette hat im Zusammenhang mit unserem Phänomen Führung jedoch herausragende Bedeutung: ***Besitz als Machtquelle***.[23]

Kapital und Vermögen in unserem Sinne finden wir evolutionsgeschichtlich erst seit wenigen Augenblicken. Die umherstreifenden Horden besaßen nur das, was sie gemeinsam tragen konnten. Recht sicher sind sich die Experten, dass die Motivation etwas zu besitzen, ganz unterschiedliche Quellen haben kann. So etwas, wie einen „allgemeinen Besitztrieb" gibt es nicht.[24]

Ab wann der Begriff „*persönliches Eigentum*" Sinn macht, lässt sich kaum einschätzen. Irgendwann wird jemand den schönen Stock, den Steinkeil oder die Muschelkette ungern jemand anderem gegeben haben – und zugleich die Möglichkeit gehabt haben, dies auch zu vermeiden. Wir wissen, dass jedes Gruppenmitglied in solchen Dingen sehr vorsichtig war, um sich nicht den Unmut der Gemeinschaft einzuhandeln. Egoismus, Machtunterschiede und Eigentum wurden schon immer als Risiko für die Harmonie der Gruppe erkannt. In diesem Umfeld entstanden unsere Ur-Bilder von Gerechtigkeit, Besitz und „Brüderlichkeit".

Anfangs ermöglichte Besitz vor allem *Tauschhandel*. Hatte die Gruppe genug Fleisch, verfügte aber nicht über das Material für die Herstellung von Faustkeilen, wurden die Nachbarn sehr interessant, denen es genau andersherum ging. Oder auf individueller Ebene: Wenn ich zwei Bogen herstellte, konnte ich einen gegen einen Fellumhang tauschen. Immer jedoch blieb Eigentum etwas sehr Begrenztes. Wo es sich anhäufte und die Harmonie zu stören begann, gab es korrigierende kulturelle Traditionen (z. B. die Verpflichtung zu wilden Festen und Geschenken an alle).

Spätestens als vor rund 10.000 Jahren Menschen Land *in Besitz* nahmen, änderte sich Vieles. Der Wechsel vom nomadischen (hier konnte schon aus praktischen Gründen nichts angehäuft werden) zum sesshaften Leben ermöglichte *Vorsorge* und *generationenübergreifenden*

---

[22] *Gary Hamel*, 2013, S. 206.
[23] Sehr interessant in diesem Zusammenhang: *Scheidel, W.*, Nach dem Krieg sind alle gleich, 2018.
[24] *Eibl-Eibesfeldt, I.*, Die Biologie des menschlichen Verhaltens, 2004, S. 482.

Besitz. Beides gab unserer Entwicklung und Kultur einen immensen Aufschwung, brachte jedoch zugleich auch neue Schwierigkeiten mit sich: Zum einen die Auseinandersetzungen um Besitztümer und zum anderen neue Hierarchie-Prinzipien. „Wohin sich auch der Blick der Archäologen wendet, überall finden sie Belege dafür, dass sich die ersten Bauern unaufhörlich bekämpften – mit tödlichem Ausgang."[25]

Zentrale Führungsrollen

Es gibt Forscher, die der Meinung sind, dass stabile zentrale Führungsrollen ohne das Auftauchen privaten Besitzes nicht möglich geworden wären.[26] Zuvor konnte die Legitimation der Gruppe nur durch Kompetenz und Leistung gewonnen werden. Es gab zu wenig Besitz, um eine breite Mehrheit zu „*kaufen*" oder zu „*erpressen*".

Es entstand eine **Form der Macht**, die nicht mehr von den Kompetenzen eines Individuums abhängen musste, sondern (a) von seinem *Besitz* („diese unnachahmliche Keule gehört mir. Versuche, sie mir abzunehmen …") oder (b) die Möglichkeit, über dessen *Verteilung* zu entscheiden („du bekommst von meinem Getreidevorrat etwas ab"). Für unsere Überlegungen zum Phänomen Führung ein Wahnsinns-Thema!

Die neuen Formen der Besitz- und Verteilungsmacht griffen unvermeidlich in die etablierten Mechanismen der (Führungs-)Strukturen der Gruppe ein. Mit einem Male musste ich als Gruppenmitglied überlegen, ob ich mich am besten Jäger orientiere oder lieber an dem Kollegen, der über das größte Getreidelager verfügen konnte.[27]

▶ „Besitz-Mächtige" konnten von nun an Führung beanspruchen, ohne persönlich für die Gemeinschaftsaufgabe wertvoll zu sein. Hochgradig schwierig wird es, wenn sie ohne ausreichendes Verständnis für das aktuell anstehende Problem Einfluss nehmen.
Besitz macht nicht erfolgsintelligent!

Besitz fördert die Dominanzseite der Führung. Müssen wir darüber sprechen, wie sehr von nun an das Risiko von Machtmissbrauch wuchs? Unmengen von *alternativen Gesellschaftsentwürfen* entstanden und entstehen, weil die „große Masse" mit den Nebenwirkungen dieser Tatsache unzufrieden ist. Die meisten dieser Utopien berücksichtigen die menschliche Natur zu wenig, um von bleibender Wirkung zu sein.

Wir ahnen an dieser Stelle, welchen Einfluss die kulturellen Entwicklungen rund um das Thema Eigentum von nun an nahmen. Die bisher herausgearbeiteten archaischen Muster wurden dadurch jedoch nicht aufgehoben! Stellen Sie sich diese vielmehr als *„Hardware des Menschseins"* vor.

---

[25] *Matt Ridley*, Wenn Ideen Sex haben, S. 184.
[26] *Jelmer W. Erkens*, Privatization of Resources and the Evolution of Prehistoric Leadership Strategies, in: Vaughn, K. J., Eerkens, J. W., Kantner, J. (Edit.): The Evolution of Leadership, 2010, S. 89.
[27] In dem Zusammenhang sehr interessant: *Walter Scheidel*, Nach dem Krieg sind alle gleich, 2018.

Unser *Evolutionärer Führungsansatz* beruht sehr entscheidend auf der Annahme, dass kulturelle Unterschiede nicht am Wesentlichen rütteln. Lassen Sie uns also zum Abschluss unserer Reise einen Blick auf das Thema Kultur werfen. Und danach sind wir endlich so weit: Wir fertigen uns aus den bisherigen Steinen das Puzzle der „*Essenz der Führung*"!

4 Kulturen differenzieren sich heraus

„Wir Menschen sind eine einzige große Gemeinschaft von Geschwistern, nicht viel mehr als 100.000 Jahre alt, die bislang keine Zeit hatte, fundamentale Unterschiede zu entwickeln, sondern lediglich einige äußere Anpassungen hinsichtlich Hautfarbe und Aussehen."[28] Wir sind alle genetisch verwandt mit einer Frau, die vor vielleicht 150.000 Jahren in Afrika gelebt hat. Alle anderen Familien, die zur gleichen Zeit lebten, sind ausgestorben.[29] Was hat es denn dann überhaupt mit kulturellen Unterschieden auf sich, wenn sie offensichtlich **nicht in erster Linie genetischer Natur** sind?

Im Grunde lassen sich zwei Quellen für kulturelle Unterschiede differenzieren:

- Alle evolutionsbedingten Mechanismen unserer Spezies reagieren auf **Umweltbedingungen** und einige Phänomene könnten in manchen Gruppen bzw. Regionen *häufiger ausgelöst* werden als in anderen (z. B. Hautfarbe als Reaktion auf Sonneneinfluss).
- Eine völlig andere Form kulturellen Einflusses stellt dagegen die Übertragung von **Ideen und Vorstellungen** dar. Es ist zu vermuten, dass sich in verschiedenen Gruppen eine eigene Welt entwickelte, eine Art „Ideen- und Werte-Biotop". Dabei ist anzunehmen, dass dies rund um einen universalen Kern (urmenschliche Grundphänomene) geschah und geschieht. In unserem Zusammenhang können wir z. B. festhalten, dass jede Gesellschaft ein Wort für Führer hat.[30]

Ones[31] weist darauf hin, dass die Struktur der Persönlichkeit bei Völkern auf der ganzen Welt sehr vergleichbar ist. Wir können davon ausgehen, dass wir Menschen in unseren Grundstrukturen „ähnlich ticken".

Vor mittlerweile einigen Jahrzehnten tauchten in der Wirtschaft plötzlich häufiger Begriffe wie „*interkulturelle Kompetenz*" und „*interkulturelle Führung*" auf. Die Diskussion wurde entfacht, weil es heftige Misserfolgserfahrungen damit gegeben hatte, eigene Erfahrungen und Strategien unreflektiert auf andere Länder zu übertragen. Meist in unterhaltsamen

---

[28] *Engeln, H.*, Wir Menschen. Woher wir kommen, wer wir sind, wohin wir gehen, 2004, Frankfurt/M.: Eichborn, S. 157.
[29] *Wells, S.*, Die Wege der Menschheit. Eine Reise auf den Spuren der genetischen Evolution, 2003, Frankfurt: Fischer.
[30] *Buckingham, M.*, The One Thing. Worauf es ankommt, 2006, Wien: Linde, S. 134.
[31] *Ones, Deniz S.*, Welchen Stellenwert hat „Persönlichkeit" im Arbeitsleben?, in Wirtschaftspsychologie aktuell, 3/2005, S. 35–38.

Anekdoten wurde vermittelt, dass es eindeutig unterschiedliche Spielregeln für verschiedene zwischenmenschliche Situationen gibt. Die einen schätzen im Gespräch einen Abstand zueinander von wenigen Zentimetern, die anderen empfinden eine solche Nähe als Bedrohung. Mitarbeiter hier wollen an Entscheidungen beteiligt werden, dort schätzen sie klare Vorgaben. Es gab Beispiele über Beispiele.

Wie stehen Führungsspezialisten zu diesem Thema? *Malik* formuliert hier recht kompromisslos: „Der Gedanke der Kulturabhängigkeit ist naheliegend und verständlich, aber er ist *falsch*. Es liegt eine Verwechslung zwischen dem Was und dem Wie von Management vor. *Was* wirksame Führungskräfte tun, ist in allen Kulturen gleich oder doch sehr ähnlich ... So findet man in jeder gut geführten Organisation beispielsweise definierte Ziele und eine funktionierende Kontrolle."[32] Letztlich, so meint er, lohne sich kein besonderes Aufheben um das sogenannte interkulturelle Management. Es gäbe halt einfach nur in jedem Land bestimmte Sitten und Gebräuche, die man als „elementare Höflichkeit erstens zu kennen und zweitens zu respektieren hat." Er zieht eine Parallele zu einem anderen menschlichen Betätigungsfeld und weist darauf hin, dass es genauso wenig nationen- oder kulturabhängigen Sport gibt. Es ginge allein um die Unterscheidung von gutem und schlechtem Management.

Auf der einen Seite folgen wir in Bezug auf unsere Ur-Aufgabe der Führung völlig der Argumentationslinie von *Malik*. Auf der anderen Seite kann es unseres Erachtens durchaus entscheidende kulturelle Unterschiede geben, die auch für das Phänomen Führung Berücksichtigung finden müssen. Wissenschaftler konnten z. B. zeigen, dass in verschiedenen Nationen, Weltreligionen und Kulturkreisen für den Prototyp der herausragenden Führungsperson zum Teil unterschiedliche Akzente gesetzt werden. Studien belegen auch, dass in Bezug auf Einstellungen zu Arbeitszielen, Bedürfnissen und Werten zwischen verschiedenen Kulturräumen unterschieden werden kann.[33]

Unterstützung findet die differenzierte Sicht durch eine große interkulturelle Studie, die universelle und kulturabhängige Führungseigenschaften identifiziert (Forschungsprogramm *Globe*) (Abb. 2).[34]

Heißt das nun, dass es – entgegen unserer bisherigen Argumentation – doch allgemeingültige Führungseigenschaften und -kompetenzen gibt? Lassen Sie uns dieses Thema unbedingt später noch einmal in Ruhe vertiefen (vgl. Führungspersönlichkeit: Mythos oder Realität?). Es ist zu wesentlich, um es in ein paar wenigen Sätzen zwischendurch abzuhandeln. Auf jeden Fall bedeutet es, dass wir über eine ganze Menge von universellen Vorstellungen zum Thema Führung verfügen. Wir könnten sagen: archaische Vorurteile!

---

[32] *Malik, F.*, Führen, Leisten, Leben, 2001, S. 40.
[33] *Laurent, A.*, The cultural diversity of western conceptions of management, in: International Studies of Management and Organization 13, 1983, S. 75–96.
[34] *Weinert, A. B.*, Organisations- und Personalpsychologie, 2004, S. 529.

4 Kulturen differenzieren sich heraus

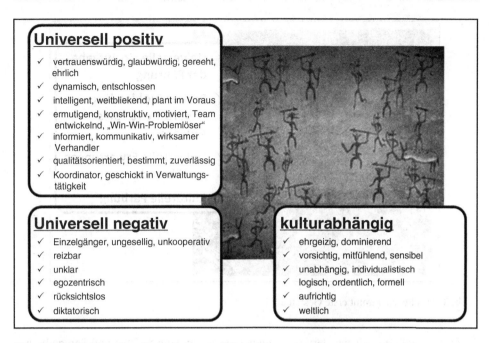

Abb. 2 Kulturell geprägte Erwartungen an Führende

Was natürlich voll und ganz unseren Ansatz bestätigt, dass es sich hierbei um ein uraltes Phänomen handelt.

Eine andere Frage ist, inwieweit einzelne **Managementtechniken** auf fremde Kulturen übertragbar sind. Hier haben zwei Forscher bereits 1961 einiges geäußert, dem bis heute nicht widersprochen ist.[35] Im Kern sagen sie, dass wir Menschen überall auf der Welt vergleichbare Probleme lösen müssen – und die Anzahl sinnvoller Lösungen begrenzt ist. Die jeweilige Kultur und die Werte bestimmen dabei, welche Lösungen bevorzugt werden. Auch *Mintzberg* meint, wir tendierten dazu, „... Unterschiede zu übertreiben. Oder vielleicht hat die Kultur mehr Einfluss darauf, *wie* wir Rollen ausfüllen, und weniger darauf, welche Rollen wir ausfüllen."[36] Aus Kultur vergleichender Perspektive gibt es damit genug Hinweise, dass eine *Essenz der Führung* Sinn macht (Abb. 3).

An dieser Stelle können wir festhalten, dass wir von unserer Zeitreise nicht mit leeren Händen zurückgekommen sind. Wir haben eine Menge an Material, aus der sich eine **Essenz der Führung** herausdestillieren lässt.

---

[35] *Kluckhohn, F. & Strodtbeck, F. L.*, Variations in value orientation, 1961, Evanston, Ill.: Row, Petersen.
[36] *Henry Mintzberg*, Managen, S. 138.

Abb. 3 Das Puzzle nimmt erste Gestalt an

Das Eis auf dem wir wandern wird dünner, da es nun vom Sichten und Sammeln zum Konstruieren geht. Lassen Sie uns also auf dem sichersten Weg bleiben: Gestalten wir unser Bild ausgehend von der Ur-Aufgabe der Führung – indem wir daraus weitere Kern-Aufgaben ableiten.

Teil II

Die Essenz der Führung

Die Aufgabenwelt der Führung ist überschaubar

„Die wirkungsstarken Unternehmensführer, die ich kenne, unterscheiden sich ... in fast allem, was Menschen unterscheiden kann. Gemeinsam ist ihnen nur die Fähigkeit zu bewirken, dass die richtigen Dinge getan werden."

Peter Drucker, Management-Denker

Unsere bisherigen Überlegungen lassen ahnen, warum Führung einerseits nicht an isolierten Verhaltensweisen oder Eigenschaften festgemacht werden kann, andererseits jedoch bestimmten Gesetzmäßigkeiten unterliegt. Worin bestehen diese?

- Zum einen sorgen sich erfolgreich Führende durchgehend darum, dass es *gemeinsam funktioniert*. Darin besteht die **„Ur-Aufgabe der Führung"**. Sie beweisen das Geschick und die Flexibilität, sich um die Dinge zu kümmern, die in der aktuellen Situation entscheidend für den Erfolg der Gemeinschaft sind.
- Zum anderen missachten sie in ihrem Vorgehen nicht die evolutionär-menschliche Natur: Sie lösen *keinen kritischen Widerstand* aus. Auf diese Weise verstehen es erfolgreich Führende, die **„Legitimation"** für die eigene Rolle zu erlangen und zu erhalten: Sie können die Beteiligten für sich und das Große Ganze gewinnen.

Aus diesen Grundannahmen lassen sich handfeste Kernaufgaben der Führung ableiten. Seit der Erstveröffentlichung des Modells (2006) haben sich diese stetig weiter konkretisiert. Hierbei waren vor allem unsere enge praktische Zusammenarbeit und rege Diskussion mit

Hunderten von Führenden (in erster Linie der Wirtschaft)[1] sehr wertvoll. Im Laufe der Jahre entstand auf dem Fundament des evolutionspsychologischen Führungsmodells ein einzigartiger diagnostischer Ansatz (Management-Profiling), Spezialseminare zu den Kernaufgaben und sogar die weltweit 1. Künstliche Intelligenz zur Unterstützung in der Führungsaufgabe. Parallel fand diese neue Perspektive auch im Bereich der Wissenschaft und Forschung Resonanz und Unterstützung.

Vieles davon floss dann in die 2. Auflage[2] ein, in der sich die Zahl der Kernaufgaben mittlerweile auf sieben ausdifferenziert hatte. Kurz gefasst im Gesamtblick:

1. Zunächst muss die Führungsrolle erst einmal gewonnen werden. Einige Facetten dieser Aufgabe werden in der Öffentlichkeit unter dem Schlagwort „Karriere machen" diskutiert (*„Persönlichen Anspruch erheben und die Legitimation erhalten"*).
2. Dabei sollten die Geführten zu Recht davon ausgehen können, dass – salopp gesagt – ihre Führungskraft „Ahnung hat" (*„Wissen, wie man den gemeinsamen Erfolg herstellen kann"*).
3. Diese muss dafür sorgen, dass jedem Beteiligten durchgängig präsent ist, worum es für die Gesamtgruppe wirklich geht und welcher Beitrag von wem erwartet wird (*„Die Grundlage für ein abgestimmtes Handeln schaffen"*).
4. Sie muss gewährleisten, dass es sichtbar vorangeht und mögliche Hürden erkannt, eventuell umgangen oder bewältigt werden. (*„Für die Verwirklichung des Erfolgsmodells sorgen"*).
5. Parallel werden verantwortungsvoll Führende stets die Leistungsfähigkeit ihrer Gruppe im Auge behalten und diese fördern (*„Das Team wettkampffähig machen und halten"*).
6. Sie sind sich darüber im Klaren, dass auch das Umfeld einer Gemeinschaft deren Erfolg mitbestimmt und überlassen dieses nicht dem Zufall (*„Den Lebensraum gestalten"*).
7. Die Krönung ihrer Arbeit wird eine Führungskraft leisten, wenn sie der Gemeinschaft – und damit oft auch sich selbst – Sicherheit oder sogar eine bedeutsame Rolle in der Geschichte verschafft (*„Zu einer gelingenden Zukunft beitragen"*).

Lassen Sie sich ruhig irritieren, wenn derzeit einige der Kernaufgaben – wenn nicht gar Führung an sich – kritisch herausgefordert werden (*„Brauchen wir überhaupt Führung? Wir haben doch jetzt Schwarmintelligenz, agiles Arbeiten, Selbstorganisation, New Work, Führen im Team und das Ende der Hierarchie ..."*). Wir werden später auf solche Haltungen näher einzugehen.

Für den Erfolg Ihrer Arbeit als Führungskraft ist dieser Rahmen ausreichend! Es geht also nicht darum, dass Sie ein unendliches Repertoire an Techniken und Modellen präsent

---

[1] Interessant wäre für uns, diese aktuelle „Begrenzung" aufzulösen, und auch mit Verantwortlichen z. B. aus Non-Profit-Organisationen, aus der Politik oder auch Polizei, Militär und Feuerwehr ins Gespräch zu kommen. Geben Sie uns ein Zeichen, wenn Sie dies praktisch unterstützen können.

[2] *Alznauer, M.*, Natürlich führen, 2013.

haben müssen. Sie brauchen auch Ihre Persönlichkeit nicht umzukrempeln, nur weil Sie leider eine der verschüchternden Anforderungslisten für Manager in die Finger bekommen haben oder das Feedback aus Ihrem letzten Assessment-Center Sie verunsichert hat.

Es geht schlicht darum, das Notwendige zu tun, damit Sie diese sieben Aufgaben erfüllen, – mit allem, was Ihnen dazu zur Verfügung steht! Dabei sollte es Ihr Anspruch sein, dies so professionell wie möglich zu tun. Was heißt das?

Die Aufgaben professionell wahrnehmen

„Ein Mensch, der nichts hat, worin er anderen voraus ist, ist kein Führer."

Dschuang Dsi, Weiser

Wir Menschen sind als *(soziale) Problemlöse-Wesen* angelegt! Dieses Erfolgsprinzip der Natur teilen wir auch mit anderen Lebewesen, z. B. mit Ameisen und Bienen. Allerdings sind diese kleinen Akteure genetisch dermaßen eingespielt, dass manche Forscher hier sogar den Begriff „Superorganismen" benutzen.[1] Führung ist hier unnötig (womit der Begriff Ameisen- oder Bienenkönigin im Grunde keinen Sinn macht). Wir Menschen haben dagegen den Spielraum, unser Verhalten auf gemeinschaftlicher und individueller Ebene zu steuern, Fehler zu machen, individuelle Strategien zu entwickeln und dazuzulernen.

Jeder Handelnde – selbstverständlich auch in der Führungsrolle – beeinflusst den Erfolg seines Tuns dabei durch die **Einstellung**, mit der er sich der jeweils anstehenden Aufgabe widmet. So können wir Herausforderungen z. B. routiniert und gelangweilt angehen oder mit Herzblut und Freude am Resultat. Wir können verantwortungsbewusst unser Bestes geben oder nur das Nötigste abarbeiten. Die Einstellung zu einer Aufgabe beeinflusst das Ergebnis oft spürbarer, als es die Kompetenz-Unterschiede zwischen den Beteiligten tun.

$$\textbf{\textit{Handelnder}} = \textit{Einstellung} * \left(\frac{\textit{Kompetenz}}{\textit{Aufgabe}} + \textit{Lernen} \right)$$

---

[1] *Hölldobler, B., Wilson, E.O.*, Der Superorganismus, 2009.

Wie sieht nun der Schritt zum Profi aus? Der Begriff **Profession** bedeutete zunächst nichts anderes, als durch seine Tätigkeit die eigene Existenz zu erwirtschaften. Schon vor dem 16. Jahrhundert tauchte dieser Begriff in Frankreich auf, wenn jemand öffentlich zum Ausdruck brachte, dass er für seine Leistung bezahlt werden wollte. Im Sport benutzen wir den Begriff Profi heute also noch im ursprünglichsten Sinne und erwarten dann auch die berühmte „professionelle Einstellung".

$$\textbf{\textit{Profi}} = \textit{professionelle Einstellung} * \left(\frac{\textit{Kompetenz}}{\textit{Aufgabe}} + \textit{Lernen} \right) + \textit{Lohn}$$

Die Professionalität im Umgang mit der Führungsaufgabe sehen wir noch weit entfernt von der, die in den meisten Sportarten zu finden ist. Dabei dürfte eine Rolle spielen, dass Erfolg hier unmittelbarer zu erkennen ist. Während sich das persönliche Führungsverhalten mit Verzögerung auswirkt – und überlagert ist von vielen anderen Einflussfaktoren –, gibt es im Sport eine spürbarere Ursache-Wirkung-Beziehung. Man erhält schnellere Rückmeldungen.

Jeder Mensch, der mit seiner Tätigkeit die eigene Existenz erwirtschaftet, sollte das *Selbstverständnis eines Profis* leben. Es ist keinesfalls so, dass der Maurer, die Küchenhilfe oder der Professor in diesem Punkt von einem Fußballprofi zu unterscheiden wäre! Jeder kann in seinem Aufgabenfeld den „Weg des Profis" einschlagen: Man beginnt als *Anfänger*, arbeitet an der Aneignung und *Beherrschung der Standards*, wird allmählich zum echten *Könner* und geht später als *Meister seines Faches* vielleicht sogar den Schritt zum *Künstler*.

Leistungssportler und Manager

„Zweifellos ähneln sich diese beiden Gruppen einerseits in Bezug auf ihre oft extreme Leistungsbereitschaft und die damit verbundene Belastung. Andererseits muss man sich vor Augen halten, dass Athleten ihre Leistungsoptimierung auf einen bestimmten Zeitpunkt hin ausrichten. Demgegenüber sind Manager – vielleicht nicht gerade 365 Tage im Jahr, aber oft nicht weit davon entfernt – ständig hochgradig engagiert und unter Anspannung ... 20 bis 25 Prozent von ihnen betrachten ihren Beruf tatsächlich wie eine Leistungssportart und achten darauf, ihre Gesundheit und die beruflichen Anforderungen im Einklang zu halten ... Wir müssen aber feststellen, dass die große Mehrheit eher mit der Sorge in medizinische Checks kommt, sie könnten diesmal nicht die ‚Absolution' für ihren Umgang mit dem Körper bekommen ... Im Grunde weiß heute aber jeder, was zu tun und zu lassen ist. Die Herausforderung liegt eher darin, positive Gewohnheiten zu entwickeln. Sie können sich denken, welches Argument wir am häufigsten hören, warum das nicht der Fall ist? Natürlich: ‚Keine Zeit'."[2]

Alle Berufstätigen, die ihre Aufgabe professionell betreiben, orientieren sich zumeist an einigen – zumeist unbewussten – Grundregeln:

---

[2] Zitate aus einem Interview mit Dr. Peter May (MVZ Dr. May Dr. Fehring, Bonn), 2013.

- Profis akzeptieren die **relevanten Gesetzmäßigkeiten** der eigenen Aufgabe und handeln danach! Wenn die Rolle beispielsweise eine bestimmte Lebensführung oder Kleidungsordnung erfordert, wird dies nicht in Frage gestellt.
- Profis stellen die *eigene Person* und ihre Befindlichkeiten während der Ausübung ihres Berufs hinter die Aufgabe zurück! Die wesentlichen Spielregeln und Gesetzmäßigkeiten des Erfolgs stehen absolut im Vordergrund.
- Profis tun die Dinge, die mit der **höchsten Wahrscheinlichkeit** zum Erfolg führen! Wenn sich etwas als wirkungsvoller herausstellt als das Bisherige, wird es übernommen. Persönliche Vorlieben werden nüchtern hinterfragt.

Unsere Überlegungen ähneln auch in diesem Punkt inhaltlich einem Führungsverständnis, das der Sichtweise von *Fredmund Malik*[3] recht verwandt ist. Er betrachtet Führung als Handwerk und hält dabei die Frage für unsinnig, ob Lösungsansätze modern oder „in" seien. Relevant ist für ihn ausschließlich, ob sie funktionieren. Diese pragmatische Haltung ist auch in der Managementpraxis weit verbreitet.[4]

Viele Menschen fragen sich, wo denn hierbei die eigene Persönlichkeit bleibt. Sie erleben die Zwänge der professionellen Tätigkeit als Einschränkung ihrer Freiheit und Spontaneität. Wenn sie dann noch lesen oder gesagt bekommen, Führungskräfte sollten authentisch sein, sehen sie sich vollends im etablierten Stil bestätigt. Dabei übersehen sie, dass ihre sogenannte Spontaneität bei genauem Hinschauen nur das unreflektierte Ausleben bisheriger Gewohnheiten ist. Profis verfügen dagegen über den Willen zur stetigen Verbesserung, über Disziplin und die Fähigkeit, mit den eigenen Verhaltensimpulsen beherrscht umzugehen. Sie zeichnen sich dadurch aus, dass sie die dafür nötigen „psychischen Muskeln" trainieren.

Natürlich haben auch Profis ihr ganz persönliches Stärken-Schwächen-Muster, ihre eigenen Beweggründe, Vorlieben und Hintergründe. Aber sie wissen, wann sie diese ausleben können – und wann nicht. Würden Sie sich in einem Flugzeug wohlfühlen, in dem der Pilot Ihnen über das Lautsprechersystem mitteilt, dass er heute einen unglaublich miesen Start in den Tag hatte, immer noch ein wenig unter dem massiven Streit mit seiner Frau am Vorabend leidet und sowieso absolut keine Lust mehr auf diese verflixte Fliegerei hat?

Im technischen Aufgabenfeld (z. B. der Fliegerei) ist das korrekte Verhalten klarer definiert als für Manager. Hier bestimmen die physikalischen Gesetzmäßigkeiten, was zu tun ist. Die Aufgaben können kompliziert und anspruchsvoll sein, aber im Prinzip gibt es Musterlösungen. Die Führung von Menschen unterliegt völlig anderen Prinzipien. Sie ist

---

[3] *Malik, F.*, Management: Das A und O des Handwerks, 2005.

[4] „In der realen Wirtschaftswelt waren die Dinge schon immer etwas klarer als bei den Theoretikern, denn letztlich zählt natürlich, welche konkreten Ergebnisse ein Manager mit seinem Team erzielt. In manchen Unternehmen ist dabei völlig gleichgültig, auf welchem Weg das passiert. Wir bei Robinson stellen allerdings schon auch die Frage, ob die Art und Weise mit unserer speziellen Kultur übereinpasst." (Martina Baier, zum Interviewzeitpunkt Bereichsleiterin Personal der Robinson Club GmbH).

wesentlich komplexer, situativ hoch variabel und beruht auf unserem Vermögen, unterschiedlichste Wirkungen zu erzielen. Praktisch bedeutet das, man kann hier nicht nach Checkliste vorgehen. Das bedeutet nicht, dass Führung quasi unvorhersehbar abläuft. Ganz im Gegenteil: Ihre Gesetzmäßigkeiten sind sehr stabil in unserem „archaischen Autopiloten" verankert und recht unabhängig von Zeitgeist und Kultur. Und genau diese Tatsache macht es möglich, nun gezielt an einer Professionalisierung zu arbeiten. Erst wenn eine Disziplin und ihre Gesetzmäßigkeiten verstanden sind, bekommen Training und Entwicklung eine Systematik.

▶ Wir sind mittlerweile in der Lage, aus dem Zusammenspiel von a) Evolutionärer Führungstheorie, b) der individuellen Situation und c) den persönlichen Verhaltensmustern eines Managers Führungsprioritäten und Empfehlungen abzuleiten.

An dieser Stelle haben wir vor sechs Jahren angekündigt, in der Zukunft Algorithmen vorzulegen, um die Führungsarbeit bequemer und wirksamer zu machen. Nach Jahren der Entwicklungsarbeit konnten wir dieses Versprechen einhalten.[5]

Ein Profi setzt sich mit der Materie seines Arbeitsfeldes immer differenzierter auseinander. Für ihn gibt es im Grunde keine Ziellinie, die er irgendwann zufrieden überschreitet und sich zurücklehnt. Er kratzt nicht nur an der Oberfläche. Seine Motivation, das eigene Verständnis und Können stetig zu vertiefen, hebt ihn aus der breiten Masse heraus und macht ihn als Persönlichkeit mit einer besonderen Einstellung erkennbar.

---

[5] Vgl. www.LEAD2gether.de.

Die Kunst natürlicher Führung

> *„Die Leute zu gewinnen, gibt es einen Weg: Gewinnt man ihr Herz, so hat man damit schon die Leute. Ihr Herz zu gewinnen, gibt es einen Weg: Was sie haben möchten, gib ihnen; was sie verabscheuen, tu ihnen nicht an."*
>
> *Mong Dsi, Weiser*

Schauen wir uns den evolutionär definierten Kern der Führung nun genauer an. Gehen wir weiter in die Tiefe! Wenn Sie dies mit uns tun möchten, folgen Sie uns einfach weiter Schritt für Schritt. Vielleicht liegt Ihnen mehr an der raschen Erhöhung Ihrer Wirksamkeit als Führungskraft? Dann kürzen Sie ab!

Jedes der folgenden Kapitel beginnt mit einem Hinweis, in welchem Fall Sie es überspringen können. Das Prinzip ist ganz einfach: Erscheint Ihnen die jeweilige Kern-Aufgabe gelöst oder in Ihrer Situation als irrelevant, investieren Sie Ihre Zeit in das nächste Kapitel.

1 Persönliche Positionierung: Anspruch erheben und die Legitimation erhalten

Sign Out

Dieses Kapitel hat für Sie „handwerklich" weniger Relevanz, wenn
- Sie in Ihrer Führungsposition seit langem etabliert sind,
- Sie einen klaren Vorsprung vor Ihren Mitarbeitern in wesentlichen Feldern Ihres Verantwortungsbereiches haben,
- Sie stabile „Rückendeckung von oben" haben,
- Ihr persönlicher Ruf in der Organisation gut und ungefährdet ist oder
- man Sie als erfolgreichen „Karrieristen" sieht.

Führungsverantwortung leicht gemacht für jedermann! Haben Sie Lust auf Führung? Wir werden Ihnen jetzt verraten, wie Sie es hinbekommen, auf *jeden Fall* mit einer Führungsaufgabe betraut zu werden.

Unser evolutionäres Führungsmodell sagt voraus, dass die Unterschiede zwischen den Mitgliedern einer Gemeinschaft darüber bestimmen, wem die entsprechende Legitimation entgegengebracht wird. Das bedeutet, es kann jeden von uns treffen – vorausgesetzt, er ist Mitglied einer Gruppe, in der alle anderen geringere Voraussetzungen für die Lösung der Ur-Aufgabe haben (sicherlich kennen Sie den Spruch: Unter den Blinden ist der Einäugige König!).

Das beantwortet übrigens die immer wieder hitzig diskutierte Frage, ob Führung nun etwas Angeborenes oder etwas Erlernbares ist: weder – noch. Führung ist eine Aufgabe! Und die kann zunächst einmal prinzipiell *jeder von uns* übernehmen. Hier ist der einfachste Weg:

- Definieren Sie eine **Aufgabe**, die man nicht allein hinbekommen kann (z. B. eine Badminton-Mannschaft bilden) – und in der Sie ganz gut sind.
- Sammeln Sie **Menschen** um sich, die auch Interesse daran haben und gleichzeitig weniger Ahnung und Kompetenz als Sie mitbringen (in unserem Fall also: Badminton für Anfänger).
- Orientieren Sie sich von nun an in Ihrem Verhalten an den beschriebenen Hauptaufgaben der *evolutionären Führung* – schließlich wollen Sie ja nicht nur mal kurz Führungskraft sein, sondern dies auch länger bleiben.

Das war schon alles! Ist das nicht prima? Das Prinzip funktioniert immer und für jeden! Sie meinen, unser Tipp wäre ein bisschen mager und im Berufsleben nicht wirklich nützlich? Na gut, das stimmt schon. Schließlich haben wir nicht ganz zufällig ein Beispiel aus dem Hobbybereich gewählt.

In Ihrem Beruf ist dieser Weg verbaut, weil Sie nicht selbst die Gemeinschaftsaufgabe bestimmen können, – außer Sie gründen Ihr eigenes Unternehmen. Auf jeden Fall sollten Sie sich vor Augen halten, dass es auf die beschriebene Weise für jeden die Chance gibt, Erfahrungen mit den besprochenen Kern-Aufgaben der Führung zu machen. Auch nicht schlecht, oder?

Afrikanische Savanne. 1,7 Millionen Jahre vor unserer Zeit

Mit weit aufgerissenen, ängstlichen Augen drückt sich die kleine Sippe in den Schatten der großen Steine. Verstört, schwitzend. Der Struppige blutet. Einige andere sind nicht mehr dabei. Instinktiv wissen alle, dass es noch nicht vorüber ist. Der schnelle Tod ist unterwegs. Sie haben ihn noch nie in der Zeit der Helligkeit so wüten gesehen. Blutgeruch. Wimmernde Lähmung!

HalbesOhr, einer der jüngsten Jäger der Gruppe, sondiert huschend das Gelände oberhalb. Seit er vor zwei Monden nach dem Sturz in die Schlucht mehrere Dunkelheiten allein überlebte und zur Gruppe zurückfand, ist er verändert. Er tut seither oft Dinge, die sonst niemand tut.

Jeder beobachtet ihn, als er auffordernd Steine und große Äste auf das kleine Plateau hievt. Der Struppige beginnt als erster, ihm zu helfen. Er ist es auch, der abends im Lager den überstandenen Schrecken, die Wirkung der gemeinsam geschleuderten

1 Persönliche Positionierung: Anspruch erheben und die Legitimation erhalten

Steine und die Rolle von HalbesOhr wieder und wieder vorspielt. Ob die an diesem Tag auf ein gutes Dutzend Mitglieder geschrumpfte Gemeinschaft überleben wird, weiß niemand – aber sie hat, neben dem Struppigen, eine neue Leitfigur.

Die Gruppe hat überlebt, weil HalbesOhr sie vor dem grausigen Tod durch vierbeinige Jäger gerettet hat. Er hat ein existenzielles Problem für sie gelöst! Wir würden heute sagen: HalbesOhr blieb auch unter extremem Stress handlungsfähig, übernahm Verantwortung, demonstrierte Sachkompetenz und bewies sich als Vorbild. Zweifeln wir daran, dass sein sozialer Status damals stieg und ihm zu einer Führungsrolle – zumindest in vergleichbaren Situationen der Bedrohung – innerhalb der Gemeinschaft verhalf?

In der heutigen Praxis begegnen uns zumeist zwei Gruppen von Menschen, die den Schritt Richtung Führung gehen. Einmal sind da die Personen, die einen persönlichen Drang zu dieser Rolle haben. Man sagt in diesem Zusammenhang oft, jemand würde einen *Führungsanspruch* erheben. Aus unserer Sicht haben wir es hier allerdings zumeist eher mit einem *Karriereanspruch* zu tun! Dies entspricht in etwa der Wettkampforientierung eines Sportlers, eines tänzelnden Kämpfers, der Schatten boxend allen Anwesenden zuruft: „Kommt her. Jetzt kommt schon endlich her und greift mich an. Dann zeige ich euch, was ich draufhabe!"[1] Die andere Gruppe kommt zur Führung, „wie die Jungfrau zum Kinde". Irgendjemand, der die Macht dazu hatte, *übertrug* die entsprechende Verantwortung – oder eine Gruppe begann einfach, sich an einer Person zu orientieren. Ob einer dieser beiden Wege stärker mit dem späteren Führungserfolg korreliert, ist unseres Erachtens noch nicht wissenschaftlich überprüft worden. Auf jeden Fall gibt es das Vorurteil, dass die Menschen mit dem Bedürfnis zum Wettkampf und zur Macht bessere Manager werden. Dass ihnen das bei der Bewältigung der 1. Kern-Aufgabe der Führung hilft, können wir uns vorstellen. Ob sie dann insgesamt bessere Führungskräfte werden, würden wir lieber überprüft sehen.

Da wir Ihnen Anregungen dafür versprochen haben, mit der Führungsaufgabe betraut zu werden, müssen wir an dieser Stelle plötzlich über Karrieretipps sprechen. Dazu gibt es eine ganze Reihe von Veröffentlichungen. Viele der dort zu findenden Empfehlungen verstoßen allerdings entscheidend gegen das evolutionäre Führungsverständnis und gefährden damit später wahrscheinlich Ihre Legitimation in der neuen Rolle. Lassen Sie uns hier einen stimmigeren Weg wählen.

1.1 Auftritt: Die eigenen Möglichkeiten wirkungsvoll anbieten

Es gibt evolutionspsychologische Argumente dafür, dass Gefolgschaft Wurzeln im menschlichen Nachahmen hat. Wenn Babys und Kinder sich an den Eltern als Vorbildern orientieren, dann werden sie *geführt*. Aus dieser Perspektive ist völlig klar, dass „unsichtbare" Menschen weit davon entfernt sind, dass man ihnen folgt.

---

[1] „Ich bin skeptisch, wenn jemand früh einen Führungsanspruch äußert – die finden nur die Schulterklappen gut. Oft sind eher die gut, die großen Respekt vor der Aufgabe haben." (Interview mit *Max Lehmann*, Senior Director Human Resource, SIXT Leasing SE).

Geben Sie daher der Gemeinschaft die Möglichkeit, Ihren persönlichen Beitrag für den Erfolg zu erkennen und zu bewerten. Dabei geht es nicht um das berühmt-berüchtigte „Schaumschlagen", vor dem sich so viele sachkompetente Menschen scheuen. Sie dürfen es anderen aber auch nicht schwermachen, Ihnen die verdiente Anerkennung zu schenken. Absurd wird es, wenn Sie Ihrem Umfeld – vielleicht nur unbewusst – Unachtsamkeit und Ungerechtigkeit vorwerfen, während Sie selbst sich demonstrativ unauffällig verhalten. Zur Führung gehören – neben der Kompetenz – auch das Sichzeigen und für sich Einnehmen!

Um Entscheidern aufzufallen, sollten Sie einen persönlichen Vorsprung (in irgendetwas Wesentlichem) spürbar werden lassen.[2] Es gibt da allerdings ein Problem. Die Menschen werden immer kompetenter. Während es vor 50.000 Jahren für eine Führungsaufgabe genügt haben mag, ein wenig mehr Gespür für Wetterabläufe zu besitzen, gehört heute unendlich viel mehr dazu, einen Vorsprung zu haben. Dieser lässt sich mittlerweile zumeist nur noch durch *Spezialisierung* erreichen. Es gibt viele Hinweise dafür, dass die gesamte menschliche Entwicklung sehr wesentlich durch die Arbeitsteilung und Spezialisierung innerhalb unserer Gemeinschaften geprägt und getrieben ist.

Ein interessanter Aspekt tauchte vor einiger Zeit in der Diskussion unseres *„Open-Source-Kreises Management"* auf: Gibt es evolutionspsychologisch begründete Antworten auf die Frage, wer sich in einer Gemeinschaft um die Führungsaufgabe bemüht (vielleicht sogar um sie kämpft) – und wer nicht?

Hand aufs Herz, ein wesentlicher Aspekt der Führungsmotivation besteht doch auch darin, dass man oft nur die Übernahme einer Managementposition an mehr **Geld und Ansehen** kommt. „Ich bin Sachbearbeiter", das klingt weder besonders sexy noch nährt es den Verdacht, hier einem besonders wohlhabenden Menschen gegenüber zu stehen. Eine ethisch-moralische Diskussion darüber zu initiieren, warum immer die Promis aus allen Sparten einer Gesellschaft „den Ruhm, das Gold und die Frauen (bzw. Männer)" bekommen, könnte spannend sein. Im Grunde ist sie aber erst einmal irrelevant. Wir können wohl davon ausgehen, dass an dieser Stelle sehr ursprüngliche Muster am Werk sind, die unabhängig davon funktionieren, was wir von ihnen halten.

In unserem Zusammenhang ist es nicht wesentlich, worin Ihre ganz persönliche Führungsmotivation besteht. Auf jeden Fall reicht es nicht, einen wesentlichen und sichtbaren Beitrag zur gemeinschaftlichen Aufgabe zu leisten. Das tun im besten Falle alle Teammitglieder. Das Prinzip „Ich lasse meine Taten für mich sprechen", scheint sich hier kaum zu bewähren.

Natürlich können Sie warten, bis jemand von sich aus auf den schönen Gedanken kommt, Ihnen die Führungsverantwortung anzubieten. Vermutlich nützt Ihnen eine gesunde Portion Motivation und Wettkampfenergie an dieser Stelle jedoch mehr. Schon unsere Ur-Ahnen haben sicherlich die Wahrscheinlichkeit des späteren Erfolges eines „Bewerbers" auch aus der Energie abgeleitet, die dieser bewies. Machen wir das anders? Schauen Sie sich an, was bei Präsidentschaftswahlen vor sich geht!

---

[2] „Man erwartet von seinen Vorgesetzten einen gemeinsamen Sinn, Vorbildrolle, Integrität, einen Vorsprung und dass eingehalten wird, was gesagt wurde." (Interview mit *Tobias Könning*, Berater bei der GSD Gesellschaft für Sparkassendienstleistungen mbH).

Viele leistungsorientierte, gut ausgebildete Menschen wollen diesen Konkurrenzaspekt der Führung nicht akzeptieren. Er entspricht nicht ihrem Führungs- oder Selbstverständnis. Nicht selten werden sie dabei von Trainern oder Autoren bestätigt, für die damit verbundene Themen „böse" sind (Macht, Konflikt, Ego-Marketing etc.). Einige von ihnen wollen dann die eigene Philosophie beweisen, dass man auch in friedvoller Harmonie, offener Kollegialität und ausweichendem Konfliktverhalten Karriere machen kann – und bereichern später den Pool der Gekränkten, Zynischen und Resignierten.

Fehlt Ihnen der Mut, auf die zwischenmenschliche Bühne zu gehen? Gehört Repräsentation nicht unbedingt zu Ihren Stärken? Stellen Sie Ihr Licht gerne unter den Scheffel? Das ist völlig in Ordnung! Vorausgesetzt, Ihnen liegt nichts an einer Führungsrolle.

1.2   Legitimation: Sich einen Vertrauensvorschuss erarbeiten

Warum sollte irgendjemand Ihnen folgen? Schreiben Sie doch einmal Ihre Antwort auf diese Frage auf, bevor Sie weiterlesen. Gönnen Sie sich den Spaß! Kommen Sie: Zumindest einen Satz im Kopf formulieren ...

Überlegen wir nun gemeinsam und machen dafür einen weiteren Zeitsprung zurück: Kompetenz und Beitrag jedes Mitglieds waren in den überschaubaren, intimen Ur-Gemeinschaften sehr transparent. Trittbrett-Fahren wurde rasch erkannt, Anonymität war damals kaum möglich. Schon unsere Ahnen hatten ihre individuelle Reputation und waren motiviert, diese zu erhalten bzw. auszubauen. Wir würden heute sagen: Sie hatten ein ausgeprägtes *Anerkennungsbedürfnis*. Wäre dieses nicht schon immer vorhanden gewesen, fiele uns ein verträgliches Leben in der Gemeinschaft schwer. Wer darüber nicht verfügt, sichert sich weniger soziale Unterstützung, engagiert sich nur bedingt für gemeinsame Aufgaben und sozial anerkannte Anliegen, irritiert die Gruppe durch sein unabhängiges Verhalten und läuft letztlich Gefahr, ausgestoßen zu werden.

Durch größer werdende Gesellschaften[3] wuchs nun die Anonymität. Reduziert sich der persönliche Kontakt, wird es immer bedeutsamer, welcher Ruf einem vorauseilt. Während wir uns vor Abertausenden von Jahren innerhalb unserer Lebensgemeinschaft zwangsläufig wahrnahmen, erkannten und zumeist auch an-erkannten, müssen wir heute für jeden einzelnen dieser Schritte arbeiten. Gelingt uns der erste Schritt (wahrgenommen zu werden), ist schon viel erreicht. Auf diesem Weg entstehen all die kleinen TV-Sternchen und C-Promis unserer Gesellschaft. Aber sie sind auch das beste Beispiel dafür, dass das allein nicht ausreicht. Wir müssen nicht nur gesehen werden, wir müssen auch akzeptiert und für bestimmte Rollen von der Gruppe legitimiert werden. Dazu müssen wir einen guten Ruf durch Kompetenz und Ergebnisse bestätigen.

Legitimation konnte man von der Gruppe als Ganzes erteilt bekommen oder von führenden Mitgliedern der Gemeinschaft. Immer schon wurde aufmerksam registriert, wem die Machthaber ihre Gunst schenkten. Viele Jahrtausende später wurden diese Menschen

---

[3] Vermutlich etwa vor 15.000 Jahren.

treffsicher als *Günstlinge* bezeichnet. „Erfunden" wurden sie schon viel früher, denn es war zu allen Zeiten bedeutsam, sich ein wertvolles Netzwerk zu verschaffen. Um Missverständnissen vorzubeugen: Wir nehmen hier keine moralische Position ein, etwa um die Günstling-Wirtschaft abzuwerten. Im Kern erscheint sie uns als etwas Natürliches und man könnte sich fragen, ob wir jetzt nicht lieber dem Phänomen des Günstlings auf der Spur bleiben sollten. Schließlich werden in vielen Organisationen heute Managementpositionen in der Regel „von oben" besetzt.

Was gilt es zu tun, um die Legitimation eines einzelnen Entscheiders zu erlangen? Dazu müssen wir uns nur fragen, welche Anliegen dieser verständlicherweise hat. Auf einen einfachen Nenner gebracht: Er möchte seine Macht und die damit verbundenen Privilegien erhalten. Dazu benötigt er Mitglieder in der Gemeinschaft, die

1. absolut *loyal* sind (d. h., die seine Ziele zu den eigenen machen, die Hierarchie zu keiner Zeit in Frage stellen und sich „in die Kugel werfen", die dem Mächtigen gilt),
2. *fleißig und konstruktiv* an der Verwirklichung der Ziele des Mächtigen arbeiten und
3. dem Mächtigen das *Leben leichter* machen (d. h. keine Probleme machen, sondern sie lösen oder zumindest von ihm fernhalten).

Wohlgemerkt, es kann sinnvoll und nützlich sein, sich an diesen Erwartungen zu orientieren, um die 1. Kern-Aufgabe der evolutionär definierten Führung zu bewältigen. Allerdings dürfen wir nicht den Fehler machen, Erfolg auf diese Perspektive zu reduzieren. Vielleicht gelingt es Ihnen, durch die „Legitimation von oben" eine Management-Position und Personal zu erhalten. Aber: *Mit Untergebenen haben Sie noch keine Gefolgschaft!*

Unsere Ur-Führer erhielten ihre „Legitimation von unten", also aus der Gemeinschaft selbst. Interessanterweise beginnen in den letzten Jahren einige Unternehmen damit zu experimentieren, Führungskräfte aus dem Team heraus wählen zu lassen. Sie berichten dabei von Startschwierigkeiten (und auch zunächst wachsender Fluktuation), anschließend aber auch von einer motivierenden Veränderung der Führungskultur. Dieser Ansatz wird als revolutionär präsentiert, ist aber uralt.

Wie dürfen wir uns die grundlegenden Erwartungen aus Gruppen-Perspektive vorstellen? Die Entscheidung für oder gegen einen Führer war für unsere Ahnen stets nur *emotional* möglich. Das Führer-Geführten-Verhältnis folgte keiner sachlichen Kosten-Nutzen-Analyse gemeinschaftlicher Investitionen, sondern einer ganzheitlich erlebten *„archaischen Wohlfühl-Analyse"*.[4] Forscher sollten also aufhören sich zu wundern, dass die Hingabe an einen Führenden nicht rational durch Mittel-Zweck-Abwägungen motiviert ist, sondern „*ganz im Gegenteil* aktuellen Stimmungen und Gefühlslagen"[5] folgt.

---

[4] Forschungen zeigen, dass das individuelle Erlebnis der Unsicherheit zur Unterwerfung unter einen Führenden beiträgt, z. B. der Ruf nach der „starken Hand". Wir sind überzeugt, dass dies nur gilt, wenn der Führende nicht selbst als Ursache für das Unwohlsein betrachtet wird. Es gibt Hinweise darauf, dass unsere Vorfahren mit versagenden Führenden nicht sehr freundlich umgingen.

[5] *Weibler, J.*: Personalführung, München: Vahlen, 2001, S. 160.

1 Persönliche Positionierung: Anspruch erheben und die Legitimation erhalten

Die Ur-Checkliste für die Wahlentscheidungen aus der Gruppe heraus sah vermutlich in etwa so aus:

1. *Sorgt dieses Mitglied dafür, dass es gemeinsam besser funktioniert?* (d. h., erleben wir praktischen Erfolg)
2. *Fühlen wir uns mit ihm sicher?* (d. h., erleben wir existenzielle Angstfreiheit, Zuversicht und Berechenbarkeit)
3. *Fühlen wir uns mit ihm geborgen?* (d. h., erleben wir uns als Gemeinschaft mit Freude und emotionaler Wärme)

Gehen wir ruhig davon aus, dass die Person, die am besten auf dieser Anforderungsliste abschnitt, die Legitimation der Gruppe zur Führung erteilt bekam. Wie Sie vermutlich direkt geprüft haben: Die beiden kleinen Anforderungslisten sind nicht automatisch widersprüchlich, allerdings folgen sie völlig anderen Grundregeln – und können durchaus auch in Konflikt geraten.

Sollten wir uns auf die Lösung dieser 1. Führungsaufgabe spezialisiert haben und uns als „Karrierist" definieren, waren wir jetzt erfolgreich. Wir haben die Führungsrolle! Jetzt gilt es, die Erwartungen der Gruppe und die folgenden Kernaufgaben der Führung zu erfüllen. Ansonsten müssen wir uns zügig auf die Suche nach der nächsten Position begeben: Job-Hopping ist angesagt. Diese Möglichkeit gab es vor Jahrmillionen nicht. Wuchs die Unzufriedenheit unserer Ahnen (im Sinne der *„archaischen Wohlfühl-Analyse"*), haben sie sich zusammengeschlossen, um etwas zu unternehmen. Nicht selten endete das in der Exilierung oder Tötung des Ur-Führenden. Eine Entmachtung allein war zu riskant, da Dominante nicht konfliktfrei „zurück ins Glied gehen". *Kipnis et al.*[6] zeigten, dass auch heutige Mitarbeiter in ähnlichen Situationen Koalitionen bilden. Ohne den damals wohl nicht unüblichen letzten drastischen Schritt, suchen sie ihre Vorgesetzten in ihrem Sinne zu beeinflussen. Dieses „Sich-Zusammenschließen" scheint ein Muster zu sein, das bei Unwohlsein der Geführten recht systematisch auftritt. Auch *Wunderer*[7] berichtet, dass erfolgreiche Zusammenarbeit bei der „Führung von unten" über wechselseitige Abstimmung und Konsens stattfindet: Man tut sich gegen die Führung zusammen, bildet eine Schicksalsgemeinschaft.

Was können wir aus dem evolutionären Führungsansatz ableiten, um diesem Schicksal zu entgehen? Wie stellen Sie sicher, als Führungskraft die gewonnene Legitimation nicht sofort wieder zu verlieren?

---

[6] *Kipnis, D. et al.*, Patterns of managerial influence: shotgun managers, tacticians, an bystanders, in: Organizational Dynamics, 12/Winter 1984, S. 58–67.

[7] *Wunderer, R.*, Führung des Chefs, in: *Rosenstiel, Lutz von, Regnet, Erika & Domsch, Michel (Hrsg.)*, Führung von Mitarbeitern, 5., überarb. Auflage, 2003, Stuttgart: Schäffer-Poeschel, S. 293–314.

1.3 Antritt: Die Führungsrolle spürbar übernehmen

Es erscheint uns verständlich, dass frische Führungskräfte von der Sorge getragen sind, den mit der neuen Rolle erhaltenen Vertrauensvorschuss eventuell nicht rechtfertigen zu können. Obwohl sie jetzt über zusätzlichen Einfluss verfügen, lässt sich damit ja nur bedingt die Gefolgschaft halten. Sie spüren, dass ihre gewonnene Macht ihnen hier wenig helfen kann.

Die zu diesem Zeitpunkt wahrscheinlichste – und zugleich unglücklichste – Vorgehensweise besteht darin, einfach weiter das zu tun, was man bisher tat. Warum das häufig passiert? Erstens ist man gut darin, zweitens entspricht es den eigenen Gewohnheiten und drittens wurde man genau dafür mit dem Karriereschritt belohnt. Was kann also falsch daran sein? Nichts – außer, dass es nicht zu Ihrer *neuen* Aufgabe passt! Dass Sie in Ihrer vorherigen Funktion Profi waren, steht nun nicht mehr im Vordergrund.

Dabei ist die – zwischenzeitlich wissenschaftlich belegte – Lösung ganz einfach: Erstellen Sie für sich aus den Kern-Aufgaben evolutionärer Führung eine Checkliste – und Sie haben nahezu die Gewissheit, aus zugeordneten Mitarbeitern eine freiwillige Gefolgschaft zu machen.[8]

Die neue Führungsrolle spürbar zu übernehmen, verlangt zunächst eine Distanzierung vom eigenen fachlichen Selbstverständnis. Oft wird gerade Sachkompetenz und -leistung als Beleg für eine spätere gute Führungsleistung gewertet. Die beste Fachkraft wird zum Chef gemacht. Warum ist dieser seit vielen Jahren kritisch betrachtete Sachverhalt so schwer auszumerzen? Nun, weil er zunächst intuitiv naheliegend ist! Der Betreffende signalisiert Selbstvertrauen und Kraft. Er verbindet – wie von uns zuvor ja auch empfohlen – Ansehen und Kompetenz! Wir legitimieren ihn daher zur Führung – und liegen mit unserer Einschätzung oftmals falsch. Oftmals heißt aber auch: Nicht immer! Es gibt Spezialisten, die man sich durchaus als erfolgreich Führende einer besonderen Gruppe vorstellen kann.

Wir müssen an dieser Stelle also aufpassen, nicht in die allgemeine Polemik einzustimmen, man hätte mit einer solchen Entscheidung stets „eine gute Fachkraft weniger und eine schlechte Führungskraft mehr". Und erst recht dürfen wir nicht den Fehler machen, auf Menschen hereinzufallen, die mit diesem Satz nur ihre fachliche Ahnungslosigkeit verdecken wollen. Es reicht zur wirksamen Führung weder aus, Management studiert zu haben noch die Klaviatur psychologisch-kommunikativer Techniken zu beherrschen.

Oftmals wird an dieser Stelle statt des Fachspezialisten der **Generalist** herbeigeredet. Es wird darauf hingewiesen, dass wir eine größere Anzahl von diesem Typus benötigen. Gerade jungen Menschen wird damit häufig eine gefährlich falsche Vorstellung vermittelt. Für sie ist es durchaus attraktiv, sich in anregender Weise mit vielen, unterschiedlichen Dingen beschäftigen zu können: „Ich will doch kein Fachidiot werden." Vielfalt statt

---

[8] Die Führungslegitimation erhöht sich mit Erfüllung der Kern-Aufgaben hochsignifikant (*Lesaar, V.*, Zusammenhänge zwischen der Legitimation der Führungskraft und der Erfüllung der Führungsaufgaben, 2015).

Tiefe, Unterhaltung statt Fleiß, Übersicht statt Details, Twittern statt Dokumentation. Auf diesem Weg wird niemand zum Kenner einer Materie. Erfolg setzt wirkliches Verstehen voraus, und das entsteht weder durch „Themen-Tourismus" noch durch Oberflächlichkeit. Wenn Erfolg leicht und bequem zu erreichen wäre, hätte ihn jeder!

Um es zu wiederholen: Führung findet grundsätzlich unter Konkurrenzbedingungen statt. Und im Vergleich fallen uns die Menschen auf, die etwas Besonderes leisten, die in etwas besser sind als andere. Es ist schön, wenn jemand von sehr vielen Sportarten die Grundregeln und -techniken kennt. Vielleicht beschert es ihm jede Menge unterhaltsamer Nachmittage oder den Job eines Sportlehrers. Die Wahrscheinlichkeit jedoch, dass er in einer dieser Sportarten eine Führungsrolle innehat, ist nicht hoch.

Halten wir fest: Sowohl über den Weg als „Günstling", wie auch über den des „Kompetenz-Trägers" können wir die Legitimation für eine Führungsrolle erhalten. Ob wir dieser Aufgabe dann auch gerecht werden, entscheidet sich erst anschließend!

> **Tipp: Unterbrechen Sie nach der Übernahme einer neuen Führungsrolle Ihre Gewohnheiten und Routinen**
> Nehmen Sie sich Zeit, über die neuen Notwendigkeiten, Ihre Situation und die Erwartungen an Sie nachzudenken. Setzen Sie früh das Zeichen, dass Sie diese verstanden haben und zu erfüllen verstehen.
> Also: Investieren Sie deutlich Zeit und Engagement in Ihre Führungsarbeit.

Wie können wir uns nun die **Führungsarbeit in der Startphase** vorstellen? Zunächst besteht sie darin, den erhaltenen Vertrauensvorschuss so lange über die Zeit zu bringen, bis der Erfolg Ihnen Recht gibt! Selbstredend, dass dies nur eine begrenzte Phase gelingen kann. Je kürzer, desto besser für Sie und Ihr Team. Die Uhr tickt! Tickt sie zu lange, beginnt aus der vielversprechenden neuen Führungskraft ein Scharlatan zu werden.

Führen wir uns vor Augen, welche **Versprechen jede Führungskraft** seit Ur-Zeiten an die Gemeinschaft abgibt:

- *Das Zukunftsversprechen:* Mit mir wird die Gruppe in eine attraktive Zukunft reisen!
- *Das Wirkungsversprechen:* Ich weiß, wie wir gemeinsam Erfolg herstellen können!
- *Das Beziehungsversprechen:* Ich bin vertrauenswürdig, gerecht und einer von Euch!

Sie können blind davon ausgehen, dass die Gemeinschaft Sie an diesen Versprechen misst, unabhängig davon, ob Sie diese tatsächlich aussprechen.[9] Wenn unsere Theorie stimmt, dann sind sie quasi natur-gegeben!

---

[9] Ein gnadenlos unglückliches Versprechen wäre die Botschaft: „Ich bringe Euch den Erfolg!" Das Führungsversprechen sollte immer der Logik folgen: „Wenn wir unser Erfolgsmodell gemeinsam umsetzen, werden wir alle davon profitieren!".

Individuell sind dagegen Ihre persönlichen Antworten auf die mit den Ur-Versprechen verbundenen Fragen: Welches Zukunftsangebot haben Sie für die Gemeinschaft? Wie soll diese Zukunft konkret gemeinsam verwirklicht werden? Was kann man von Ihnen als Mensch erwarten und welche Spielregeln definieren Sie? Was passiert jetzt?

> **Tipp: Arbeiten Sie schriftlich Ihre Versprechen aus**
> Statt nach Übernahme der Führungsrolle zur Tagesordnung überzugehen, sollten Sie erste Antworten auf die mit den Führungsversprechen verbundenen Fragen ausarbeiten und Ihren Mitarbeitern vorstellen.
> Also: Bereiten Sie eine „Antrittsrede" vor. Halten Sie diese, und führen Sie in Ihrer neuen Rolle Einzelgespräche mit Ihren Mitarbeitern.

Den ersten Schritt können Sie sich vorstellen, wie die berühmte „Skizze im Sand", die stets von dem Helden der Schwarz-weiß-Western am Lagerfeuer in den kargen Boden gestrichelt wurde. Hier schilderte er der Truppe rasch und hochgradig verständlich, wie man gemeinsam gegen die Gegner gewinnen kann. Blicke wurden ausgetauscht, die eine oder andere Frage beantwortet, abschließend ein stilles Nicken in der Runde. Man geht auseinander, um sich auf den Kampf vorzubereiten.

Haben Sie eine solche *„Skizze im Sand"*? Es wird nun Zeit dafür!

Tragisch wäre es, wenn sich die Gemeinschaft begänne zu fragen, welchen Unterschied es eigentlich für den gemeinsamen Erfolg ausmacht, ob es Sie gibt oder nicht. Dann haben Sie diese Teil-Aufgabe nicht gelöst.

Wenn Sie diese 1. Kern-Aufgabe der Führung noch etwas nachwirken lassen möchten,

> **Tipp: Machen Sie einen wesentlichen Unterschied**
> Überlegen Sie, was Sie in Ihrer neuen Rolle zum Erfolg der Gemeinschaft beitragen können, was andere nicht können. Prüfen Sie gleichzeitig, wo die Gruppe Schwächen hat, um diese durch eigene Beiträge zu kompensieren.
> Also: Erhöhen Sie für alle spürbar die Wahrscheinlichkeit des gemeinsamen Erfolgs.

dann lesen Sie jetzt einfach unsere historische Episode aus dem Leben von HalbesOhr ein zweites Mal. Spüren Sie dem Anspruch nach, den er erhoben hat, als er sich von der Gruppe entfernte und sie zur Nachahmung animierte. Führen Sie sich vor Augen, welche Erwartung die Gemeinschaft in die Hoffnung steckte, dass die Strategie von HalbesOhr aufgeht, als sie ihm folgte. Erst im Nachhinein stellte sich heraus, dass dieser Vertrauensvorschuss berechtigt war. Können Sie ähnlich überzeugend sein, ohne dass es gerade um das nackte Überleben Ihres Teams geht?

Alle Überzeugungskraft und Legitimation nützen Ihnen allerdings gar nichts, wenn Sie anschließend verzweifelt vor der Frage stehen, wie in aller Welt die Gruppe nun den Erfolg erreichen kann. Der „*Skizze im Sand*" muss bald ein „*ausgearbeitetes Erfolgsmodell*" für die Gruppe folgen. Und damit sind wir bei der 2. Kern-Aufgabe evolutionärer Führung. Eine echte Herausforderung: Sachunkundige Karrieristen scheitern oft an ihr, weil sie die Materie nicht kennen! Und die berühmten „Alten Hasen" straucheln nicht selten, weil sie ihre Erfahrung nicht in greifbare Konzepte gefasst bekommen!

2 Erfolgsmodell-Klarheit: Wissen, wie man den gemeinsamen Erfolg herstellt

Sign Out

Dieses Kapitel hat für Sie „handwerklich" weniger Relevanz, wenn
- Sie in einem Bereich arbeiten, dessen Prozesse und Methoden wenig Änderungen unterliegen,
- Ihre eigene Führungskraft Ihnen klar und praxisbezogen vermittelt, wie sie sich den Beitrag Ihres Teams vorstellt,
- Sie sehr erfahren sind und sich die Rahmen-Bedingungen nur langsam ändern,
- Ihr Verantwortungsbereich eine vorhersehbare Zukunft hat,
- Sie sich seit langem als „analytisch denkender Unternehmer" beweisen.

Jedes Lebewesen hat eine eigene Strategie an das Leben heranzugehen, es hat ein persönliches Erfolgsmodell. Dieses entsteht schlicht aus der Verarbeitung eigener (Miss-)Erfolge. Seit unserer Geburt wiederholen wir das, was funktioniert hat. Was sich nicht als zweckmäßig erweist, tritt anschließend seltener auf. Dieses Grundprinzip macht seit Urzeiten das Überleben wahrscheinlicher. Wer dagegen verstieß, wurde nicht zu unserem Vorfahren.

Gleichzeitig haben nur wenige Lebewesen (vermutlich nur wir Menschen) die Muße oder die Pflicht, sich über die persönliche Erfolgsstrategie Gedanken zu machen. Dieser Aufwand erschien Mutter Natur offenbar unnötig. Wir sind nicht gut darin, unsere unbewussten Muster und Strategien, unsere Beweggründe und komplexen Erfahrungen analytisch differenziert herauszuarbeiten.[10] Wozu auch – solange es funktioniert!

Unser Gehirn formt aus unseren Erlebnissen ein **Modell der Umwelt**. Auf dessen Grundlage sortieren wir Dinge ein und glauben zu wissen, was wahrscheinlich als nächstes passieren wird. So erschaffen die älteren und häufig gebrauchten Erkenntnisse ein immer stabileres Fundament, das nicht ohne weiteres geändert werden kann. *Jeder* Mensch handelt daher nach einer persönlichen Erfolgsstrategie. Unsere Erfahrung kann sich dabei einerseits in Form unserer **Intuition** melden, sie kann andererseits – dem **Intellekt** zugänglich gemacht – analysiert werden und ein immer komplexeres und differenziertes Modell ergeben.

Übertragen Sie jetzt dieses Bild auf eine ganze Gruppe! Auch diese macht ihre Erfahrungen mit Erfolg und Misserfolg, die Mitglieder spielen sich ein, es etablieren sich Gewohnheiten, Traditionen, ungeschriebene Gesetze.

---

[10] Es kann vermutet werden, dass hier einer der Hauptgründe dafür zu finden ist, warum viele Führungskräfte die 2. Kern-Aufgabe der Führung als schwierig erlebt.

▶ Die Prinzipien ähneln sich derart, dass folgende Unterscheidung Sinn macht:
- Individuelles Erfolgsmodell: Das aktuelle Ergebnis all unserer persönlichen Erlebnisse bezüglich des eigenen Erfolgreich-Seins!
- Gemeinsames Erfolgsmodell: Die Gewohnheiten, Spielregeln und Strategien, nach denen eine Gruppe handelt, wenn sie ihre Ziele verfolgt.

Der Schädel war längst schon mehrfach gebrochen

Wieder und wieder hämmert Urg blutrünstig den Kopf des bisherigen Anführers gegen den Felsen. Niemand aus der Gruppe wagt es, aufzublicken. Immer muss man bei ihm mit unvorhersehbaren Angriffen rechnen. Er scheint die Angst um ihn herum zu riechen und auch die versteckten Aggressionen. Beides erregt ihn, macht ihn misstrauisch und aufbrausend. Stets damit beschäftigt, die männlichen Mitglieder der Gruppe zu terrorisieren, beachtet er die Weibchen nur, wenn er seine Erregung sexuell abbauen will. Der stetige Schub von Testosteron, Adrenalin und Endorphinen vermittelt ihm das Gefühl der Unbesiegbarkeit. Wenn er hungrig ist, nimmt er das, was da ist. Muss er warten, tobt Urg wie ein Wahnsinniger und alle sind bemüht, ihn zu besänftigen. Er fühlt sich grandios.

Wochen später ist die ganze Gruppe erschöpft. Niemand kennt die Wege der Jagdbeute so gut wie der frühere, jetzt tote Führer. Die ständige Angst der Gruppenmitglieder vor Urg lässt sie oft vergessen, was sie früher konnten und raubt ihnen zusätzlich viel Energie. Er lässt niemanden weit von sich weg, um alles im Auge zu behalten. Das Sammeln von Nahrung ist kaum noch möglich, alle leiden unter dem Hunger. Und die Tage und Nächte werden kälter.

Eines Morgens zieht die Horde Richtung Süden weiter, während Urg in einer großen, dunklen Lache zurückbleibt – umgeben von blutverschmierten Felsbrocken und schweren Ästen. Mehrere Männchen und Weibchen haben schmerzhafte Verletzungen, aber sie folgen ruhig und mit einer Zuversicht, die sie schon wochenlang nicht mehr verspürt haben, Krumm, dem Ältesten der Gruppe. Er ist der Einzige, der die Reise in den wärmeren Süden bereits einmal erfolgreich absolviert hat. In seinem Kopf trägt er die Bilder mit sich, an welchen Stellen die Nahrungssuche vielversprechend ist und wo Gefahren lauern. Er kann der Gruppe Ruhe und Sicherheit vermitteln. Schon unter dem früheren Führer war er es, der Konflikte innerhalb der Horde am friedlichsten regeln konnte. Urg, dessen Körper bereits von den Aasfressern verwertet wird, hatte ihn nie angegriffen. Er war zu schwach und unauffällig, um in ihm eine Gefahr zu sehen. Aber Krumms Erfahrung erschien der Gruppe überlebenswichtig – und sie hat das Notwendige getan.

Ganz offensichtlich hatte das individuelle Erfolgsmodell von Urg aber auch gar nichts mit dem gemeinsamen Erfolgsmodell für die Gemeinschaft zu tun. Eine ganze Reihe von Anthropologen geht davon aus, dass die „Erfindung" der Steinigung vor vielen Tausenden von Jahren die Spielregeln der Macht änderte. Nun konnten sich viele Schwache gegen einen Starken zusammentun, ohne die gefährliche direkte Auseinandersetzung. Interessanter Weise haben wir auch an dieser Stelle unser Repertoire zwischenzeitlich wirksam erweitert, auch starke Gegner angreifen, schwächen und besiegen zu können (z. B. über Gerüchte, Intrigen, Rufmord-Kampagnen, Isolierung, Erpressung …). Aber das ist ein anderes Thema.

2 Erfolgsmodell-Klarheit: Wissen, wie man den gemeinsamen Erfolg herstellt

Von einem Führenden wird erwartet, dass er versteht, wie der gemeinsame Erfolg herzustellen ist – oder warum er evtl. mit einem Male ausbleibt. Er benötigt dazu eine treffende Vorstellung von der für die Gruppe *relevanten Aufgaben-, Problem- und Lösungswelt*.[11] Im einfachsten Fall hat das mit Erfahrung und Können zu tun, im schwierigsten mit einer Neuerfindung der Zukunft!

▶ Wenn Sie Ihre Führungsaufgabe wirksam wahrnehmen wollen, müssen Sie eine klare Vorstellung davon haben, wie die Gruppe ihren Erfolg herstellen kann. Es geht an dieser Stelle darum, strategisch und theoretisch-konzeptionell den Erfolg zu schaffen.

Wenn diese Führungsaufgabe nicht von Ihnen gelöst wird, gibt es nur zwei Ausgänge: Jemand übernimmt die Führung, der hier kompetenter ist – oder die Gemeinschaft geht unter!

Eine faszinierende Frage: Wie bekommt man etwas zum Funktionieren? In vielen Bereichen hat „Mutter Natur" dafür gesorgt, dass unser Großhirn nicht für den Erfolg notwendig ist. Wir müssen nichts über Biologie wissen, um uns zu vermehren, nichts über Ernährungsphysiologie, um gut zu essen, nichts über Soziologie, um zufrieden in einer Familie oder Arbeitsgruppe zu sein, nichts über unseren Hormonhaushalt, um die Sonne zu genießen. Wir benötigen kein Wissen über Tierkunde, um Kuhmilch zu trinken und keines über Neurophysiologie, um uns in „miesen Zeiten" etwas Gutes zu tun. Allerdings gibt es dann da noch die Bereiche, in denen Verhaltensflexibilität und Lernen wesentlich sind. Und hier betreten wir die Welt der Strategien und Erfolgsmodelle, die Welt der Erfahrung und des Verstehens.

Ausschließlich theoretisches Wissen oder abstraktes Planen ohne aktives Handeln wird allerdings zu einer rein geistigen Übung. Wir müssen unsere Erkenntnisse in der Auseinandersetzung mit der realen Welt gewinnen. Dann erwerben wir **Kennerschaft**!

Diese Tatsache sollte insbesondere auch bei der Ausbildung von Führungskräften stärkere Berücksichtigung finden. Wir benötigen weniger (Besser-)*Wisser* als *Kenner*! Ein Weinkenner ist etwas völlig anderes als z. B. ein Wissenschaftler, der sich auf Wein spezialisiert hat. Wir wagen die These, dass viele Ausbildungssysteme unsere Führungsqualität sogar schwächen. Zwangsläufig werden hierbei Methoden vermittelt, die unabhängig vom Kontext und den spezifischen Spielregeln einer Szene funktionieren: Eine Art „Standardrepertoire der Manager"! Und frei nach dem altbekannten Spruch „Wer im Besitz eines Hammers ist, hält alles für einen Nagel." wenden die über-ausgebildeten und oft untererfahrenen Menschen diese Standards anschließend überall an. Da sie damit durchaus auch eine sichtbare Wirkung erzielen, fühlen sie sich und ihr Erfolgsmodell bestätigt.

▶ Führende müssen sich Erfahrungen erarbeiten und den Kontakt zur realen Welt erhalten. Zahlen, Fallstudien, Tabellen, Studiengänge und Grafiken sind kein wirkungsvoller Ersatz für die aktive Auseinandersetzung mit dem erfolgsrelevanten Feld.

---

[11] „Manche Führungskräfte haben keine eigene Linie. Sie hadert dann sowohl mit der Legitimation von oben, als auch mit der der Mitarbeiter." (Interview mit *Pascal Machate*, Human Resource Manager der Hewlett-Packard CDS GmbH).

Es geht in der Führungsrolle um mehr als nur darum, den eigenen Bereich zu kennen. Sie verlangt das, was landläufig als *„über den Tellerrand schauen"* bezeichnet wird. Ein Erfolgsmodell für das Ganze setzt zwangsläufig voraus, dass der Blick nicht nur auf Details gerichtet ist. Wenn einer unserer Urahnen ein genialer Hersteller von Wurfspeeren war (dessen Fähigkeiten für alle anderen ein Buch mit sieben Siegeln blieb), genoss er aufgrund seines Wertes für das Überleben der Horde sicherlich hohes Ansehen. Hinaus in die Wildnis ist ihm allerdings wohl niemand gefolgt, sofern es jemanden gab, der mehr über all die Erfolgsfaktoren der Reise wusste. Ein guter Speer ist bei diesem Ziel nur ein kleiner Baustein. Zur Führung der weltweit ersten „Wurfspeere Produktions GmbH" war er allerdings eventuell geeignet, denn er wusste, wie man wirkungsvolle Waffen herstellt.

Die eigentliche Kunst besteht heute wohl darin, in der unendlichen, sich tagtäglich verstärkenden Komplexität und Dynamik

- das Wesentliche zu identifizieren und mit klaren Prioritäten zu versehen,
- sich darüber klar zu werden, dass *ein* Kopf allein dazu meist nicht (mehr) ausreicht und
- wenn schon nicht die Zukunft vorhersagen zu können, dann zumindest eine sehr glaubwürdige Wette auf sie anzubieten.

2.1 Wesentlichkeit: Die Erfolgsgesetze des größeren Ganzen verstehen

Wesentlich bedeutet: dem Wesen einer Sache angemessen. Klingt einleuchtend, ist aber schwierig! Denn, was ist das Wesen einer Sache? Haben Sie schon einmal erleben dürfen, welche Diskussionen entbrennen, wenn man in einer Gruppe darüber Einigkeit erzielen will, was für eine gemeinsame erfolgreiche Zukunft zu tun ist? Das Wesentliche ist verblüffend oft als „Selbstverständlichkeit" getarnt und im alltäglichen Einerlei verborgen. Es muss mühsam herausgearbeitet werden – und frustrierender Weise erscheint es dann auch noch ganz am Ende naheliegend und trivial. Ist es aber nicht!

Beispiel

Sie glauben vielleicht nicht, wie viel Nachdenken, Ausprobieren, Diskutieren, Überarbeiten und Forschen, wie viel Ringen um die Essenz und Suche nach dem Wesen des Phänomens Führung in den Gedanken dieses Buches stecken.

Wenn Sie es aber durchgearbeitet haben, erscheinen Ihnen viele Zusammenhänge und Aussagen als naheliegend, – sofern wir vernünftige Arbeit geleistet haben.

Im Kern sind wir Erfahrungswesen. Für unsere Ur-Ahnen war diese Form des unreflektierten, praxisbezogenen Wissenserwerbs die einzig mögliche. Sprache, Schrift und analytische Methodik kamen nach und nach dazu, schoben Instinkt und Intuition in Richtung Wissenschaft.

Jeder dieser unterschiedlichen Zugänge zur Welt birgt seine eigenen Risiken: Erfahrung und Gewohnheiten können zu Starrheit werden, Intuition ist oft nicht mehr als Willkür und Ahnungslosigkeit, Analysen produzieren viel zu häufig Datenfriedhöfe und wachsende Komplexität endet nicht selten in Handlungsunfähigkeit. Wir benötigen kein Mehr an *Daten*, sondern ein Mehr an *Verstehen*. Um in der Komplexität des Lebens entscheidungs- und handlungsfähig zu bleiben, müssen wir die Fähigkeit pflegen, das **Wesen eines Feldes** zu erfassen. Viele Manager häufen immer weiter Informationen an, in dem verzweifelten Versuch, ihre Welt unter Kontrolle zu bekommen. Eine geradezu widersinnige Strategie: Irgendwann geht die eigentlich entscheidende Nachricht im Hintergrund-Rauschen unter. Gerade Führende müssen sich auf *Muster*, statt auf Daten und Fakten konzentrieren. Sie müssen sich ein *Bild* machen! Zur Mustererkennung gehören in der Führungspraxis vier Dinge:

- *Datenreduktion* auf die wesentlichen Schlüsselkomponenten,
- *Vernetzung* dieser Komponenten,
- *intuitives Füllen der Lücken* und
- systematisches Übersetzen von Intuition in *Erkenntnis*.

Solange wir jedoch die Muster nicht kennen, nützt es wenig, die Einzelbereiche mit noch mehr Detaillierung und Exaktheit zu untersuchen. Wir stehen hier an dem gleichen Punkt, der uns dazu geführt hat, das Phänomen Führung von seinen Ur-Mustern her verstehen zu wollen, statt einfach noch mehr Gedanken auf den riesigen Berg von Überlegungen anzuhäufen.

Erfolgsmodelle können nicht aus gigantischen Daten (Stichwort: Big Data) abgeleitet oder am „Grünen Tisch" erarbeitet werden! Erfolgsmodelle werden eher aus der Realität herausgeschält als in einem demokratisch-kreativen Prozess diskutiert und verabschiedet. Genau diese sogenannte Realität stellt andererseits das Problem dar. Schließlich gibt es sogar seriöse Wissenschaftler, die behaupten, es gäbe eine unendliche Fülle von Realitäten und nicht *die Eine*. Aber lassen wir uns nicht von metaphysischen Gedanken verwirren. Kein Geführter interessiert sich ernsthaft für solche Theorien, wenn es um Wesentlicheres geht.

▶   Wir sind nicht unfähig, in einem komplexen System erfolgreich zu leben! Der Beweis ist längst erbracht, schließlich gibt es uns noch. Schon vor über 1,5 Millionen Jahren haben unsere Ur-Verwandten routiniert komplexe natürliche Aufgaben gelöst (z. B. Objekterkennung), von denen viele auch heute noch nicht in künstlichen Modellen der Intelligenz konstruiert werden können. Komplexität ist nichts Neues!

Das Erfolgsprinzip lautet an dieser Stelle: „Wie viel kann ich weglassen, ohne das Wesen einer Sache zu verlieren?"

Die amerikanische Psychologin *Carol Moog* registriert bei Managern eine tiefsitzende Angst vor der Vereinfachung. Sie fürchten sich davor, etwas aus- oder wegzulassen. Sie wollen sämtliche Optionen berücksichtigen, um nicht von irgendjemandem kritisiert werden zu können. Hier wird aus unserer Sicht der Beweis erbracht, dass viele Manager keine tauglichen Annahmen darüber haben, welche Informationen entscheidend sind. Wie wollen sie sich dann um das Wesentliche kümmern?

Was ist für uns konkret zu tun, damit wir diese Kern-Aufgabe der Führung lösen? Zurück zum alten Krumm, der seine Gruppe vor Jahrtausenden in den warmen Süden führte, nachdem Urg „biologisch abgedankt" hatte. Warum folgte die Gruppe ihm? Weil er das relevante Biotop kannte und wusste, worauf es zum Überleben ankam. Können Sie das für sich auch behaupten?

Natürlich können wir Ihnen jetzt – quasi per Ferndiagnose mit verbundenen Augen – nichts über die für Sie *erfolgsrelevante Umwelt* sagen (Kunden, Branchen, Märkte, Kultur Ihres Unternehmens usw.). Das ist sehr spezifisch! Womit wir auch einen der Gründe gefunden hätten, warum weder die einfache Übertragung funktionierender Strategien noch der unreflektierte Wechsel erfolgreicher Manager von einer Branche in eine andere allzu zweckmäßig sind. Solche Schritte müssen sehr sorgfältig geprüft werden. Wir brauchen *Umwelt*-erfahrene Führungskräfte und auf spezifische Probleme spezialisierte Fachleute, *auf keinen Fall* werden Manager und Berater mit dem Anspruch auf Allgemeingültig gesucht.

Wir sind nach wie vor überrascht, dass viele Unternehmen auf die einfachen Fragen „Warum gibt es uns noch? Warum sind wir erfolgreich?" selten sehr differenzierte, tragfähige Antworten geben können. Zudem sind es dann auch noch oft in einer Organisation sehr unterschiedliche. Gerade in Zeiten, in denen Wandel offenbar per Definition als etwas Positives bewertet wird, kommt diesen Antworten jedoch eine Schlüsselbedeutung zu. Wenn ich nicht weiß, warum die Gemeinschaft bisher überlebt hat, drehe ich rasch versehentlich an *existenziellen Rädchen*.

Fassen wir kurz zusammen: Um ein klares Erfolgsmodell aus der Unternehmenspraxis herauszuarbeiten, benötige ich relevantes Know-how über

1. die Umwelt, in der es zu überleben gilt, d. h., das *„Biotop"* (Was existiert um uns herum?) und
2. das bisherige *„Erfolgsmodell"* (Warum leben wir noch?).

Branchenerfahrene Führungskräfte haben hier Vorteile – sofern sie die Risiken ihrer Erfahrungen kompensieren: Veränderungen werden von ihnen leichter übersehen und ihr Wissen steht ihnen eher intuitiv als explizit zur Verfügung. Ihren unerfahrenen und damit oft unvoreingenommeneren Kollegen fehlt dagegen viel Praxis. Weise Führer beider Lager werden daher nicht nur aus der eigenen Perspektive am Erfolgsmodell arbeiten. Sie werden ergänzende Sichtweisen und Einschätzungen in das Gesamtbild integrieren. Damit beugen sie auch einem anderen Risiko vor: Erinnern Sie sich an unsere Unterscheidung von a) individuellem und b) gemeinsamem Erfolgsmodell?

Unsere ganz persönlichen Strategien sind zwar Grundlage unserer Erfolge, halten uns zumeist aber auch von *anderen* Formen des Erfolgs ab. Wir stecken quasi in unserem Erfolgsstil fest! Urg könnte von den Risiken dieser Tatsache mehr erzählen, – wenn er nicht von seiner Gruppe erschlagen worden wäre!

2.2 Gemeinschaftlichkeit: Den Blick weiten

Manager müssen sich bewusst halten, dass sie vor dem Problem stehen, ihr eigenes Erfolgsmodell schwer widerlegen bzw. verbessern zu können. Erstens gibt ihnen kaum noch jemand offenes Feedback, zweitens sind sie sehr von ihrem eigenen Stil überzeugt.

2 Erfolgsmodell-Klarheit: Wissen, wie man den gemeinsamen Erfolg herstellt

Schließlich hat dieser sie in ihre heutige Position gebracht. Hinzu kommt, dass unsere Entwicklung persönliche **Wahrnehmungsfilter** fördert. Wir sehen oft nur die Dinge, die unsere Sicht bestätigen und leben im wahrsten Sinne des Wortes in unserer *eigenen Realität*. Verständlich, dass diese Tendenz gerade für eine Führungskraft große Risiken birgt! Gibt es auch an dieser Stelle Gegenmittel? In der Tat!

- Suchen Sie Wege und Mittel, das eigene **Erfolgsmodell systematisch zu verbessern**. Der erste notwendige Schritt besteht darin, es aus den Tiefen Ihres Autopiloten herauszuholen und **bewusst zu machen**.
- Stellen Sie sicher, kritische und kompetente **Partner zur Reflexion** zu haben.
- Nehmen Sie Fakten, die nicht zu Ihrem Erfolgsmodell passen, besonders ernst! Sie sind oft Hinweis darauf, dass Sie etwas **Wesentliches noch nicht verstanden** haben.
- *Integrieren* Sie Hinweise auf weitere erfolgsrelevante Aspekte in ihr Modell, statt diese in Konkurrenz zu Ihrer Sicht wegzudiskutieren.

Damit Ihr individuelles Erfolgsmodell weiter an Qualität gewinnt ist der Einbezug anderer Menschen und Perspektiven wichtig. Allerdings sind wir dabei noch nicht bei Ihrem grundlegenden Problem: Es geht ja um die Konkretisierung des *gemeinsamen* Erfolgsmodells, nicht um die Optimierung Ihres individuellen.

> **Beispiel**
>
> Sie mögen ein beeindruckender Linksaußen Ihrer Fußball-Mannschaft sein. Und sicherlich haben Sie auch eine Vorstellung davon, wie Ihre Teamkollegen spielen sollten, damit Sie persönlich glänzen können. Reicht das, um gegen die anderen Mannschaften zu gewinnen?

Führende müssen neben ihrem ganz persönlichen Erfolgsmodell eines für die gesamte Gruppe erarbeiten. Im Sinne der Vorbildfunktion, Authentizität und Glaubwürdigkeit ist es wichtig, dass diese beiden Modelle nicht im Konflikt zueinanderstehen. Wenn beispielsweise bislang der harte Konkurrenzkampf Ihrem bewährten Stil entsprach, könnte das im Zusammenhang mit der Führungsaufgabe plötzlich zu einem Hindernis werden. Es gibt nicht wenige Manager, die mehr Energie dabei verbrauchen, im steten Wettbewerb mit ihren Mitarbeitern zu stehen, als diese Kraft für den gemeinsamen Erfolg einzusetzen.

Insofern stellt die Verknüpfung eigener Muster mit der übergeordneten Gesamtstrategie der Gruppe die **erste Integrationsleistung** des Führenden dar. Um dies rasch und professionell leisten zu können, müssen sowohl a) das persönliche als auch b) das Erfolgsmodell der Gruppe reflektiert und konzeptionell herausgearbeitet werden. An beiden Aufgaben haben wir schon viele Führungskräfte scheitern sehen. Diese waren dann auf einen langen Weg von Versuch und Irrtum angewiesen – sofern man ihnen die Zeit dafür gab.

In einer Welt voller Komplexität und Dynamik wäre es zudem als Hochmut zu werten, die eigenen Erfahrungen und Kenntnisse als bestmögliche Grundlage für ein gemeinsames Erfolgsmodell zu betrachten. Der Evolutionsbiologe *Henrich* weist darauf hin, dass wir nicht nur weniger behaarte Schimpansen mit einem größeren Gehirn sind. Seiner Überzeugung nach liegt das Geheimnis unseres Erfolgs als Spezies „… in den *kollektiven Gehirnen* unserer Gemeinschaften".[12] Es ist von Ihnen also auch noch eine **zweite Integrationsleistung** gefragt: Die Schaffung eines übergreifenden, gemeinschaftlichen Erfolgsmodells. Dabei können nicht nur die kompetentesten Gruppenmitglieder für wesentlichen Input sorgen; pflegen und nutzen Sie alle wertvollen Informationsquellen. Gerade weil eine Führungskraft viele Kontakte hat, viele Zugänge und Quellen, genießt sie bei der Beschaffung von (weichen) Informationen einen natürlichen Vorteil. Bauen Sie diesen Vorteil aus!

> **Beispiel**
> Im situativen Führungsansatz wird aus der Mitarbeiterreife abgeleitet, ob ein Teammitglied Anweisungen bekommen sollte (kompromisslose, einfache Durchsetzung des Erfolgsmodells), ob ihm die Dinge erklärt werden sollten (Erläuterung des Erfolgsmodells), ob er beteiligt werden sollte (Einbezug des Know-hows des Mitarbeiters in das Gesamtmodell) oder ob ihm eine Aufgabe komplett übertragen werden sollte (es wird völlig auf das individuelle Erfolgsmodell des Mitarbeiters gesetzt).

Kann sich eine Führungskraft erlauben, ihr „Erfolgsmodell-Monopol" aufzugeben? Muss sie nicht selbst sagen, wo es langgeht? Was denken Sie? Wir haben bereits festgestellt, dass das Phänomen Führung einen erlebten Vorsprung des Führenden voraussetzt. Wenn andere das bessere Angebot machen, verliert man dann nicht vielleicht an Legitimation? Wir sind überzeugt, dass Führungskräfte kein Erfolgsmodell-Monopol in Anspruch nehmen dürfen, aber sie braucht die *Erfolgsmodell-Hoheit* (d. h. im Zweifelsfall das letzte Wort in der Sache)!

Das Grundmodell („*Skizze im Sand*"), mit dem der Führende seine Legitimation erhalten hat, muss in der Lage sein, die wesentlichen Erfolgsbausteine der individuellen Modelle der Beteiligten aufzunehmen. Im wahren Leben findet der hier geforderte Schritt der Integration zumeist völlig unsystematisch und unprofessionell statt. Hier liegt einer der wesentlichen Gründe für fehlende Motivation und Loyalität der Mitarbeiter.

Schwierig wird es erst da für die Führung, wo sich das persönliche Erfolgsmodell eines Geführten nicht in das große Ganze integrieren lässt. An dieser Stelle ist eine wirkliche gemeinsame Topleistung nicht mehr sicherzustellen und wir stehen vor einem notwendigen Konflikt! Und auch hier gilt wieder: Der Führende braucht die *Erfolgsmodell-Hoheit*. Sollte das Grundmodell in Frage stehen, ist auch dessen Anbieter in Frage gestellt.

> **Tipp: Integration statt Konkurrenz**
> Unterscheiden Sie sehr gut zwischen Mitarbeitern, die mit eigenem Knowhow zur Verbesserung des gemeinsamen Erfolgsmodells beitragen wollen, und denen, die eine Alternative dazu anbieten – und damit in Konkurrenz zu Ihnen treten.
>
> Also: Beteiligen Sie das Team an der Erarbeitung des gemeinsamen Erfolgsmodells,[13] und bleiben Sie sensibel für grundlegende Herausforderungen Ihrer Legitimation!

---

[12] *Henrich. J.*, Secret of Our Success, S. 5.

[13] „Es ist wichtig, Geführten zuzuhören, Offenheit zu zeigen. Die Mitarbeiter möchten sich einbringen in die Zielrichtung. Eine Integration ist wichtig." (Interview mit *Philipp Vossen*, HR Business Partner Enterprise Solutions, HRS Group).

Letztlich läuft es darauf hinaus, dass unterschiedliche *Wetten auf den Erfolg* (und damit Wetten auf die Zukunft) im Umlauf sind! Wir bewegen uns in einer Welt der Wahrscheinlichkeiten! Unsere Ur-Ahnen mussten entscheiden: Bietet der Weg nach Süden eine Alternative zum möglichen Hungertod? Ist es besser, auf den Frühling und die großen Herden zu warten – und einige Tote in Kauf zu nehmen? Greifen wir lieber die Gruppe in der Großen Höhle an, um deren Nahrungsmittel, Waffen und Frauen zu rauben?

Unterscheiden sich solche Entscheidungen im Kern von den heutigen? Absolut nicht! Es gibt unterschiedliche Antworten auf die Fragen, da niemand absolute Gewissheit über den Ausgang der Dinge hat.

2.3 Strategie: Eine vielversprechende Wette auf den Erfolg anbieten

In der Natur existiert eine ungeheure Fülle an Möglichkeiten zurechtzukommen. Es gibt nicht den *einen* „Weg der Sieger". Jeder Organismus ist gefordert, seine eigene Überlebensstrategie zu entwickeln – angepasst an seine Möglichkeiten und an seinen Lebensraum. Grundsätzlich besteht die Möglichkeit, (a) um Lebensräume zu konkurrieren oder (b) sich eigene, konkurrenzarme Lebensräume zu erobern. Während die meisten Tiere keine große Wahl in Bezug auf ihr Erfolgsmodell haben, geht es uns anders.

> **Beispiel**
> Es liegen Studien vor, die es sehr wahrscheinlich machen, dass es im unternehmerischen Handeln mehr auf gute Erfolgsmodelle ankommt als auf das Biotop. So sind Erfolgsunterschiede zwischen Branchen deutlich geringer als zwischen den besten und schlechtesten Unternehmen einer Branche. *Coureil*[14] weist darauf hin, dass man in den meisten Industriezweigen sowohl große Wertsteigerungen erzielen als auch Werte vernichten kann.

Dass es bei Erfolgsmodellen mehr um **Muster, Dynamiken und tiefes Verständnis** geht als um Datenberge und Detailanalysen, haben wir bereits angesprochen. Vom erfahrenen Praktiker *Jack Welch*[15] erhalten wir an dieser Stelle den Rat: „Vergessen Sie das mühselige, verkopfte Herumreiten auf Zahlen und Daten ... Vergessen Sie das Entwickeln von Szenarien, jahrelangen Studien und hundert Seiten langen Berichten ... In der Praxis ist das Thema Strategie sehr geradlinig. Man wählt eine ungefähre Richtung und strengt sich dann höllisch an, sie umzusetzen." Für ihn geht es letztlich nur um drei Dinge:

- Hat man eine clevere, realistische und relativ schnelle Methode, sich einen nachhaltigen Wettbewerbsvorteil zu verschaffen?
- Hat man die richtigen Leute mit den richtigen Aufgaben betraut, um die Geschäftsidee umzusetzen?
- Wird man in der Umsetzung besser?

Interessanter Weise finden wir diese Fragen in dreien unserer 7 Kern-Aufgaben evolutionärer Führung wieder (Erfolgsmodell-Klarheit, Leistungsgemeinschaft, Umsetzung).

---

[14] *Coureil, P.*, Mehrwert. Die neue Aufgabe der Führung, 1999, S. 22.
[15] *Welch, J. und S.:* Winning. Das ist Management, 2005, S. 179.

Halten wir fest: Die 2. Kernaufgabe der Führung ist eine hochgradig schwierige, weil sie sich in dem Bereich abspielt, in dem uns die Natur nur die Fähigkeit zu lernen und nachzudenken mitgegeben hat. Aber genau aufgrund dieser Möglichkeit gehören wir heute zu den flexibelsten und unter verschiedensten Bedingungen überlebensfähigen Arten. Indem Führungskräfte potenziellen Gefolgsleuten zunächst ihr Erfolgsmodell anbieten, lassen sie die eigenen strategischen Vorstellungen erkennen.

> **Beispiel**
>
> Es gibt in der Praxis eine „Lösungs-Konserve" für diese Aufgabe. Sie wird insbesondere von den Managementschulen angeboten und durch „Abgucken" virusartig verbreitet. Auf dem Etikett der Konserve steht: „Was Sie ohne Rücksicht auf Kontext und Bezüge tun können, wenn Sie das Erfolgsmodell und Ihre Branche nicht durchdringen!"
>
> Wenn Sie die Konserve öffnen, riecht es intensiv u. a. nach Kostenreduktionsprogramm, Vertriebsintensivierung, Lean-Management, Marketingbudgets, Quality-Management und Prozessoptimierung. Was ist aber zu tun, wenn alle Manager dieselbe Konserve aufgewärmt und verzehrt haben?

Chan Kim und Mauborgne[16] gehen einen radikaleren Weg, wenn sie formulieren: „Die Konkurrenz lässt sich nur auf eine Weise schlagen: indem man aufhört, es zu versuchen." Wir verfügen offenbar über eine enorm unterschätzte Fähigkeit zur Schaffung neuer und zur Umgestaltung alter Branchen. Die Autoren untersuchten über 150 strategische Bewegungen, die von 1880 bis 2000 in mehr als 30 Branchen gemacht wurden – und fanden weder ein Unternehmen noch eine Branche mit ständigen Spitzenleistungen. Erfolg fanden sie allerdings systematisch dort, wo strategische Entscheidungen darauf konzentriert waren, der Konkurrenz durch das Erschließen neuer, bisher von niemandem beanspruchter Märkte auszuweichen.

Jede gute Strategie hat ihrer Ansicht nach (a) einen klaren Fokus, (b) unterscheidet sich deutlich vom Durchschnitt und (c) ist von der Zielgruppe schnell und unmittelbar verständlich („überzeugender Slogan"). Mit dieser letzten Erkenntnis leiten uns die Autoren – an der Schnittstelle unserer „*Skizze im Sand*" – zu unserer nächsten Kernaufgabe über.

3 Gemeinsame Wirklichkeit: Ein abgestimmtes Handeln sicherstellen

Sign Out

Dieses Kapitel hat für Sie „handwerklich" weniger Relevanz, wenn
- Sie als Team geradezu blind aufeinander eingespielt sind,
- die Bilder im Kopf der Beteiligten aktuell sind,
- Sie regelmäßige Team-Besprechungen haben, in denen es um die konkrete Zusammenarbeit geht,
- es für Sie kein Problem darstellt, das Wesentliche missionarisch immer wieder zu predigen,
- Sie als „verkäuferischer Moderator" bekannt sind.

---

[16] *Chan Kim, W., Mauborgne, R.*, Der Blaue Ozean als Strategie, 2005, S. 4.

Was nützt es, wenn ein Mensch das „Geheimnis des Erfolges" kennt – aber nicht verrät? Möglicherweise bietet eine solche Vorgehensweise die Basis für individuelle Erfolge: Man stellt quasi ein Monopol her. Das macht nur dann Sinn, wenn man für die Umsetzung niemanden benötigt. Dann spielt Führung natürlich auch keine Rolle. Ein Monopol auf das Feuermachen war zweifellos vor vielen Jahrtausenden eine beeindruckende Sache, die Anerkennung und Macht verschaffte. Ein Monopol auf die Methode der Treibjagd hat da einen deutlich geringeren Reiz. Wenn man hier das Geheimnis für sich behält, ist es wertlos. Gleichzeitig stellt es aber ein Erfolgsmodell für eine gemeinsame Großaufgabe dar und birgt damit die Grundlage für die Übernahme einer Führungsrolle.[17]

Wir stellen hier folgende These auf: Wenn die persönlichen Erfolge einer Person bislang darauf beruhten, dass diese ein *(Erfolgsmodell-)Monopol* aufbaute, wird sie mit geringerer Wahrscheinlichkeit eine gute Führungskraft. Diese Annahme beruht auf der Tatsache, dass wir unsere bewährten persönlichen Erfolgsmodelle nicht einfach geändert bekommen. Wie wir gesehen haben, kann ich mich als Einzelperson sehr gut mit der Geheimhaltung meines Erfolgsmodells positionieren. Nehme ich diese „Geheimnis-Strategie" aber mit in eine Führungsaufgabe, stellt sie sofort ein Problem dar.

▶ In den Situationen, in denen es um Führung geht, muss das eigene Erfolgsmodell angeboten werden. Es geheim zu halten, macht zum einen keinen Sinn, da Führungskräfte in einem Wettbewerb der Erfolgsmodelle stehen. Zum anderen schwächt diese Strategie sogar den Erfolg der Gruppe!

Den Hungertod im Nacken

Lassen wir vor unserem geistigen Auge einen jungen Menschenähnlichen erstehen, wie er vor rund 1,5 Millionen Jahren gerade in einer wilden Jagd mit anderen Gruppenmitgliedern hinter einem kleinen Säugetier herhetzt. Sein Blut ist voller Adrenalin und sein ganzes Wesen ist hochgradig fixiert auf die Beute. Keine Gedanken, die ihn ablenken können, mögliche Schmerzen sind durch körpereigene Hormone unterdrückt. Ein Zustand, wie ihn vielleicht in unserer Kultur einige Sportler unter Höchstleistung kennen. Die Gruppe fällt in leichtes Traben zurück, sammelt sich allmählich. Die Hetze ist erfolglos geblieben, das Tier entkommen. Szenen der Jagd gespenstern durch die Köpfe, Pulsschläge beruhigen sich. Unser Junge nimmt allmählich wieder wahr, was um ihn herum geschieht. Sein Magen knurrt, wie so oft in den letzten Wochen. Die Gruppe hat Geräusche gemacht, das Tier zu früh aufgeschreckt, der Vorsprung war nicht einzuholen. Alle sind vor Hunger mittlerweile so schwach, dass Wurzeln, Blätter, die Maden und das Aas der letzten Tage nur noch zum nackten Überleben ausreichen. Schnelligkeit ist kaum noch jemandem möglich. Plötzlich taucht zwischen den Bildern der Jagd in seinem Kopf eine Szene auf, die nicht tatsächlich stattfand. Er sieht sich und einige Frauen der Horde lärmend durch das hohe Gras ziehen, Tiere fliehen früh und gelassen – in die

---

[17] „Für den Erhalt von Vertrauen ist es erforderlich, dass jeder erstmal weiß, was von wem wann erwartet wird." (Interview mit *Nancy Fuchs*, Leiterin der Personalentwicklung der EWR GmbH – Unternehmensverbund Stadtwerke Remscheid GmbH).

Speere der genau dort wartenden Jäger. Ein erregendes Bild. Dem Jungen läuft Speichel im Mund zusammen. Er gestikuliert hektisch, läuft wild herum, versucht die Szene darzustellen, zieht hier den einen am Arm, schiebt dort einen anderen an eine Stelle. Fünf Monate später stirbt er als Dritter der Horde an Nahrungsmangel. Kaum jemand hat ihn verstanden, als er das Prinzip der Treibjagd deutlich machen wollte. Die beiden Ausnahmen, zwei intelligente, aber sehr vorsichtige Wesen, haben nicht mitgemacht.

2000 Kilometer östlich war eine junge Frau in einer anderen Gruppe mit einer sehr ähnlichen Fantasie erfolgreicher. Sie hat mittlerweile ein hohes Ansehen in der Horde, einen erfolgreichen Jäger als Partner und ist schwanger. Von jeder Jagd, die mittlerweile durch ihre Ideen sehr viel häufiger erfolgreich sind, bringen ihr die anderen die besten Stücke an ihr Lager und sind stolz, wenn sie diese annimmt. Der Schamane hat eine Jagdszene mit einer Farbe an die Höhlenwand gemalt, in die ihr Blut gemischt ist. Bei den Entscheidungen der Gruppe schauen viele Mitglieder aus den Augenwinkeln sehr genau auf ihre Reaktionen, um diese zu kopieren. Hunger hat dort derzeit niemand mehr.

Wir sind als Gruppe nur erfolgreich, wenn wir gemeinsame Vorstellungen davon haben, was zum Erfolg führt und was jeder Einzelne in diesem Zusammenhang zu tun hat. Dann sind unsere Verhaltensweisen aufeinander abgestimmt, Reibungsverluste minimiert und Enttäuschungen unwahrscheinlicher. Wir benötigen als zielorientierte Gruppe *gemeinsame Bilder im Kopf*, die uns Orientierung und Sicherheit in unserem Handeln geben.

3.1 Orientierung: Den unumstößlichen Kern des Erfolgsmodells verdeutlichen

Sofern Sie die 2. Kernaufgabe der Führung gelöst haben, wissen Sie selbst, was für den Erfolg des Teams wesentlich ist. Sie wissen, über welche individuellen Nachlässigkeiten Sie möglicherweise hinwegsehen und wo Sie keinen Spielraum akzeptieren dürfen. Ohne diese Vorarbeit von Ihnen werden Sie spätestens an dieser Stelle ins Straucheln geraten: Sie müssen das Erfolgsmodell transportieren – von Ihrem Kopf in alle Köpfe!

Unsere Urahnen boten ihrer Gruppe selbstverständlich kein bewusstes und durchdachtes Erfolgsmodell an. Sie lebten es einfach vor, ließen es in ihrem Handeln erkennen und die Wirkungen spüren, wurden nachgeahmt. Das funktioniert auch heute noch! Wir sprechen dann davon, dass eine Führungskraft **Vorbildfunktion** haben muss. Das Erfolgsmodell auf diesem Wege zu vermitteln, setzt allerdings zumindest zwei Dinge voraus, die in heutigen Führungssituationen nicht immer gegeben sind:

- Ich benötige den direkt **geteilten Alltag** mit den Mitarbeitern, damit diese mich auch erleben können.
- Ich benötige **Zeit**, da mein Verhalten erst im Laufe der Zeit in den Köpfen der Mitarbeiter eine Gestalt annimmt und die Muster erkennen lässt, die ihm zu Grunde liegen.

Wenn dies nicht möglich ist, brauchen wir eine Alternative. Damit kommt einer weiteren Art der Vermittlung Bedeutung zu: der **Sprache**! Kein Führender kommt daran vorbei,

3 Gemeinsame Wirklichkeit: Ein abgestimmtes Handeln sicherstellen

dass Kommunikation für ihn ein wesentliches Werkzeug ist. Diese Tatsache ist wahrscheinlich ein Grund dafür, dass viele Führungstrainings letztlich nicht viel mehr als Kommunikationsseminare sind.

▶ Der Begriff Kommunikation steht für das Prinzip, Wirkung auf andere zu erzielen. Es hat damit für jeden Führenden eine hohe Bedeutung, stellt allerdings nichts Charakteristisches für das Phänomen Führung dar.
Der Erfolg der eigenen Kommunikation misst sich schlicht daran, ob ich die Wirkung erziele, die ich erzielen möchte.

In der Praxis überwiegt eine bestimmte Form der Vermittlung: intellektuell und dominant! Es wird argumentiert, logisch vermittelt, verhandelt und im Zweifelsfall erzwungen. Das ist kein Zufall! Der Weg zur Führungskraft nimmt häufig einen Verlauf, der insbesondere analytisch-intellektuelle und diplomatisch-durchsetzungsbezogene Fähigkeiten erfordert und fördert. Weil sie selbst die Welt auf ihrem Weg seit vielen Jahren in eine rationale Sprache übersetzen (müssen), verfallen Manager leicht in eine Art Wahn: Sie halten die Welt – und die Menschen in ihr – für rational! In aller Regel ist dies ein folgenschwerer Fehler!

Viele Führungskräfte versuchen, ihre Mitarbeiter *sachlich* von Zielen, Veränderungsnotwendigkeiten, Entscheidungen etc. zu überzeugen. Manchmal gelingt dies, zumeist eher nicht! Diese Manager tun sich mit *emotionalen Typen* schwer und – ganz unter uns – betrachten das in der Regel als *deren* Defizit. Das Problem liegt allerdings an anderer Stelle.

▶ Es geht nicht um die Frage, ob wir rational oder emotional sind! Ausgangspunkt ist bei jedem von uns ein ganzheitliches Erleben der Situation. So entsteht unsere Wahrheit oder besser: unsere persönliche Wirklichkeit. Und auf der Grundlage reagieren wir!

Wenn Manager monatelang die Notwendigkeit von Veränderungen und die geplanten Maßnahmen veröffentlichen, entsprechen sie vielleicht sogar kommunikativ „allen Regeln der Kunst". Wie oft hört man dann, dass sich die Mitarbeiter gut informiert fühlen? Erschreckend selten! Nun sachlich belegen zu wollen, dass man alles Menschenmögliche getan hat, liegt nahe. Es macht aber kaum Sinn. Schließlich geht es nicht um den objektiven Sachverhalt. Es geht immer nur um unser Erleben, um unsere Wirklichkeit. Die ist für jeden von uns immer wahr. Wenn ich nicht die Wirkung erziele, die ich erzielen wollte, muss ich etwas anders machen.

Zur erfolgreichen Kommunikation gehört die **Gestaltung von Erlebnissen**! Das hat in erster Linie nichts damit zu tun, die Fakten zu verkaufen, sondern sich mit der (Innen-) Welt der Beteiligten zu befassen: Sie sind zunächst *Erlebnis* für Ihre Mitarbeiter und dann *Helfer beim Nachdenken* über dieses Erlebnis. Kommunikation hat immer einen Prozesscharakter.

Die evolutionäre Psychologie geht davon aus, dass wir Menschen grundsätzlich besser *visuell* und *emotional* als analytisch-formal angesprochen werden können, da wir schon Hunderttausende von Jahren länger in emotional-visuellen Mustern denken und erleben als in Worten.

> **Beispiel**
> Diese Sichtweise wird von der Neurobiologie[18] gestützt: Unser Gehirn hat spezialisierte Bereiche, die eine Art Radar für Bedeutendes sind. Interessanterweise sind die beteiligten Regionen nachweislich besonders sensibel für Soziales und senden uns ihre Signale in Form von Emotionen.
>
> Die umgangssprachlich übliche Unterscheidung zwischen Denken und Fühlen trifft in keiner Weise die Wirklichkeit. Es gibt keinen kognitiven Vorgang in unserem Hirn, der ohne emotionale Beteiligung abläuft. Und um genau zu sein: Die emotionalen Prozesse holen hier zeitlich einen maßgeblichen Vorsprung heraus und können unsere Denkvorgänge quasi „färben".

Sogenannte *charismatische Führer* sprechen genau diesen emotionalen Zugang zu ihrer Gefolgschaft an. Oft kann diese nicht einmal genau angeben, warum sie sich so berührt, begeistert und mitgenommen fühlt. Daraus jedoch abzuleiten, dass Charisma ein besonders qualifizierendes Merkmal erfolgreicher Führungskräfte sei, halten wir für überzogen. Wie andere persönliche Facetten auch, bietet sie ihre speziellen Vorzüge – und brisante Risiken und Nebenwirkungen. „Die charismatische Führung ist oft gefährlich und wird vielfach überschätzt."[19] Überlebensprobleme können auch ohne jedes Charisma gelöst werden! Sicherlich kennen auch Sie erfolgreiche Manager, die das erkennbar bestätigen.

> **Tipp: Werden Sie zum „Missionar des gemeinsamen Erfolgsmodells"!**
> Erarbeiten Sie auf der Basis Ihrer „Skizze im Sand" (aus der Antrittsrede) eine handlungsrelevante Darstellung des Erfolgsmodells. Vermitteln Sie dabei anschaulich die gemeinschaftliche Strategie und definieren Sie klare Prioritäten. Schnüren Sie individuelle Verantwortungs- und Arbeitspakete und ordnen Sie Ressourcen zu.
>
> Achten Sie dabei darauf, nicht nur die analytisch-konzeptionelle Seite in den Vordergrund zu stellen, und halten Sie die Komplexität in Grenzen.
>
> Also: Machen Sie Ihre Botschaft und Strategie zu einem Orientierung-schaffenden, attraktiven Erlebnis.

Müssen wir erwähnen, dass es von nun an nicht mehr zu Mehrdeutigkeiten und widersprüchlichen Botschaften kommen darf? In einer groß angelegten und interessanten Studie[20] wurde nachgewiesen, dass ein „Ja" auf die Frage: „Weiß ich, was bei der Arbeit von mir erwartet wird?" die wichtigste Aussage in Bezug auf ein starkes, produktives Arbeitsumfeld darstellt. Dann folgen: „Habe ich die Materialien und Arbeitsmittel, um meine

---

[18] *Siegel, D. J.*, Wie wir werden die wir sind. Neurobiologische Grundlagen subjektiven Erlebens & die Entwicklung des Menschen in Beziehungen, 2006.

[19] *Brown A.*, Der Mythos vom starken Führer, 2018, S. 34.

[20] *Buckingham, M./Coffman, C.*, Erfolgreiche Führung gegen alle Regeln, 2001.

Arbeit richtig zu machen?" und: „Habe ich bei der Arbeit jeden Tag die Gelegenheit, das zu tun, was ich am besten kann?". Wenn dies nicht ein unmissverständliches Ausrichten auf die gemeinsame Leistungserbringung darstellt. Zugleich wurde nachgewiesen, dass die Antworten der Mitarbeiter auf diese Fragen entscheidend vom direkten Vorgesetzten geprägt waren.

3.2 Synchronisation: Auf ein einheitliches Vorgehen einschwören

Das gemeinsame Erfolgsmodell gewinnt seine Attraktivität dadurch, dass es Orientierung gibt. Jeder weiß, was von ihm erwartet wird und was er selbst von anderen erwarten kann.

Aber wir Menschen haben auch an dieser Stelle wieder zwei Seelen in unserer Brust. Auf der einen Seite lieben wir Orientierung und Klarheit, auf der anderen unseren Bewegungs- und Gestaltungsspielraum sowie das Gefühl der Freiheit. Wir wollen nicht einfach genau das machen, was uns jemand im Detail vorgibt. Wir fühlen uns dann eingeengt und wollen unsere persönliche Freiheit wiederherstellen. Bei Kindern nennen wir die damit verbundenen Handlungen *Trotzreaktionen* und gehen davon aus, dass sie mit zunehmender Reife verschwinden. Vertrauen Sie uns: Das tun sie nicht wirklich! Um dieser Tatsache gerecht zu werden, müssen Führungskräfte Orientierung geben und Spielraum lassen! Sie müssen Anschlussmöglichkeiten bieten, um die Beteiligten mitnehmen zu können!

Für Führende ist es enorm wichtig, unmissverständlich klar zu machen, welche Facetten des gemeinsamen Erfolgsmodells überlebenswichtig sind – weil damit umgekehrt auch deutlich wird, an welchen Stellen das Ausleben persönlicher Vorlieben und die Entfaltung von Kreativität möglich und vielleicht sogar sinnvoll sind. Es gibt noch eine weitere Möglichkeit, den Trotzimpulsen vorzubeugen: Integrieren Sie die individuellen Sichtweisen in das „Große Bild". Diesen Punkt haben wir bereits im Zusammenhang mit der 2. Kernaufgabe der Führung besprochen, als es um die gemeinschaftliche Optimierung des Erfolgsmodells ging. In der Praxis entspricht das z. B. der Erkenntnis, dass jemand motivierter an einem Projekt teilnimmt, wenn er an der Entstehung und Vorbereitung beteiligt war. Manche Mitarbeiter berichten in ähnlichem Zusammenhang auch davon, dass sie eine eigene Idee so platzieren müssen, dass der Chef denkt, es wäre seine eigene gewesen. Ist es nicht lustig, dass alle Beteiligten sich quasi gegenseitig mit den gleichen Grundmechanismen zu manipulieren versuchen? Nicht mehr so lustig ist allerdings, dass eine Haltung der Manipulation Nebenwirkungen hat: Sie führt zu einem zynischen Menschenbild, zu Misstrauen und sozialen Zerfallserscheinungen. Dabei geht es im Kern doch um etwas viel Wesentlicheres: Wie lässt sich in Bezug auf die *entscheidenden* Einflussfaktoren **Einigkeit** erzielen?

Hierzu ist es für Führende wichtig, Antworten auf folgende Fragen zu haben:

- **Essenz**: In welchen Punkten des Erfolgsmodells darf es *keine Variabilität* geben? In welchen Aspekten ist *individueller Stil* und persönliche Willkür bzw. Freiheit zulässig? Zweifellos wäre es absolut unpassend, wenn die Fachkräfte, die am Gleiskörper eines

Hochgeschwindigkeitszuges arbeiten, ihrer Kreativität freien Lauf ließen. Auch die Instandhaltungsarbeiten an Kernkraftanlagen folgen beruhigender Weise einer sehr zwanghaften Vorgabe. Ob allerdings ein Verkaufsvorgang mit der gleichen Kompromisslosigkeit vorgeplant und umgesetzt werden sollte, ist zu diskutieren.

- *Integration*: Wie lassen sich individuelle Erfolgsmodelle *in das große Ganze* einbeziehen? Wir wollen nicht nur entscheiden, woran wir teilnehmen, sondern auch unsere eigenen wesentlichen Vorstellungen einbringen und berücksichtigt sehen. Dies gilt vor allem dann, wenn wir selbst viel Kompetenz mitbringen. Es wäre unsinnig, auf die Erfahrungen der Beteiligten zu verzichten.
- *Konflikt*: Welche *individuellen Erfolgsmodelle* sind nicht in das große Ganze integrierbar? Es mag unüberbrückbare Unterschiede zwischen dem Gesamtmodell und einzelnen, individuellen Vorstellungen geben. Überzeugungsarbeit ist dabei vor allem dann nahezu unmöglich, wenn diese konträren persönlichen Erfolgsstrategien auf vielen Jahren Erfahrung beruhen. Dies ist der Grund dafür, warum Unternehmen manchmal lieber selbst ausbilden als „Alte Hasen" einzustellen.

Irgendwo haben wir einmal den spannenden Satz gelesen: „Ich muss Ihnen folgen! Schließlich bin ich ihr Anführer." Was empfinden Sie bei dieser Formulierung? Spontan entspricht er nicht gerade dem Klischee der Führung. *Synchronisation* bedeutet auch, sich selbst nicht zu weit von der Wirklichkeit der Gruppe zu entfernen. Erfolgreich Führende sind so nah an der Welt der Geführten, dass sie den Abstand zu ihnen geringhalten und nichts erwarten, was einfach nicht erfüllt werden wird. Wie sieht ein Tanz aus, bei dem alle Beteiligten völlig unabhängig voneinander ihrem eigenen Rhythmus folgen? Da *jeder* Mensch zwangsläufig nach einem persönlichen Erfolgsmodell handelt, das nicht ohne weiteres änderbar ist, werden bei wesentlichen Unterschieden sowohl Führungsakzeptanz wie auch ein gemeinsames Vorgehen unwahrscheinlich.

> **Tipp: Gehen Sie in Bezug auf das Wesentliche keine Kompromisse ein!**
> Sind die Vorstellungen eines Gruppenmitglieds in erfolgsrelevanten Punkten nicht in das Modell der Gemeinschaft integrierbar, sollten Sie eine Trennung in Erwägung ziehen. Erfahrungsgemäß ist hier Überzeugungsarbeit ebenso wenig erfolgversprechend wie Druck oder Belohnung.
>
> Also: Lassen Sie keine Missverständnisse darüber aufkommen, was Ihnen wirklich wichtig ist.

An dieser Stelle wird deutlich, dass Führung ohne Vertrauen auf Mitarbeiterseite immer in einer Form von Zwang oder Manipulation endet. Wenn ich an das Erfolgsversprechen des Führenden und das gemeinsame Vorgehen glaube, entsteht für diesen kein Motivationsproblem. Tue ich das nicht, muss ständig irgendwie kontrolliert und gesteuert werden. Wer wäre so dumm etwas zu tun, an dessen Erfolg er nicht glauben kann?

3 Gemeinsame Wirklichkeit: Ein abgestimmtes Handeln sicherstellen

Beispiel

Wenn ich meinem Kind sage, dass es leicht an die Bonbons kommt, wenn es sich einen Stuhl aus dem Nebenzimmer holt, ist dessen nächster Schritt sehr voraussehbar. Es glaubt an mein Erfolgsmodell und braucht keine weitere Motivation. Das Ziel allein reicht in Verbindung mit dem direkten Überprüfen meines Modells völlig aus.

Wenn ich beteuere, dass das regelmäßige Lernen für die Schule den späteren Lebenserfolg maßgeblich mitbestimmt, sinkt mein Einfluss. Selbst wenn es mir glaubt, ist der Zusammenhang für mein Kind nicht direkt spürbar. Die Motivation sinkt.

Verlange ich eine Verhaltensänderung mit der Behauptung, dass grüne Haare asozial machen, werde ich einen Konflikt haben. Mein Kind glaubt meiner Theorie nicht und erlebt mit seiner gefärbten Mähne ggfs. auch noch die eigene hohe soziale Akzeptanz im Freundeskreis. Meine Legitimation als „Führungskraft" ist damit in Gefahr.

Es macht überhaupt keinen Sinn, im Zusammenhang mit dem Führungserfolg die Themen Motivation, Vertrauenswürdigkeit und Erfolgsmodell unabhängig voneinander zu betrachten. Aus dieser Perspektive gehen die meisten so genannten Motivationstechniken in erschreckender Weise am Thema vorbei.

Halten wir also fest: Führungskräfte können sich nicht erlauben, in Bezug auf die wesentlichen Aspekte des gemeinsamen Erfolgsmodells Kompromisse einzugehen. Hält sich jemand nicht an das Zweckmäßige, hat die ganze Gemeinschaft ein Problem. Der Erfolg bleibt aus und der Führungskraft wird Legitimation entzogen, weil sie ihr Erfolgsversprechen nicht gehalten hat. Wir sehen in diesem Zusammenhang nur drei Lösungsansätze:

- Es gelingt dem Führenden, dafür zu sorgen, dass der Abweichler sich *korrekt verhält*. Hierzu sind klare Worte und Konfliktbereitschaft notwendig.
- Der Führende findet eine nützliche Aufgabe für den Abweichler, die innerhalb der Gemeinschaft einen *anderen Zweck* erfüllt.
- Lässt sich jemand letztlich nicht in das gemeinsame Handeln integrieren, leistet er keinen Beitrag zum Erfolg. Er ist damit entweder ein *Sozialfall* für die Gemeinschaft oder nur ein *Störfaktor*. Zumindest im letzteren Fall wäre eine Trennung unausweichlich.

Welchen Weg der Führende auch immer einschlagen mag, er wird mit den Konsequenzen leben müssen. Nichts zu unternehmen, hätte wohl die problematischsten Folgen und Nebenwirkungen.

Solange es jedoch keine grundlegenden Differenzen in Bezug auf das Erfolgsmodell gibt, geht es im Alltag darum, dieses auch in den Köpfen der Beteiligten präsent zu halten. So beugt man dem *schleichenden Verfall* vor.

3.3 Präsenz: Wesentliches in den Köpfen der Beteiligten bewusst halten

Die Phase der Arbeit am gemeinsamen Erfolgsmodell ist oft eine spannende und inspirierende Zeit, in der alle Beteiligten auf das Wesentliche konzentriert sind. Der Austausch, die Diskussionen, das Ringen um die wirklichen Erfolgsfaktoren sind hervorragende Wege, sich bewusst zu machen, worauf es ankommt. Die Schwierigkeiten beginnen später: Sie beginnen in dem Moment, in dem der gemeinsame Austausch wieder an Ab-Teilungsgrenzen endet und sich isolierte Wirklichkeiten bilden und verfestigen. Sie beginnen dann, wenn Dringliches das Wichtige verdrängt, wenn Informationsflut und Belastungen unsere Aufmerksamkeit ablenken und der Alltag ein Eigenleben bekommt. Sie werden deutlich, wenn die Führungskräfte feststellen, dass ihre Vorstellungen spätestens an der übernächsten Hierarchieebene „hängenbleiben".

Wir sollten Führungskräfte auch als *„Dringlichmacher des Wesentlichen"* verstehen. Sie sind berufsbedingte Nervensägen! *Jack Welch* fragte in diesem Zusammenhang bei allen Gelegenheiten: „Wie sollen wir in unserem Geschäftsfeld erfolgreich sein?"[21] Er berichtet, dass man in seinem Unternehmen in jedem großen oder kleinen Meeting immer wieder auf dieses Thema zu sprechen kam. Jede Entscheidung, jede Initiative wurde damit verknüpft. Offenbar wurde hier das Erfolgsmodell durch Hartnäckigkeit und Konkretisierung im Alltag vermittelt. Präsenz hat in unserem Zusammenhang also zumindest zwei unterschiedliche Facetten:

- *Die Präsenz der Führungskraft*: Wie oft begegnet man heute Managern, die einen *abwesenden* Eindruck machen oder tatsächlich abwesend sind? Von einer Besprechung in die nächste hetzend, ihre Mitarbeiter an unterschiedlichsten Orten verteilt, den Kopf voll mit operativen Problemen.
- *Die Präsenz des gemeinsamen Erfolgsmodells*: Wie oft können Mitarbeiter nicht einmal die 5–7 Leitlinien Ihres Unternehmens zitieren? Da werden 1 x im Jahr Ziele vereinbart oder Mitarbeitergespräche geführt, im Management-Meeting und der Betriebsversammlung die aktuellsten Pläne vorgestellt, und dann schauen wir mal …

Früher haben sich Menschen Knoten in ihr Taschentuch gemacht, um an wichtige Dinge zu denken. Offenbar ist es schwer für uns, Wesentliches im Kopf zu behalten. Wir sind zu sehr vom lebhaften Alltag beeindruckt. Es gibt so vieles, was sich uns in dieser Welt aufdrängt, dass die entscheidenden Dinge einer großen Konkurrenz um unsere Aufmerksamkeit ausgesetzt sind.

Unter dem Titel „Führung neu denken"[22] ist ein Buch erschienen, das die *Aufgabe der Vermittlung* schwerpunktmäßig dem Mittleren Management zuweist. Dabei wird verblüffenderweise übersehen, dass diese Ebene das Erfolgsmodell ja ebenfalls vermittelt bekommen muss. In unserem Verständnis ist die gemeinsame Wirklichkeit grundlegend mit dem Phänomen Führung verknüpft, unabhängig von der Hierarchiestufe. Eigentlich geht es sogar um die jeweils sinnvolle „Übersetzung" des Modells durch alle Ebenen hinweg. Darin besteht die tatsächliche Kunst des Mittleren Managements: Sie sind die Fachleute für die stimmigste Übersetzung.

---

[21] *Welch, J. und S.:* Winning. Das ist Management, 2005, S. 24.
[22] Von *Michael Löhner* im Jahr 2005.

3 Gemeinsame Wirklichkeit: Ein abgestimmtes Handeln sicherstellen

Synchronisation schafft eine Form der Ordnung! Forscher haben festgestellt, dass diese in vielen Systemen nicht durch komplexe Kontrollen geschaffen und aufrechterhalten wird, sondern durch einige wenige Leitsätze oder Prinzipien.[23] Im besten Fall geben diese das Wesentliche des Erfolgsmodells wieder. Im Grunde sind die meisten sogenannten **Führungstechniken** (Mitarbeitergespräche, Meetings, Führen mit Zielen, Anweisungen, Delegation, Feedback, Beurteilung, Kritik, Kontrolle) Instrumente, die eine gemeinsame Wirklichkeit entstehen lassen und präsent halten *könnten*.[24] Da sich verblüffend viele Manager darüber aber nicht im Klaren zu sein scheinen, betrachten sie solche Instrumente als *Zeiträuber*. In der Tat sind sie das auch, wenn man sie nur als vorgegebene Tools der Personalabteilung begreift, die es alibimäßig abzuarbeiten gilt.

Der Begriff Präsenz deutet auch auf **Aktualität** hin! Gerade in unseren Zeiten besteht eine besondere Herausforderung darin, das *Bild im Kopf*[25] des Mitarbeiters aktuell zu halten. Der Ausspruch „Das haben wir früher aber anders gemacht!", beschreibt selten eine nüchterne Erkenntnis, die der Betroffene dokumentarisch festgehalten wissen möchte. Er gibt vielmehr Hinweis auf ein grundlegendes Problem! Entwickeln sich die Bilder in den Köpfen der Beteiligten auseinander, hören sie auf, gut zusammenzuarbeiten. Richten sich manche noch nach den Spielregeln von 1990, obwohl es seit 2005 jährlich Updates gab und 2019 eine komplett neue Regel, dann kommt es einer Thema-Verfehlung gleich, über mangelnde Motivation zu sprechen. Hier wurde nicht die Aufgabe der Begeisterung vernachlässigt, sondern die 3. Kernaufgabe der Führung!

Nehmen wir an, Sie hätten nun auch diese gelöst. Ihre Mannschaft hat klar vor Augen, wie man gemeinsam das Ziel erreicht. Die Verantwortlichkeiten sind geklärt, die Pläne stehen – und auf einmal tritt das wahre Leben auf das Spielfeld. Und das hält sich erfahrungsgemäß nicht an unsere Pläne, Vorstellungen und Erfolgsmodelle.

Frei nach dem Motto „Was schief gehen kann, geht auch schief!" bekommen wir die Dinge oft nicht so gelöst, wie es vorgesehen war. Ein Autor empfiehlt gar, das Wort *Lösung* aus unserem Wortschatz zu streichen und durch den Begriff *Prozess* zu ersetzen.[26] Er weist darauf hin, dass sich Erfolg im Leben nie plötzlich, sondern erst im Verlauf komplexer Veränderungsvorgänge einstellt, deren Verlauf stets ungewiss sei. Sehr oft kommt „alles ganz anders als man denkt". Wir erleben Irritationen unterschiedlichster Art, Ängste und Frustrationen und Enttäuschungen. Nur eines erscheint sicher: Das Leben bedarf der Bewältigung des Unerwarteten und unseres – zumindest zwischenzeitlichen – Scheiterns. Den Weg zwischen Plan und Ergebnis nennen wir Umsetzung!

---

[23] *Wheatley, M. J.*, Quantensprung der Führungskunst, 1997, S. 27.
[24] Über diese Dinge wurde dermaßen viel geschrieben, dass wir an dieser Stelle getrost auf solche Veröffentlichungen verweisen dürfen.
[25] Mit „Bild im Kopf" beschreiben wir die individuelle Wirklichkeit eines Menschen, nach der er filtert, denkt und handelt.
[26] *Mary, M.*, Das Leben lässt fragen, wo du bleibst. Wer etwas ändern will, braucht ein Problem, 2005.

4 Umsetzung: Für die Verwirklichung des Erfolgsmodells sorgen

Sign Out

Dieses Kapitel hat für Sie „handwerklich" weniger Relevanz, wenn
- die Qualität der Leistungserbringung durch Ihr Team stabil und hoch ist,
- die Prozesse in Ihrem Verantwortungsbereich stark und stabil durch die IT oder Maschinen bestimmt werden,
- Sie gut improvisieren können und entscheidungsfreudig sind,
- operatives Organisieren zu Ihren Stärken zählt,
- man Sie allseits als „projektorientierten Treiber und Macher" kennt.

Natürlich ist es ein wichtiger Anfang, Einigkeit darüber herzustellen, wie der gemeinsame Erfolg erreicht werden kann. Dieser Schritt ist mit dem Gießen des Fundaments vor dem Baubeginn vergleichbar. Letztlich zählt aber nur das praktische Gelingen! Von nun an geht es um die Umsetzung. Keine Fantasie, kein Vertrauensvorschuss, keine Hoffnung hält ewig. Die Ur-Aufgabe der Führung lautet: *Dafür sorgen, dass es gemeinsam funktioniert!* Misslingt das, musste unser Urzeit-Manager genauso seinen Platz räumen, wie es heute ein Trainer in der Fußball-Bundesliga muss. Niemand interessiert sich für die Ursachen oder die Tatsache, dass es in der letzten Saison bestens lief!

Wenn ein alter Schamane vor vielen tausend Jahren ein Ritual vollzog, um den Regen zu rufen, hatte er das Vertrauen seiner Leute. Er „wusste", was bei Trockenheit zu tun ist. Aber er benötigte auch Erfolge, um seine Macht zu legitimieren. Wenn ihm klar war, dass es vor allem dann regnet, wenn eine spezifische Wolkenformation über einem Hügel bei bestimmten Temperaturen auftritt, waren seine Beschwörungen zweifellos wirkungsvoller. Raten Sie, was geschah, als sich die Klima-Bedingungen änderten?

In zahlreichen Studien wurde belegt, dass Führung kaum als autonome und geradlinige Umsetzung einer durchdachten und stimmigen Strategie gesehen werden kann. Angesichts mehrdeutiger Ziele, unvollständiger Informationslage und unterschiedlicher Interessen, beschränkter Ressourcen, Zeitdruck und undurchschaubarer Abhängigkeiten spricht *Neuberger*[27] in diesem Zusammenhang von der zu beherrschenden „Kunst des Durchwurstelns". Es ist in Ordnung, Schwierigkeiten zu haben. Problematisch ist es jedoch, als Führender schulterzuckend nicht mehr weiterzuwissen. Damit wäre das Erfolgsversprechen gebrochen!

Um Missverständnissen vorzubeugen: Die Zielerreichung beruht auf *gemeinschaftlichen Anstrengungen*. Es kommt einem absoluten Kunstfehler gleich, dem Team – und wenn auch nur indirekt durch das eigene Verhalten – die Botschaft zu vermitteln: „Ich persönlich erarbeite euch den Erfolg!" Jedem Manager sollte klar sein, dass er sein Erfolgsversprechen von Natur aus nur zusammen mit den anderen halten kann.[28]

---

[27] *Neuberger, O.*, Führen und führen lassen, 2002, S. 476.

[28] „Jedes Projekt ist eine Reise zu einem gemeinsamen Ziel. Wenn jeder versteht, dass er Teil des Ganzen ist, wird niemand mehr *für* jemanden, sondern *mit* jemandem arbeiten." im Interview mit *Jan Knott*, Produktspezialist Flottenmanagement, Digitalisierung der Bauwirtschaft, Carl Beutlhauser Baumaschinen GmbH.

Die ersten Inselbewohner

Grau, der erfahrene Führer der Gruppe, hat entschieden, dass der Weg nach Südwesten das Überleben wahrscheinlicher macht. Mehrere Familien einer fremden Horde, die über Distanz mit angespitzten Stöcken zu töten verstehen, haben seit Monaten alle bekannten sicheren Höhlen in Besitz genommen. Raubtiere ziehen hungernd durch die Landschaft. Es kommt zu immer mehr tödlichen Begegnungen. Nur noch 6 Frauen, 4 Männer und 3 Kinder folgen Grau. Und sie begleiten ihn weiter als jemals zuvor. Wenn die kleine Gruppe einen Fluss erreicht, laufen sie an seinem Ufer, bis er schmal und seicht wird oder ein Baum eine natürliche Brücke bildet. So haben sie es schon immer gemacht – und ihre Eltern – und deren Eltern …

Heute ist etwas grausam anders. Seit Tagen läuft die Gruppe an einem unglaublich breiten Fluss entlang, die Wellen sind extrem, das andere Ufer ist nicht zu sehen. Das Wasser ist ungenießbar und brennt in den Augen. Alle haben nach verschiedenen Trinkversuchen extremen Durst. Eine weitere Frau und ihr Kind sind von Raubkatzen, die der Gruppe folgen, getötet worden. Als sie eine Stelle erreichen, von der aus weit im Wasser ein kleines Stück Land zu erkennen ist, lagert die Horde. Niemand will Grau weiter folgen. Alle sind erschöpft und die anderen Männer wollen mit ihren Partnerinnen zurückgehen.

Jahre später lebt die größer gewordene Gruppe, immer noch unter Führung von Grau, geschützt auf einer Insel vor der Küste. Grau hat treibende Baumstämme mit Lederriemen verbunden und die Überfahrt als erster gewagt. Gemeinsam haben sie später diese Technik verbessert und alle übergesetzt. Weder Raubtiere noch Feinde haben ihnen folgen können. Die kleine Frischwasserquelle, die Vögel, Fische und Pflanzen machen den Ort zu einem sicheren Paradies. 20.000 Jahre später leben Aberhunderte Nachkommen von Grau in ihrer ganz eigenen Art vom Meer. Sie sehen nicht mehr genauso aus wie ihr Vorfahr und wissen nicht, dass ihre Art des Bootsbaus tiefe Wurzeln in der Vergangenheit hat.

An Führende wird eine glasklare Forderung gestellt: Sorge dafür, dass die Gruppe ihren Zweck erfüllt und eine positive Zukunft hat! Das Leben nimmt dabei keinen geraden, vorhersehbaren Verlauf und hat seine eigene Dynamik. Es liegt in seiner Natur, dass nicht alles genau so gelingt, wie wir es uns vorgestellt haben. Das Vergeblichkeitsgefühl *Frustration*[29] hält uns ab, sinnlos Energie zu vergeuden. Es sagt uns: Vorsicht, überprüfe die Dinge noch einmal, bevor du weitere Kraft investierst. Wäre dies allerdings unser einziger Impuls, könnten wir uns nur sehr schlecht gegen Widerstände behaupten und Hürden überwinden. Wir wären schnell „geknickt". Deshalb hat uns Mutter Natur noch mit einem anderen Impuls ausgestattet: mit der **Freude an unserer Wirksamkeit**.

Wir finden es großartig, wenn wir etwas hinbekommen. Dieses Gefühl mobilisiert die Kräfte, die wir zur Überwindung von Hindernissen auf dem Weg zum Ziel benötigen. Interessant ist in diesem Zusammenhang die Aussage von *Malik*,[30] dass Organisationen

---

[29] Der Begriff Frustration stammt in seinem Kern aus dem Lateinischen und beschreibt etwas Irrtümliches, etwas Vergebliches.

[30] *Malik, F.,* Führen, Leisten, Leben, 2001, S. 81 ff.

nicht geschaffen wurden, damit Menschen glücklich und zufrieden sind. Man sollte daher seiner Meinung nach auf „Freude an der Wirksamkeit" statt auf „Freude der Arbeit" achten. Sinn liege in erster Linie in den Ergebnissen einer Tätigkeit, nicht in der Tätigkeit selbst, die durchaus zeitweilig frustrierend sein kann und wohl auch oft sein wird.

Ob es Grau Spaß bereitet hat, sich durch die gefährliche Brandung zu kämpfen, ohne schwimmen zu können, voller Angst, Sorge um die Seinen und Müdigkeit, erscheint uns fraglich. Aber er hat hart gekämpft, und sein Erfolg vermittelte ihm schließlich ein wahnsinnig gutes Gefühl. Das Erleben von **Wirksamkeit** und **Sinn** stellt sich nicht zufällig als eine sehr befriedigende Mischung für uns Menschen heraus. Hier liegt die Quelle unserer Energie, wenn es darum geht, Probleme und Herausforderungen anzugehen.

Vielleicht ist sogar das ganze Leben als Problemlöseprozess beschreibbar. Während niedrige Organismen stets unter Einsatz ihres Lebens experimentieren, können wir Pläne, Modelle und Simulationen für uns sterben lassen. Wir müssen dazu allerdings *gedanklich probehandeln*. Dies ist insofern bedeutsam, weil unser Großhirn in Krisensituationen – also, wenn es wirklich darauf ankommt – leider nicht besonders beeindruckend arbeitet. Für solche Momente hat uns die Evolution zwei recht automatisch ablaufende Problemlösemethoden mitgegeben: Flucht und Kampf. Da Nachdenken für unsere Urahnen in bedrohlichen Situationen offenbar eher ein Hemmnis darstellte, wird unser Großhirn quasi *abgeschaltet*. Wir nennen das unseren **Neanderthaler-Modus**: Hier denken wir nicht nach, sondern schlagen um uns oder fliehen aus der Situation.

Es gibt Autoren, die Unternehmen als vielfältig miteinander verknüpfte Problemlöseaktivitäten bezeichnen. Sie äußern, dass Führungskräfte für komplexe Probleme zuständig seien, die *Geführten* dagegen für einfache und komplizierte Probleme.[31] Diese Sicht können wir nicht teilen. Führende sind für das Funktionieren des großen Ganzen zuständig. Ob sie dazu einfache, komplizierte oder komplexe Probleme lösen müssen, ist nahezu irrelevant. Gleichzeitig müssen auch Geführte in ihrer Funktion häufig komplexe Herausforderungen bewältigen.

Es geht für Führungskräfte also nicht darum, zwischen mehr oder weniger komplexen Aufgaben zu unterscheiden. Sie müssen vielmehr die für das gemeinsame Gelingen *relevanten Probleme* erkennen und für deren Lösung sorgen! Bevor man sich jedoch fragt, welche Herausforderung man überhaupt annimmt, muss man sie auf dem Radar haben und in ihrer Bedeutung einschätzen können.

4.1 Navigation: Keine unnötigen Kräfte vergeuden

Sicherlich haben geniale Kapitäne ihre Segelschiffe zeitweilig unter Nutzung der Strömungen und Winde nahezu von selbst an das Ziel gebracht. Wir können aber wohl ausschließen, dass dies jemandem regelmäßig gelang. Zweifellos gab es Situationen, in

---

[31] *Gomez, P. & Probst, G.*, Die Praxis des ganzheitlichen Problemlösens, 3. Auflage, 1999, S. 13.

denen die Entscheidung getroffen wurde, dass die Mannschaft stunden- oder tagelang an die Ruder musste. Vielleicht war es gleichzeitig sogar notwendig, die Essensrationen auf die Hälfte zu reduzieren, wenn das Überleben aller gefährdet war. *Jede* Gruppe steht manchmal vor unumgänglichen Schwierigkeiten.

Ohne ein besonnenes, achtsames und realitätsbezogenes Bewerten der Lage und der zu erwartenden Entwicklung ist erfolgreiche Führung kaum möglich. Denn nur auf dieser Grundlage lässt sich die Frage beantworten: Müssen wir das Problem direkt angehen oder können wir ihm ausweichen? Wenn Wege gefunden werden können, den Aufwand auf dem Weg zum Ziel gering zu halten, sollten sie genutzt werden. Grau hätte sicherlich lieber eine seichte Furt gefunden, um das Wasser zu überqueren.

Wachsamkeit und Geschick können vielem vorbeugen. Es gibt Führungskräfte, die einen sehr einfachen Job zu haben scheinen. Wenn man ihnen über die Schulter sieht, ist man überzeugt, diese Aufgabe sofort übernehmen zu können: oft eine verhängnisvolle Fehleinschätzung. Ähnlich geht es uns, wenn wir einem guten Tennisspieler zuschauen oder vom Sofa aus Fußballprofis weise Ratschläge geben. Wirkliche Könnerschaft und die geschickte Wahrnehmung der Führungsaufgabe sind zumeist durch Details und subtile Feinheiten ausgezeichnet, die weniger erfahrenen Menschen verborgen bleiben.

Wachsam meint nicht, neurotisch auf alle irgend möglichen Gefahren zu lauern. Das käme der unternehmerischen Praxis gleich, auch noch die 10.000ste Kennzahl in das Controlling einzubauen. Wir sprechen von Wachsamkeit in Bezug auf die wirklich *bedeutsamen* Probleme und Steuerungselemente. Und dazu greifen wir selbstverständlich wieder auf das gemeinsame Erfolgsmodell zurück, das uns eine erste gute Orientierung für das Wesentliche liefert, das es im Auge zu behalten gilt. In Bezug auf diese Aspekte wäre natürlich ein *systematisches Frühwarn-System* nützlich.

Die Wachsamkeit ist im *Neanderthaler-Modus* (wir erinnern uns: Kampf oder Flucht) nicht besonders ausgeprägt. Unsere Wahrnehmung und Aufmerksamkeit sind hier deutlich auf das konzentriert, was uns gerade Schwierigkeiten bereitet. Grundsätzlich eine gute Sache für unser Überleben. Problematisch wird dieses Muster allerdings, wenn es noch größere Probleme gibt, die uns dadurch entgehen. Unsere Wahrnehmung ist nämlich nicht nur konzentriert, sondern zugleich auch eingeschränkt. Zwei in einen heftigen Streit um eine Frau verwickelte Neanderthaler sind zweifellos eine Gefahr füreinander. Richtig unangenehm wird es allerdings für beide, wenn sie darüber den anschleichenden Berglöwen übersehen.

Wir Menschen sind solchen **Wahrnehmungsmustern** auch heute noch unterworfen. Was bedeutet das für uns Führende?

Die Reaktion auf dringliche Probleme nimmt einen großen Teil der Managerzeit in Anspruch. Sie müssen häufig auf Sachzwänge reagieren und stehen dabei nicht selten unter massivem Druck. Es bedarf aber eines **kühlen Kopfes** und eines gewissen **inneren Abstands** vom stressigen Tagesgeschäft, um die eigene Wachsamkeit zu bewahren.

Erschwert wird diese Situation dadurch, dass wir in der Regel die Einschränkungen unserer Wahrnehmungsfähigkeit im Neanderthaler-Modus nicht bewusst mitbekommen.

Erst mit dem Nachlassen der Stresssituation spüren wir, dass wir wieder achtsamer werden und unser Blick weiter wird. Wir sind wieder offen für die schönen Dinge, für schwache Informationsmuster und die Befindlichkeiten anderer Menschen.

> Manager, die sich stets von den alltäglichen Sorgen und Problemen mitreißen lassen, laufen *Gefahr, das Wesentliche zu übersehen*. Für sie ist es enorm wichtig, sich in regelmäßigen Abständen aus dem hektischen Fluss des Geschehens herauszuziehen, um die eigene Wahrnehmungsfähigkeit zu bewahren und zu regenerieren.

Während die Controlling-Instrumente in den meisten Unternehmen immer feiner werden, verliert unsere Fähigkeit zur *Interpretation* dieser Daten an Qualität. So wird in der gesamten Führungskräfteentwicklung oft übersehen, dass es letztlich darum gehen muss, *sich selbst* zum wertvollsten (Wahrnehmungs-) Instrument zu machen. Viele wesentliche Informationen finden wir z. B. nicht in den kaufmännischen Abteilungen der Unternehmen, sondern unstrukturiert, widersprüchlich und mehrdeutig in den Köpfen der Mitarbeiter und Kunden verborgen. Die wirklich bedeutsamen Situationen sind oft undurchsichtig, vielschichtig und kritisch. Führungskräfte, die nicht über die Erfahrung verfügen, aus den vorhandenen Daten persönlich sinnvolle Bilder zu gestalten, sollten das schnellstens zu kompensieren suchen.

Schaffen wir uns an der Stelle eine kleine Übersicht über einige Schlüssel-Phänomene, die rund um das Thema »Navigation« Bedeutung haben:

- *Kontrolle*: Ein zwiespältiges Thema. Ich muss als Profi mitbekommen, wenn etwas Wesentliches entscheidend anders verläuft als vorgesehen. Die Schlüsselfrage lautet dabei nicht: Kontrolle oder Vertrauen? Die Schlüsselfrage lautet: Wie sollte die Kontrolle aussehen, damit sie nicht als Misstrauen verstanden wird? Kontrolle darf weder auf das *Erwischen* ausgerichtet sein noch aus einem *Kontrollzwang* des Managers entstehen. Sie sollte aus einer Grundhaltung der *Fürsorge* erfolgen. Fehlende Kontrolle bedeutet auch jemanden alleinzulassen.
- *Steuerung*: Die Kontrollinstrumente schaffen mir die Möglichkeit, das Geschehen zu steuern. Im echten Blindflug möchte niemand unterwegs sein.[32] Gute Steuerung bringt neben den Kennzahlen die zeitliche Dimension ins Spiel: Es geht um die Ausnutzung des richtigen Momentes, das gute Timing, die Abstimmung des Vorgehens mit den Gegebenheiten und der *Eigen-Zeit* der Phänomene. Die ersten Bauern wussten, wann es Zeit für die Saat ist, wann sie gärtnerisch nachhelfen sollten und wie lange sie sich keine Sorgen machen mussten, noch nichts von dem Wachstum oberhalb der Erdober-

---

[32] „Flexibilität ist erst dann möglich, wenn völlige Klarheit über das Ziel und die Richtung besteht. Sonst ist Flexibilität nur Chaos oder Ineffizienz." (Interview mit *Nancy Fuchs*, Leiterin der Personalentwicklung der EWR GmbH – Unternehmensverbund Stadtwerke Remscheid GmbH).

fläche zu sehen. Viele Manager definieren dagegen z. B. einfach, dass die Ernte in einem bestimmten Quartal erfolgen muss: Das ist von der *Eigen-Zeit* der Entwicklungen oft weit entfernt!
- *Voraus-Sicht*: Steuern und kontrollieren sind in der Regel auf das aktuelle Geschehen bzw. das bereits Vollbrachte gerichtet. Das entspricht quasi dem Flug auf Sicht bzw. dem erwähnten Durchwursteln. Erfahrene Piloten stellen jedoch sicher, dass sie stets „15 Minuten vor dem Flugzeug" sind: Sie bereiten und beugen vor, spielen durch, passen die Pläne den neuen Vorhersagen an. Hierzu gehört auch die Berücksichtigung von möglichen Nebenwirkungen und Spätfolgen der vorgesehenen Aktionen. Die Bauern wurden erfolgreicher, als sie in weiser Voraussicht begannen, Bewässerungssysteme für das kommende Jahr zu bauen und Lager für den Winter.

Viele Führungskräfte verstehen und erleben sich in erster Linie als Macher und Problemlöser. Gleichzeitig scheint es schick geworden zu sein, das Wort Problem nicht mehr zu benutzen. Wir haben offensichtlich plötzlich alle nur noch „Herausforderungen, denen wir uns gerne und mit vollem Engagement stellen". Wir sind alle kraftvoll, anpackend und konstruktiv. Das ist natürlich Unsinn. Erstens stellen wir Menschen uns zweifellos nicht gerne jeder Herausforderung. Manche Probleme machen uns Freude und reizen uns, andere erleben wir als Belastung und Bedrohung. Zweitens kostet das Annehmen einer Herausforderung Kraft. Wir dürfen daher gar nicht jede annehmen. Wenn es uns aufgrund der eigenen Wachsamkeit gelungen ist, wesentliche Hindernisse auf unserem Weg zum Ziel zu identifizieren, sollten wir zuallererst überlegen, ob wir den Problemen ausweichen können. Es ist kein Zeichen von Schwäche, Defizite zu kompensieren, einen leichteren Weg einzuschlagen oder ein alternatives Zukunftsversprechen zu prüfen. Es bleibt allein wichtig, den Sinn der Gemeinschaft weiterhin erfolgreich zu verwirklichen.

> Manager, die in ihrem Selbstverständnis als machtvolle Problemlöser gefangen sind, unterliegen ständig der Gefahr, die eigenen Kräfte und die Ressourcen der Gemeinschaft zu überfordern. Für sie ist es enorm wichtig, ***sensibler für Energiethemen*** zu werden und das eigene Rollenverständnis zu erweitern.

In den letzten Jahren verstärkt sich der Eindruck, dass viele Entscheidungen der Wirtschaftsbosse mehr aus der Freude an der eigenen Wirksamkeit bzw. Macht entstehen, als aus der Motivation, das eigene Erfolgsversprechen zu erfüllen. In den Unternehmen überschlagen sich die Veränderungsprojekte, große Deals werden gemacht und die Organisation zum x-ten Male neu aufgestellt. Das ganz schlichte Resümee: In den meisten Fällen sind die Ergebnisse nicht dem Aufwand angemessen. Sie werden allerdings im Nachhinein mit der Aussage legitimiert, dass es heute viel schlimmer wäre, wenn man nichts getan hätte. Das mag schon sein. Wer weiß? Aber es geht ja gar nicht um die Alternative des Nichtstuns, es geht um die Alternative der geschickten Navigation.

> **Beispiel**
>
> Können wir uns die Situation vorstellen? Eine Horde unserer Vorfahren registriert, dass die ständig sinkenden Temperaturen die Zukunft gefährden. Den nächsten Winter wird man eventuell nicht mehr überleben können, weil die Zeit zwischen den Schneephasen nicht reicht, genügend Vorräte anzulegen. Ein Mitglied der Gruppe folgt seinem „Traum von Wärme und Sattheit" (Vision), ist als guter Jäger und Läufer bekannt und geachtet. Es macht sich auf den Weg Richtung Süden, einige Weibchen und Männchen gehen mit, folgen ihrem neuen Führenden.
>
> Wir wissen heute, dass solche Projekte erfolgreich abgeschlossen worden sind. Dem Problem Hunger und Kälte wurde schlichtweg ausgewichen. Unsere Urahnen konnten keine Darlehen aufnehmen, um noch mehr Kleidung zu kaufen und die Eiszeit an Ort und Stelle zu überstehen. Auch die gezielte Anwerbung noch erfolgreicherer Jäger war nicht möglich. Und vergessen wir nicht: Solche Entscheidungen hätten das Leben der Gemeinschaft damals auch nicht gerettet.

Letztlich läuft es darauf hinaus, dass tagtäglich unzählige Entscheidungen getroffen werden müssen. Es gibt sehr viele Autoren und Forscher, die daher Entscheidungen für die Gruppe zu einem Schlüsselthema der Führung machen.

4.2 Entscheidung: Der Gemeinschaft durch Verwirrung und Lähmung hindurch helfen

Um die Handlungsfähigkeit der Gruppe als Ganzes zu erhalten, dürfen sich die vorhandenen Kräfte nicht gegenseitig aufheben. Es darf weder längere Patt-Situationen noch lähmende Unentschlossenheit geben. In solch kritischen Momenten erwartet die Gruppe eine Entscheidung des Führenden, die in Bezug auf das gemeinsame Erfolgsmodell nachvollziehbar ist. Sie fordert die sogenannte „starke Hand". Das tut sie nicht deshalb, weil sie selbst schwach ist, sondern weil es sonst zu kräftezehrenden internen Kämpfen oder Lähmung kommen würde. Der Führende wurde von der Gemeinschaft für solche Momente mit Legitimation und Macht ausgestattet. Setzt er sie nicht für das große Ganze ein, werden beide wieder entzogen. Auch die stärksten Mitglieder der Gemeinschaft fordern eine Entscheidung oder das Freimachen der Führungsposition – damit ein anderes Gruppenmitglied die Handlungsfähigkeit wiederherstellt.

▶ Eine Problem-Kategorie auf dem Weg zum Ziel besteht darin, dass die unterschiedlichen Interessen und Perspektiven der Gruppenmitglieder die gemeinsame Zielverfolgung gefährden. Da der Führende von der Gemeinschaft damit betraut ist, die Zielerreichung für alle sicherzustellen, muss er die Initiative ergreifen.

In diesem Zusammenhang ein Machtwort zu sprechen, ist nichts Anmaßendes oder Diktatorisches. Es ist eine *Aufgabe und Verantwortung*, die der Führung in dieser Situation zukommt.

4 Umsetzung: Für die Verwirklichung des Erfolgsmodells sorgen

Beispiel

In einer solchen Lage befand sich möglicherweise auch *Graus* Gruppe, nachdem es ihnen gelungen war, die Insel zu erreichen. Nach vier Tagen war allen klar, dass dieses Land rundherum von Wasser umgeben war, nur die Kraft für ein erneutes Übersetzen hatte niemand mehr. Sie sind offenbar sicher vor Raubtieren und Feinden, aber auch die vertraute Jagdbeute lebt nicht auf der Insel. Während *Grau* mit zwei Frauen weiter nach Nahrung sucht, hockt der kleine Rest der Horde mit dem letzten erbeuteten Vogelei am Ufer und blickt sehnsüchtig auf das Festland zurück. Fünf Tage später ist das einzige verbliebene Kind der Gemeinschaft tot. Der Mann und drei Frauen legen mit letzter Hoffnung Holz zusammen, um die Überfahrt noch einmal zu versuchen. In *Graus* Bewusstsein flackern Bilder von Einsamkeit und Hunger, von Ertrinken und dem ausgemergelten Leichnam des Kindes. Er ahnt irgendwie, dass ein Auseinanderfallen der Restgruppe das Aus für alle bedeutet. Einem allmählich reifenden Impuls folgend, schlägt er den Mann nieder und zerstört das kleine Floß. Die zeternde Gruppe rennt den abtreibenden Stämmen hinterher und wirft mit Steinen nach *Grau*. Einer dieser Steine platzt auf und etwas Weißes rinnt auf die Felsen.

Als es Nacht wird, ist es ruhig auf der Insel geworden. Viele braune Schalen liegen am Strand und die Gruppe wärmt sich aneinander. Das Blut am Schädel des Mannes ist abgewaschen, und er ist seit Tagen endlich wieder satt. Seinen Kopf hat er unter die Hand von *Grau* geschoben, der ihn krault. Es dauert viele Tage, bis die Gruppe feststellt, dass nicht nur die Kokosnüsse essbar sind, sondern auch das Meer eine Fülle von Nahrung bietet. Und es dauert einige Monate, bis sich neuer Nachwuchs in der Gruppe einstellt.

Führung spitzt sich gewissermaßen in einigen Situationen auf *Momente der Wahrheit* zu. Jetzt oder nie (mehr)! Das sind Situationen, für die Führende von ihrer Gemeinschaft mit Macht ausgestattet worden sind! Sie müssen jetzt Antworten auf folgende Fragen haben:

- Gefährden die internen Kraftverhältnisse und Strömungen aktuell den Erfolg der Gemeinschaft? Muss ich meine Macht einsetzen, um die Verhältnisse wieder eindeutig zu gestalten? (***Entscheidung***) Viel zu oft wird von Führenden übersehen, dass es Situationen gibt, die von ihrer Natur her nicht kooperativ oder gar demokratisch zu lösen sind. Während sie Sorge haben, der Einsatz von Macht könnte ihnen vorgeworfen werden, übersehen sie das Wesentlichste: Wirklich vorgeworfen wird ihnen in allererster Linie der Misserfolg der Gruppe!
- Verfüge ich über ausreichende Kraft, die maßgebliche Entscheidung herbeizuführen? Habe ich einen realistischen Blick für die vorhandenen Kraftfelder? (***Wirksamkeit***) Führende dürfen sich nicht in eine Situation oder Lage manövrieren (lassen), die sie selbst handlungsunfähig macht. Ihre Stärke müssen sie im Interesse des Ganzen pflegen. Gleichzeitig benötigen sie ein Gespür für Machtverhältnisse und -dynamiken, um wirksam sein zu können.
- Gelingt es mir, meine Macht so einzusetzen, dass ich meine Führungsrolle nicht gefährde? Kann ich die Akzeptanz der Geführten bewahren? (***Legitimation***) Da die Kraft der Führenden im Wesentlichen auch darin besteht, durch die Geführten ermächtigt zu sein, dürfen sie sich dieser Machtquelle nicht selbst berauben. Der sicherste Weg zum persönlichen Misserfolg besteht im Machtmissbrauch.

Es gibt Menschen, die Führung oder sogar unser gesamtes soziales Miteinander ausschließlich unter dem Gesichtspunkt von *Machterwerb* und *-ausübung* betrachten. So wenig uns einfiele, die Bedeutung des Machtstrebens als Kraft an sich zu leugnen, kämen wir auf die Idee, unser Sozialleben auf diese Perspektive zu reduzieren. Dennoch darf man wohl nicht übersehen, dass in der Führungsaufgabe stets ein grundlegender Konflikt erhalten bleiben wird: Wofür setze ich meine Macht schwerpunktmäßig ein?

- Nutze ich meine Macht, um die *gemeinsamen Ziele* der Gemeinschaft in bestmöglicher Form zu verwirklichen – und akzeptiere, wenn mir von der Gruppe die Legitimation zur Führung übertragen wird?
- Besteht mein Hauptanliegen darin, den Konkurrenzkampf um die Führung zu gewinnen? Will ich in erster Linie *Ansehen und persönliche Privilegien* erlangen und erhalten?

Wir haben bereits im „Abschn. 2.1" unser grundsätzliches Verständnis des Phänomens Macht beschrieben. Es geht darum, aufgrund von individuellen Unterschieden Dinge bewirken zu können, die anderen nicht gelingen. Es gibt sehr unterschiedliche Macht-*Haber* und prinzipiell verschiedenste Macht-*Quellen*. Das Charakteristische an der Macht ist, dass sie funktioniert, und sie versorgt uns Menschen mit dem guten Gefühl, etwas bewirken zu können. Es gibt dabei zumindest zwei Grundprobleme:

- Machtstreben kennt *keine Grenzen*, außer denen, die die Umwelt setzt. Wir haben Spaß daran, unseren Wirkungskreis zu erweitern, immer mehr bewirken zu können. Es gibt keinen abschaltenden Zustand der Befriedigung für unser Machtbedürfnis.
- Wir können mit unserer Macht auch rein egoistische Ziele verfolgen und dies sogar in völliger *Ignoranz und auf Kosten anderer*. In diesem Fall sprechen wir von Machtmissbrauch.

Wer seine Führung auf Einschüchterung oder offener Gewalt gründet, der darf sich nicht wundern, wenn ihm die eigenen Mitarbeiter sofort die Gefolgschaft verweigern, sobald die autoritären Machtmittel nicht mehr zur Verfügung stehen. Es gibt nicht einmal in der Natur das viel beschriebene „Gesetz des Stärkeren"; Raubtiere sind gewiss nicht die erfolgreichere Lebensform im Vergleich zu ihren Beutetieren. Es gibt nicht zufällig weit mehr harmlose Pflanzenfresser, Insekten und Bakterien als Raubtiere.

Eine wesentliche Unterscheidung sollten wir zwischen *Machtbewusstsein* und *Machtmotivation* oder gar *-sucht* treffen. Letztere holt sich ihre unstillbare Befriedigung aus der Niederlage anderer. Das kann unmöglich den Gesamterfolg der Organisation erhöhen. Dagegen benötigt jede erfolgreiche Führungskraft aber Antennen für subtile Machtsignale und vielleicht sogar notwendige Machtkämpfe. Sie muss Machtbewusstsein besitzen, zu ihrer Macht stehen und diese für das gemeinsame Ziel einzusetzen bereit sein. Tut sie das nicht, wird sie ihrer Funktion nicht gerecht.

Ein unterschätztes Problem für Führungskräfte besteht darin, dass Macht funktioniert. Sonst verdient sie gar nicht den Namen Macht. Und wir Menschen sind von der Natur darauf „programmiert", alles was funktioniert, häufiger zu tun. Im Grunde eine sinnvolle Sache – statistisch betrachtet. Im Einzelfall allerdings auch etwas brisant. Einige Beispiele: Der Cognac am Abend entspannt; er funktioniert. Unser Ausrasten in einer Besprechung hat die anderen mundtot gemacht; es hat funktioniert. Die Entscheidung des Chefs auf sich beruhen zu lassen und auszusitzen, reduziert diese Woche meinen Stress; es funktioniert. Wir konnten dem erotischen Impuls auf der Geschäftsreise nachgeben, ohne die Ehe zu gefährden; es hat funktioniert. Den Reklamationskunden in den zwei Tagen vor meinem Urlaub nicht mehr zurückzurufen, bringt Ruhe in mein Leben; es funktioniert. Wollen wir wetten, dass in all solchen Fällen die Wahrscheinlichkeit ähnlicher Entscheidungen und Verhaltensweisen – und damit die Gefahr des zukünftigen Misserfolgs – gestiegen ist?

Warum das alles ein Problem für den Einsatz der Macht sein soll? Weil unser Verhalten Auswirkungen und Nebenwirkungen hat. Viele Menschen essen gerne Süßes, Salziges und/oder Fettiges. Sie genießen das; es funktioniert. Die Nebenwirkungen können wir uns allerdings in vielen Ländern in jeder Einkaufsstraße und in vielen Patientenkarteien anschauen. Welche Nebenwirkungen hat der Machteinsatz?

Ist Ihnen schon einmal aufgefallen, dass nach dem Einsatz von Macht die Anzahl von „unglücklichen Kleinigkeiten" zunimmt? Zumeist handelt es sich dabei um Dinge, für die wir nicht wirklich jemanden zur Rechenschaft ziehen können, weil sie sich quasi am Rande des Zulässigen oder Zufälligen bewegen. Trotz mehrmaliger Versuche konnte ein zuvor machtvoll angegangener Mitarbeiter sich beispielsweise danach nicht mit einem anderen über notwendige Schritte abstimmen – und es kam zu Missverständnissen, die jetzt ein Problem darstellen. Oder nach Ihrem Machtwort war bei der Instandsetzung einer Anlage ein notwendiges Ersatzteil nicht direkt einsatzbereit – und es kam zu teuren Ausfällen. Oder die E-Mail, die wir nicht sofort als dringlich erkennen konnten, weil der entscheidende Hinweis für uns nahezu „versteckt" war: sie enthielt im ausufernden Text einen Termin, für den ein Mitarbeiter dem Kunden unseren Rückruf versprochen hatte. Vielleicht passt in diese Reihe auch die Krankheit, die sich bei einem Teammitglied genau am „Tag danach" einstellt, wer weiß? All diese Dinge – wir nennen sie *Trotzreaktionen* – treten mit hoher Berechenbarkeit nach dem Einsatz von Macht häufiger auf! Glauben Sie uns!

Spannend ist es auch zu beobachten, wie sich Manager über die geringe Selbstständigkeit und Kreativität ihrer Mitarbeiter beklagen: Diese machen nur Dienst nach Vorschrift, hängen bei jeder Gelegenheit tratschend in Grüppchen zusammen und brauchen in regelmäßigen 3-Wochen-Abständen ordentlich Druck. Dann geht es wieder eine Zeit lang – bis alles von vorne losgeht. Wenn man nur die richtigen Leute finden würde … Seitdem man ein Exempel statuiert hat, scheint es ein wenig besser zu laufen. Aber man muss quasi ständig neben den Leuten stehen.

Kommt Ihnen das bekannt vor? Dann haben Sie entweder das Pech, als Führungskraft ein Erbe angetreten zu haben, das Ihnen das Leben noch lange schwer machen wird. Oder Sie sollten einmal einen Blick darauf werfen, wie Ihre Rolle in diesem Teufelskreis aussieht.

Es erscheint uns sinnvoll, den Einsatz von Macht zunächst einmal als Abbuchung vom *„Legitimations-Konto"* zu betrachten. Die Situation hat ein wenig Ähnlichkeit mit der

Entscheidung unserer Bank, uns einen Kreditrahmen einzuräumen. Die Höhe hängt davon ab, was uns die Bank wirtschaftlich zutraut (Sicherheiten und Einkommen) und wie hoch deren Angst ist (Risikopolitik, Vertrauen in unsere Person).

Stellen wir uns also vor, unsere Mitarbeiter hätten uns ein Legitimations-Konto eingerichtet, auf dem wir eine Kreditlinie haben. Diese bekommen wir, damit wir Spielraum haben, unsere Aufgabe zu erfüllen. Wohlgemerkt: Wir bekommen sie nicht, um es uns bequem zu machen, unsere egoistischen Träume zu verwirklichen oder zu spekulieren. Die Mitarbeiter erwarten unmissverständlich, dass wir ihren Kredit zur Erreichung des gemeinsamen Ziels nutzen. Vielleicht ist es anfangs nur ein sehr kleiner Kredit. Schließlich kennt man uns noch nicht. Überziehen wir schnell in dramatischem Ausmaß, kündigt man uns das Konto. Unsere Legitimation ist fort und unsere Handlungsoptionen sind verschwunden. In der Praxis bleibt uns jetzt nur, die Positionsmacht einzusetzen – was weiteres Überziehen bedeutet. In einem Software-Spiel bekämen wir nun die Nachricht: „game over".

Versuchen wir es erneut. Wir wissen, dass unser Kreditrahmen noch sehr klein ist und konzentrieren uns darauf, den Kreditgebern zu beweisen, dass wir das Beste aus ihrem Geld machen. Wir zeigen, dass wir in der Lage sind, die Erfolgswahrscheinlichkeit zu erhöhen. Wir zahlen ein. Das Zutrauen unserer Kreditgeber wächst. Gleichzeitig erleben sie uns in unterschiedlichsten Situationen und registrieren, dass man uns vertrauen kann. Allmählich sind sie bereit, unseren Kreditrahmen zu erweitern. Wohlgemerkt: Weil wir ihn praktisch kaum gebraucht haben! Wozu das alles?

Irgendwann wird die Situation kommen, dann benötigen wir den Kreditrahmen – vielleicht sogar in vollem Umfang –, um unser Erfolgsversprechen weiterhin einlösen zu können. Vielleicht drücken wir zum Beispiel gegen den allgemeinen Trend in der Gruppe etwas durch. Unsere Bank wird sagen: „Ei, ei, ei, was macht er da gerade? Das gefällt uns aber gar nicht. Wenn das mal gut geht." Und genau so ist es. Wenn das gut geht, sind Zutrauen und Vertrauen sogar noch weitergewachsen. Hat es dagegen kein Happy End, wird unser Kreditrahmen wieder massiv gekürzt – oder sogar unser Konto aufgelöst. Ein einfaches System, nicht wahr?

Der Kern ist, dass wir als Führungskräfte diese Kreditlinie brauchen. Wenn wir unsere Macht nicht erhalten, wenn uns die Legitimation entzogen wird, sind wir im Grunde chancenlos. Zu Zeiten unserer Ahnen war das Spiel damit aus. Heute kann uns unsere formale Position noch ein wenig Galgenfrist verschaffen, aber nur kurz. Viele Manager verlassen dann das Unternehmen, um ihre Karriere nicht zu gefährden. Das Dumme ist nur: Sich selbst und ihr Führungsverständnis nehmen sie mit, solange sie nicht wirklich ent-täuscht werden (d. h. ihrer Täuschung beraubt) und die Ursachen an anderer Stelle suchen und finden.

Führungskräfte bewegen sich – ebenso wie jeder andere Mensch – in einer Welt voller Widersprüche, in denen es selten alternativlose Wege gibt. Da sie die übergeordnete Aufgabe übernommen haben, den gemeinsamen Erfolg sicherzustellen, *müssen* sie deshalb unter bestimmten Bedingungen ihre Entscheidungs*gewalt* wahrnehmen! Selbst wenn sie dies anderen überlassen, entkommen sie nicht ihrer grundsätzlichen Verantwortung!

4 Umsetzung: Für die Verwirklichung des Erfolgsmodells sorgen

Führende müssen damit zumindest zwei Entscheidungen immer treffen: (1) *Muss* hier eine Entscheidung her? und (2) Liegt es jetzt bei *mir*? Das sind die beiden Grundfragen jeder Entscheidungspolitik. Man kann vor ihrem Hintergrund folgenden Haltungen häufig begegnen:

- Führungskräfte, die sich **in erster Linie als Entscheider** sehen, versuchen oft, ihre Nase quasi überall mit hineinzustecken. Sie werden zwangsläufig zum Flaschenhals der Gemeinschaft und von ihren Mitarbeitern und der folgenden Gruppe als hinderlich, direktiv und machtorientiert erlebt.
- Führungskräfte, die ihr Verhalten als **kooperativen (Entscheidungs-)Stil** bezeichnen, suchen vor allem den Konsens und überlassen es nicht selten sogar den Beteiligten selbst, diesen zu finden. In Gesprächen haben sie viele gute und ethisch motivierte Argumente für ihre Haltung, die jeder unterschreiben würde. Nichtsdestotrotz werden sie von der ersten Gruppe und auch sehr vielen Mitarbeitern als führungs- und entscheidungsschwach empfunden.

Und nun das Humorvolle an der Situation: Diese beiden Gruppen wähnen sich *beide* in der Mitte zwischen diesen Positionen. Testen Sie diese Behauptung und fragen Sie einfach einmal nach. Im Kern haben solche Entscheidungsmuster vor allem mit den persönlichen Vorlieben der Beteiligten zu tun. Was halten Sie in dem Zusammenhang von folgenden Thesen?

- Ein Großteil der sogenannten Entscheider lebt vor allem sein ganz persönliches **Bedürfnis nach Kontrolle und Sicherheit** aus. Sie wollen die Dinge im Griff behalten und fühlen sich unwohl, wenn dies nicht möglich ist. Da nehmen sie lieber in Kauf, nicht von jedem gemocht zu werden.
- Viele sogenannte kooperative Führungskräfte suchen einen Weg, ihrer Sorge vor persönlicher Ablehnung zu begegnen. Sie haben das **Bedürfnis nach Harmonie** und sind oft nicht sehr erfahren im erfolgreichen Lösen von Konflikten. Da verschieben sie die Konflikte lieber – und scheuen kritische Entscheidungen.

Damit haben wir immer noch keine Antwort auf unsere beiden Grundfragen der Entscheidungspolitik. Hilft uns das evolutionäre Führungsverständnis an dieser Stelle weiter? Glauben Sie, dass „Mutter Natur" es für Gemeinschaften so eingerichtet hätte, dass die meisten Entscheidungen in einem einzelnen Kopf getroffen werden müssten? Hätte ein Urzeit-Jäger das Wild an sich vorbeiziehen lassen, weil kein Zeichen des Hordenführers kam, seinen Speer zu werfen? Klingt unwahrscheinlich, oder? Hier benötigt niemand Führungsinitiative, denn das gemeinsame *Ziel* (das „*Mammut*") und das gemeinsame **Erfolgsmodell** („*Treibjagd*") definierten die wesentlichen Elemente für jede individuelle Entscheidung. Nur wenn Probleme auf dem Weg zum Ziel auftauchen, die der Einzelne nicht lösen kann, muss die Führung aktiv werden.

Aus einer anderen Perspektive: Waren unsere Urahnen überhaupt in der Lage, in kommunikativen Prozessen die Grundlage für Konsens-Entscheidungen zu erarbeiten? Hat unser Freund *Grau* eine Sitzung einberufen, um die Vor- und Nachteile des Insellebens mit der kleinen Gemeinschaft zu diskutieren?

Selbst unter Wissenschaftlern ist heute die Überzeugung verbreitet, dass Urgemeinschaften sehr egalitär waren und viele Methoden zur Bewahrung dieser Gleichberechtigung entwickelt hatten. Genau an dieser Stelle stand unser Führungsansatz in seinem ersten Entwurf auf wackeligen Beinen. Man warf uns vor, in frühe Horden eine Führungsvorstellung einzubringen, die damals niemand akzeptiert hätte. Wenn aber unsere Vorfahren erst sehr spät Führungsaufgaben entwickelt hätten, entstünde tatsächlich für unser Modell ein Erklärungsproblem: Dieses ließe sich nicht mehr evolutionspsychologisch begründen und müsste als rein kulturelles Phänomen betrachtet werden.

Mittlerweile stehen wir nicht mehr allein mit unserer Sicht der Dinge: *Prof. Michael Pauen* hat in seinem aktuellen Buch „Macht und soziale Intelligenz" interessant und sorgfältig recherchiert argumentiert, dass der zeitliche Rahmen weitergezogen werden muss. Allein die Tatsache, dass frühere Gemeinschaften kunstvolle Methoden entwickelten, um Unterschiede untereinander klein und bedeutungslos zu halten, zeige, dass diese stets vorhanden waren. Wir dürfen also weiter davon ausgehen, dass solche *Methoden* kulturell entstanden – und *nicht* unsere Kernaufgaben der Führung.

Grau wird also zu guter Letzt nicht diskutiert haben. Aber vermutlich war er sich darüber im Klaren, dass ihn seine Entscheidung auch das Leben kosten kann – wenn er einfach Pech hat oder die Kraftverhältnisse falsch einschätzt. Und hier scheinen wir ein weiteres wichtiges Kriterium gefunden zu haben: das **Verhältnis vorhandener Kräfte**! Für die Gruppe von *Grau* bestand zwar nach wie vor das gemeinsame Ziel im Überleben, aber das Erfolgsmodell stand in Frage: Überlebte man dadurch, dass die Gruppe auf der Insel blieb oder überlebte man durch die Rückfahrt? Der Bau des Floßes stellte ein Konkurrenzmodell dar und hätte ebenso gut einen Führungswechsel einleiten können.

Wir haben damit zwei grundlegend unterschiedliche Entscheidungssituationen für Führende:

- Wird das bisherige Erfolgsmodell in Frage gestellt? Dann betrifft die Entscheidung den **Kampf um die Führung** selbst bzw. eine Aufspaltung der Gruppe.
- Lähmen sich die Kräfte innerhalb des gemeinsamen Erfolgsmodells gegenseitig? Dann sollte eine Entscheidung die **Befreiung aus der Handlungsunfähigkeit** bedeuten.

Alle anderen Entscheidungen sind **Sach- und Detailentscheidungen** – und nicht Kern-Aufgabe der Führung! Dennoch mischen sich manche Manager hier unangebracht ein. Haben Sie schon einmal einen Job übernommen, dessen früherer Inhaber jetzt eine Hierarchiestufe höher sitzt, also Ihr Chef ist? Dann wissen Sie vermutlich, wovon wir sprechen.

▶ Manager müssen für ihre Entscheidungen Spezialisten darin sein, **Kraftverhältnisse** realistisch zu bewerten. Das setzt Machtbewusstsein voraus. Ihre Entscheidungen müssen stets einen klaren Bezug zum allgemein anerkannten Erfolgsmodell haben und die Handlungsfähigkeit der Gruppe als Ganzes erhalten.

4 Umsetzung: Für die Verwirklichung des Erfolgsmodells sorgen

> Alle Gruppenmitglieder müssen für ihre Entscheidungen Spezialisten darin sein, zuvorderst *Sachverhältnisse* realistisch zu bewerten. Das setzt Fachkompetenz voraus. Ihre Entscheidungen müssen sie stets vor einem kompetenten Kreis inhaltlich vertreten können.

Zweifellos ist es sowohl für Führende wie auch für die Gruppe enorm wichtig zu wissen, wann ihre Entscheidung gefragt ist – und welche Risiken damit verbunden sind. Wir behaupten, dass Manager ihre Rolle gefährden, wenn sie in den beschriebenen kritischen Situationen *nicht* entscheiden. Übernehmen sie *darüber hinaus* Entscheidungsverantwortung, machen sie sich – kompetente Gruppenmitglieder vorausgesetzt – häufiger zum Hindernis für die Gemeinschaft. Der erfahrene Historiker und Politologe *Archie Brown* weist in diesem Zusammenhang darauf hin, dass kollektive Regierungen natürlich nicht gegen dumme und schädliche Entscheidungen gefeit sind, es aber zahlreche Belege dafür gibt, „dass die Wahrscheinlichkeit katastrophal schlechter Entscheidungen erheblich steigt, wenn eine einzelne Person unbeschränkte Macht ausübt und wichtige Entscheidungen alleine fällen kann".[33]

Wie bereits angesprochen, haben Forscher festgestellt, dass Entscheidungen für die Gemeinschaft in Jäger-Sammler-Gesellschaften zumeist so lange offen diskutiert werden, bis ein Konsens gefunden wird. Und interessanterweise sind die glücklichsten Kulturen kleinerer Gesellschaften wie Schweden, Holland und die Schweiz, die zudem über viele Möglichkeiten der Teilhabe verfügen.[34] Ist das nicht ein eindeutiger Beleg dafür, dass die Gruppe und nicht die Führungskraft entscheiden sollte?

Man könnte sich auch eine andere Einordnung dieser Beobachtungen vorstellen: *Weise Entscheider* initiieren Gruppendiskussionen und Gespräche vielleicht nicht, um Entscheidungen im Team zu treffen. Ihre Hauptziele sind möglicherweise andere:

- Sie analysieren auf diese Weise die *bestehenden* Kräfteverhältnisse.
- Sie entwickeln eine Vorstellung darüber, wie sich diese mit den notwendigen Entscheidungen *verändern* würden.
- Sie prüfen, mit welchen *Reaktionen* sie nach einer Entscheidung rechnen müssen, um sich darauf vorzubereiten.
- Sie suchen den *konfliktärmsten* Weg zur Lösung des aktuellen Problems – und damit zur Erfüllung ihrer Aufgabe!

Was wäre nun aber, wenn die Entscheidungen wirklich auf der Grundlage der Gruppendiskussion erfolgen würden? Ist das nicht völlig in Ordnung und auch der beste Weg? Unwahrscheinlich! Sind die Teammitglieder schon individuell auf der richtigen Fährte (z. B. weil sie sich alle am gemeinsamen Erfolgsmodell orientieren), so braucht man die Ab-

---

[33] *Brown A.*, Der Mythos vom starken Führer, 2018, S. 28.
[34] *Richerson, P. J., Boyd, R. & Paciotti, B.*, An Evolutionary Theory of Commons Management, Draft 4.0 May 30, 2001, Chapter intended for: Institutions for Managing the Commons, Stern, P., managing editor, National Research Council, S. 24.

stimmung in der Gruppe eigentlich nicht. Sind sie auf der falschen Fährte, schaffen sie es fast nie, durch Diskussionen wieder auf den richtigen Weg zu kommen. Es gibt Studien,[35] die solche Schwierigkeiten belegen:

- In Gruppendiskussionen wird **mehr geteilte Information ausgetauscht** als ungeteilte. So wird das Gefühl von Gemeinschaft und Nähe gefördert. Niemand möchte gerne außerhalb stehen.
- Es werden im Verlauf **kaum neue Informationen** eingebracht. Diese könnten das Gefühl der Gemeinschaft irritieren. Und unter (Zeit-)Druck wird der Informationsfluss auch noch reduziert.
- Es gibt oft einen *vorschnellen Konsens*. Man möchte sich gerne wohl miteinander fühlen und sendet gegenseitig Signale des Friedens.
- Man geht davon aus, dass wichtige Informationen auch weiterverbreitet sind, und *orientiert sich an der Mehrheit*.
- Inhaltlich findet **kaum gegenseitige Bereicherung** statt. Der eigenen Meinung widersprechende Informationen werden als unglaubwürdiger oder irrelevanter erlebt.
- Es wird nicht um die bestmögliche Problemlösung für das große gemeinsame Ziel gerungen. Einen größeren Mut zu Konflikten haben nur die Mitglieder, die *um persönliche Interessen feilschen*.

Wenn man solche Forschungsergebnisse betrachtet, könnte man resignieren – oder feststellen, dass diese Dinge aus evolutionspsychologischer Sicht zu erwarten waren. Natürlich musste für unsere Ahnen im Vordergrund stehen, die Gemeinschaft zu erhalten und selbst Mitglied zu bleiben. Natürlich waren sie brav und sendeten Signale der Anpassung. Und natürlich passten sie auf, dass ihre Interessen nicht zu kurz kamen.

Genau deshalb hat die Natur von Anfang an so gute Erfahrungen mit dem Phänomen Führung gemacht: Vorhandene Kräfte dürfen sich nicht gegenseitig aufheben und das gemeinsame Ziel muss erreicht werden. Ungeführte Gruppendiskussionen sind einfach nur soziale Ereignisse und mit hoher Wahrscheinlichkeit fördern sie nicht die Problemlösung. Oder haben Sie mit Ihren Besprechungen andere Erfahrungen gemacht?

Der *einsame Entscheider* weist in diesem Zusammenhang nun vielleicht darauf hin, dass er letztlich ja doch die Verantwortung tragen muss und Team-Diskussionen diese Tatsache nur verwässern. Er weist auch gerne auf den heutigen Zeitdruck hin. Ein umstrittenes Argument: „Die Auffassung, Führungsstärke in einer schnelllebigen Welt erfordere grundsätzlich schnelle Entscheidungen und schnelles Handeln … ist eine sichere Methode, um unterzugehen." haben die Management-Spezialisten *Collins* und *Hansen* in anspruchsvollen Studien gezeigt.[36]

---

[35] *Schulz-Hardt, St.*, Gruppen als Entscheidungsträger in kritischen Situationen: Mehr wissen = besser entscheiden?, in: *Strohschneider, St.* (Hrsg.), Entscheiden in kritischen Situationen, 2003, Frankfurt: Verlag für Polizeiwissenschaft, S. 137–151.

[36] *Jim Collins & Morten T. Hansen*, Oben bleiben. Immer, 2012, S. 26.

Aber einmal unabhängig davon, ob es heutzutage wirklich einen Zwang zu schnellen Entscheidungen gibt: Unser *einsamer Entscheider* geht auf diese Weise völlig unvorbereitet und ahnungslos seinen Weg. Selbst bei analytischster Entscheidung verhält er sich damit absolut dumm – und läuft große Gefahr, seine Macht in den Augen der Betroffenen zu missbrauchen und die eigene Legitimation ernsthaft zu gefährden. Denn es wird ihm sehr viel schwerer fallen, die Kräfteverhältnisse erfolgreich zu berücksichtigen und zu gestalten.

Gehen wir nun davon aus, die Entscheidung wäre getroffen. Wirksam wird sie nur dann, wenn sie auch umgesetzt wird. Es gehört unserer Erfahrung nach leider nicht zu den Ausnahmen, dass das Management Entscheidungen verabschiedet, an denen sich dann kaum jemand orientiert. Die Kraft einer Entscheidung misst sich daran, ob es dadurch weiter vorangeht.

4.3 Fortschritt: Dem Ziel stetig weiter nähern

Wir haben bereits festgestellt, dass Entscheidungen – ebenso wie Erfolgsmodelle und Pläne – keinen Selbstzweck haben, sondern uns näher an unser Ziel bringen müssen. Schritt für Schritt: Wir müssen die *Energie* für den Weg mobilisiert bekommen, dürfen uns nicht auf Nebenkriegsschauplätzen verausgaben (*Fokussierung*) und in *Entscheidungssituationen* keine Zeit vergeuden. Wir brauchen *Kompetenzträger* und *Macher*, die Probleme auf dem Weg zum Ziel ausräumen. Von Zeit zu Zeit helfen uns auch *Treiber*, wenn wir den nötigen Schwung verlieren oder die Zeit aus dem Auge verlieren.

Die erfolgreiche Führungskraft stellt sicher, dass all dies zur rechten Zeit vorhanden ist. Und Sie wird die dazu notwendige *Infrastruktur* aufbauen.[37]

> **Tipp: Das Team umsetzungsorientiert zusammensetzen**
> Legen Sie sich eine pragmatische Checkliste an: Sind für die aktuelle Aufgabe die entscheidenen „Schlüssel am Bund" (Stratege, Umsetzungsplaner, Treiber, Knowhow-Träger, Umsetzungskapazitäten, Infrastruktur/Ressourcen). Es ist durchaus in Ordnung, wenn eine Person mehrere Themen abdeckt, sofern es dadurch nicht zu Engpässen kommt.
> Also: Erst die Arbeit am Fortschritt ist unser Maßstab und offenbart jede Schwäche!

In Kompetenzprofilen lesen wir oft von erforderlicher **Durchsetzungsstärke**. Unglücklicherweise! Denn damit wird zum einen suggeriert, es handele sich um eine abgrenzbare Fähigkeit. Viel nützlicher ist es, eine gelungene Umsetzung als Resultat eines komplexen Zusammenspiels von unterschiedlichsten Führungsimpulsen und dem Verhalten aller Beteiligten zu betrachten. Zum anderen verschieben solche Begriffe das Phänomen Füh-

---

[37] *Roman Herzog* weist darauf hin, dass Aufbau und Pflege der Infrastruktur schon zu den Aufgaben gehörten, die sich den frühesten Vorläufern des Staates stellten (Staaten der Frühzeit, 1998, S. 77).

rung deutlich in den Kraft- und Machtsektor. Wesentliche Facetten erfolgreicher Umsetzung – wie z. B. Qualität, Eigeninitiative, Kreativität, Selbstmotivation und Flexibilität – lassen sich auf diesem Weg aber nicht wecken.

Ähnlich vorsichtig sollten wir mit dem Aspekt der **Motivationskompetenz** von Führungskräften umgehen. Diese wird zeitweilig als Alternative zur Durchsetzung ins Spiel gebracht. Das Thema gehört in der Berufswelt aus unserer Sicht zu den maßlos aufgepusteten Seifenblasen. Grundsätzlich ist es der natürliche Zustand eines Lebewesens, für sein Handeln motiviert zu sein!

Unser Verhalten ist *immer* motiviert – sonst fände es nicht statt. Die Frage ist also nicht, *ob* wir motiviert sind, sondern *wofür* wir es sind. Gleichzeitig können wir das, was jemanden antreibt (z. B. Hunger) weder weg- noch herbeireden. So genannte Motivationskünstler puschen schlichtweg auf. Sie machen uns „trunken", sprechen unsere Fantasie an, erhöhen unseren Adrenalinspiegel. Das ist genau der Grund, warum wir uns einige Zeit danach leer und ausgelaugt fühlen. Vielleicht sehnen wir uns sogar zurück nach dem energetischen Zustand, wollen das Erlebnis wiederholen – wir sind süchtig geworden. Mit dem, was Tag für Tag von uns im Berufsleben gefordert wird, hat dies wenig zu tun.

Haben Lebewesen ein Ziel erreicht, werden dafür keine weiteren Ressourcen eingesetzt: Die Energie flaut ab. Ein weiser Mechanismus. Alle Lebewesen scheinen zu wissen, dass der Aufwand, den sie für ihre Erfolge betreiben müssen, sie auch überfordern, für lange Zeit lahmlegen und damit in ihrer Existenz gefährden kann. Interessanterweise ist Ressourcenschonung in der Natur insbesondere dort der Fall, wo starke Konkurrenz vorhanden ist. Schauen Sie sich einmal die Ruhezeiten eines männlichen Löwen in der Savanne an. Im echten Wettbewerb ist es offenbar noch wichtiger, keine überflüssigen Energien zu vergeuden.

Unser Einsatz hängt also davon ab, welches Ziel wir gegenwärtig als wertvoll erleben, über wieviel Energie bzw. welche Mittel wir verfügen und wo unsere „Sättigungsgrenze" liegt. Mit diesen Mustern hat uns „Mutter Natur" für unsere Aufgaben ausgestattet. Und wir sollten dankbar dafür sein.

Warum kommt dem Thema Motivation am Arbeitsplatz überhaupt eine so massive Aufmerksamkeit zu? Wenn man ehrlich – und vielleicht ein wenig zynisch – ist, lässt sich die Motivationsfrage für die meisten Führungskräfte wohl auf ein einziges Grundproblem herunterbrechen: Warum tut jemand nicht das, was ich will?

Damit Teams ihr Ziel erreichen und Manager ihre Aufgabe erfüllen können, müssen sich alle Beteiligten in ihrem Verhalten am gemeinsamen Erfolgsmodell orientieren. Solange dies geschieht, wird das Thema Motivation im Führungszusammenhang selten auftauchen. Die Situation sieht völlig anders aus, wenn Mitarbeiter nicht mehr „das Richtige" tun. Bevor wir jetzt das Thema Motivation bemühen: Sollte man nicht erst einmal fragen, warum das passiert?

Aus unserer Perspektive geht es um einen der folgenden Gründe:

- Der Mitarbeiter ist nicht in der Lage, das Notwendige zu tun!
- Der Mitarbeiter glaubt nicht mehr an das Erfolgsmodell!
- Der Mitarbeiter hat kein Interesse mehr an der gemeinsamen Aufgabe!
- Es gibt ein ernstes Beziehungsproblem zwischen Mitarbeiter und Führungskraft!

Stellen wir die letzten beiden Ursachen zunächst zurück. Dann fällt uns auf, dass die anderen beiden insbesondere in Zeiten von Veränderungen auftauchen, die die Anpassungsfähigkeit der Menschen übersteigen. Zwangsläufig verhalten sie sich jetzt nicht mehr zweckmäßig und sollen in der üblichen Logik „motiviert" werden. Mit treffenderen Worten: Sie sollen dazu gebracht werden, sich unter veränderten Bedingungen *wieder zweckmäßig zu verhalten*!

▶ Wenn im Unternehmenszusammenhang von Motivation gesprochen wird, geht es im Kern darum, dass Menschen das tun sollen, was innerhalb des Erfolgsmodells notwendig ist – und es nicht tun.
Statt hier nach Motivationskünstlern zu rufen, sollte nach den Ursachen für das unzweckmäßige Verhalten gesucht werden.

Gleichzeitig stellen Unternehmen zunehmend fest, dass man an das *Beste in uns* (Initiative, Kreativität, Begeisterung, persönliches Engagement usw.) nicht mit Zwang oder einfachen „Ködern" kommt. Wir Menschen aktivieren es nur freiwillig – oder gar nicht. Auch in diesen Momenten taucht das Zauberwort Motivation auf. Im Grunde geht es hier um die paradoxe Aufgabe, jemanden dazu zu bringen, etwas freiwillig zu geben. Der Grundgedanke besteht offenbar darin, dass eine Führungskraft etwas Motivierendes tut, damit sich Mitarbeiter nicht nur zweckmäßig verhalten, sondern auch noch weit über das Übliche hinausgehen.

Motivation, die ständig hergestellt werden muss, ist nichts wert. Es entsteht zunehmend eine Kultur, die auf die Mitarbeiter-Forderung hinausläuft: „Chef, ich fühle mich heute so lustlos. Lass Dir was einfallen." Die Entlarvung der Widersinnigkeit gängiger Motivationspolitik und -praxis ist kaum irgendwo besser gelungen, als in *Reinhard Sprengers* Buch „Mythos Motivation".[38]

Beispiel

Unsere Gesamtlage ist vergleichbar mit der Situation von Hobby- und Hochleistungs-Teamsportlern. Zunächst einmal ist Voraussetzung, dass jemand überhaupt das Interesse an der jeweiligen Sportart hat. Es macht keinen Sinn, dass der Spielführer jemanden zur Teilnahme zwingen oder ständig aufs Neue dafür gewinnen muss. Die Grundmotivation für das gemeinsame Projekt bringt man mit, sonst gehört man einfach nicht dazu. Ende! Und wenn ein Sportler allen anderen das Spiel verdirbt, weil er sich nicht an den Regeln orientiert – also seinen Part des Leistungsversprechens nicht hält – wird er aus dem Spiel genommen. Fertig!

Für das Mitspielen ist es zunächst notwendig, die Regeln zu kennen (Erfolgsmodell) und an seinen Fähigkeiten zu arbeiten (Kompetenz). Dann ist es nur noch wichtig, dass niemand dem Spieler die Lust an der gemeinsamen Aktivität nimmt (Demotivation). Unter diesen Voraussetzungen kann man es prinzipiell vom Hobbyspieler bis zum Profi bringen. Wir könnten dies als *Motivationsstufe 1* bezeichnen.

---

[38] Leider argumentiert er durchgängig in dem ihm eigenen, unterhaltsam-zynischen Stil und unterstellt, dass jeder sich an einem Größeren beteiligende Mensch sein eigenes „schwaches Ich" kompensieren will. Diese Perspektive muss man nicht teilen: Vielleicht bedarf es gerade eines starken Ichs, um die eigenen Grenzen zu erkennen und anzunehmen. Sich für größere Ziele zusammenzutun, muss sicherlich nicht ein Zeichen der Schwäche sein. Es ist vielmehr der Kern unserer Existenz. Dafür lohnt es sich, sein Bestes zu geben!

Motivationsstufe 2 verlangt dann vom Sportler eine besondere Leistungsmotivation (Ehrgeiz/ Anspruch) und die mentale Stärke sich jeweils aufs Neue optimal zum Training und Wettkampf einzustellen (Disziplin/ Fokussierung/ Selbstmotivation). Wenn die Leistungsdichte immer mehr zunimmt – es letztlich auf winzige Unterschiede ankommt – rücken besondere Begabungen, exzellente Rahmenbedingungen und individuelle Feinheiten in den Vordergrund. Vielleicht hat mittlerweile jeder Topsportler ein individuelles Betreuerteam und auf ihn ganz persönlich zugeschnittene Trainings- und Leistungsbedingungen.

Halten wir fest: Ist der gemeinsame Erfolg gefährdet, muss die Führung aktiv werden. Genau so haben wir die Ur-Aufgabe der Führung definiert. Diese vorrangig als Motivationsaufgabe zu betrachten, halten wir für falsch.

Vielleicht sind die Vorstellungen und Erwartungen der Beteiligten unrealistisch (dann hätten wir eine *Kommunikationsaufgabe*), es liegen „Steine im Weg" (hier hätten wir ein *operatives Problem*), Überlastung tritt auf (*Kapazitätsproblem*), die Koordination misslingt (*Organisationsaufgabe*), jemand verfügt nicht über die notwendigen Fertigkeiten (*Besetzungs- oder Personalentwicklungsproblem*) oder hat Wut im Bauch (womit wir vielleicht bei *Gerechtigkeitsproblemen* wären). Wenn die Führungskraft nun auch noch unglücklich agiert, kann es sogar zu *Beziehungsproblemen* kommen. Dann macht jemand vielleicht schon aus Trotz nicht mehr das, was sinnvoll ist. Es wird viel zu oft nach Motivation gerufen, wo ein genaueres Hinsehen wirkungsvoller wäre.

In dem Augenblick, in dem wir uns von der so genannten Durchsetzungs- oder Motivationskompetenz entfernen, bewegen wir uns in Richtung einer breit angelegten **Umsetzungskompetenz**: Der Fähigkeit, sicherzustellen, dass das gegenseitige Leistungsversprechen auch tatsächlich von allen Beteiligten gehalten wird. Wie wir festgestellt haben ist dies ein komplexes Aufgabenfeld, das stark davon abhängig ist, was der gemeinsamen Zielerreichung im Wege steht. Hier können äußere Faktoren entscheidend sein oder auch Aspekte, die sich in der Gruppe selbst abspielen. Nachvollziehbarer Weise spielt es eine entscheidende Rolle, ob ich mit einem zusammengewürfelten Haufen von lustlosen Einzelkämpfern in die Umsetzung ziehe – oder zusammen mit einer echten Leistungsgemeinschaft.

5 Leistungsgemeinschaft: Das Team wettkampffähig machen und halten

Sign Out

Dieses Kapitel hat für Sie „handwerklich" weniger Relevanz, wenn
- Sie mit auffallend kompetenten und selbstständigen Menschen zusammenarbeiten,
- die Freude an ehrgeizigen Projekten und Zielen haben,
- Ihr Team Meinungsverschiedenheiten untereinander konstruktiv löst und
- die Energie auf die gemeinsame Leistung richtet, statt auf die Konkurrenz untereinander und
- Ihnen die pädagogische Art eines Top-Trainers eigen ist.

Stellen Sie sich ein Team vor, das für die anstehende Aufgabe inkompetent und für seine Trägheit ebenso bekannt ist, wie für innere Zerrissenheit und eine Misstrauenskultur. Nie-

5 Leistungsgemeinschaft: Das Team wettkampffähig machen und halten

mand – eigene Mitglieder eingeschlossen – würde etwas auf einen Erfolg dieser Mannschaft setzen. Vermutlich wird sie zerfallen.[39] Steht sie gar im Wettbewerb mit besser aufgestellten Teams, ahnen wir eine Tragödie. Der Versuch, einen glücklichen Ausgang dieser Geschichte zu erzählen, würde nicht ernst genommen. Zu Recht!

Doch gleichzeitig lieben wir Filme und Erzählungen, in denen eine solche Truppe plötzlich über sich hinauswächst und in die Historie eingeht. Wir lieben unsere Sportmannschaften, wenn sie uns auf ihrem Weg vom Underdog-Dasein zur Meisterschaft mitnehmen und schlussendlich zu einer faszinierenden Leistungsgemeinschaft zusammenwachsen. Wir spüren – selbst über den Bildschirm vermittelt – den Energieschub, der die Mitglieder zu unfassbaren Ergebnissen treibt. Unser Herzschlag erhöht sich, Endorphine und Adrenalin lassen uns jubeln und von unseren Sitzen hochspringen. Das Bedürfnis nach Gemeinschaft zwingt uns geradezu, unsere völlig unbekannten Nachbarn zu umarmen, einander anzulachen und zu feiern. Was für eine Urgewalt!

Die Menschen, die solche Veränderungen innerhalb einer Mannschaft initiieren und lenken, deren Namen wir mit solchen Wundern verbinden, die nicht selten im Augenblick des größten Triumphes ganz still und allein der wilden Feier zuschauen, werden zu Legenden.

Natürlich standen unsere Ahnen noch nicht vor dem Problem, „Mitspieler" auf dem Markt zu rekrutieren. Ihre Gemeinschaft war eine Schicksalsgemeinschaft. Und Hunger motivierte sicherlich ausreichend für den vollen Einsatz bei der Jagd. Zweifellos gab es allerdings auch schon die beschriebenen Zerfallserscheinungen in Gemeinschaften und damit Unterschiede zwischen den Gruppen, die überlebenswichtig waren!

▶ Durch die Ur-Aufgabe der Führung (Dafür sorgen, dass es gemeinsam funktioniert!) definiert sich unmittelbar die Bedeutung der gemeinschaftlichen Leistung. Erfolg ist ohne starke Geführte auf Dauer nicht denkbar.

Eine Führungskraft, die sich dieser Tatsache und ihrer Konsequenzen nicht bewusst ist, kann ihre Position nicht halten.

Die große Auflösung

Das noch schlagende, blutige Herz des jungen Mannes hoch erhoben, steht der Oberste Hohepriester in seinem Festgewand vor der brüllenden Menschenmenge. Trünke, Rauch und Trance haben seine Ängste verdrängt. Er fühlt sich durch die pulsierende Energie der wogenden Masse vor ihm und dem Eindruck, schwerelos über allem zu schweben, unglaublich mächtig, treibt sie wieder und wieder an, bevor er das Bewusstsein verliert.

Die Morgendämmerung hat begonnen. Die lange Zeremonie ist vorüber. Die Schmerzen, die er nicht mehr durch die Drogen bekämpft bekommt, sind ebenso zurückgekehrt wie seine unruhigen Gedanken. Die Alten hatten nie ein Geheimnis daraus gemacht, dass seine Aufgabe im Wahnsinn enden würde. Neu ist allerdings, dass die Wirkung der ehemals jährlichen Zeremonien auf das Volk so rasch verklingt. Innerhalb weniger Sonnenwenden finden die großen Feiern mittlerweile alle drei Monde statt – und brennen

---

[39] Gemeinschaften splitten sich auf, wenn es nicht gelingt, eine schwierige Phase zu bewältigen – oder gehen in anderen Gemeinschaften auf (persönliches Gespräch mit *Prof. Gerd-Christian Weniger*).

ihn innerlich völlig aus. Das Volk stellt die alten Gesetze lautstark in Frage, die Arbeit auf den Feldern leidet, die Bewässerungssysteme sind ungepflegt, und die Konkurrenz unter Jägern und Hohepriestern führt immer häufiger zu tödlichen Auseinandersetzungen. Er selbst trinkt und isst seit langem nichts mehr, was nicht vorgekostet ist. Die Götter haben sich zurückgezogen, und die Feinde wissen das.

Eine Generation später stirbt der letzte Bauer, der weiß, wie die Bewässerungssysteme aufgebaut werden müssen, an Kampf-Verletzungen. Das Volk überdauert noch 2 Dürreperioden, bis die Übriggebliebenen verhungert oder versklavt sind. Manche warten jetzt selbst darauf, den Göttern geopfert zu werden – allerdings sind es nun die Götter der Feinde.

Schon der römische Dichter Juvenal warf seinem Volk enttäuscht und zynisch den eigenen Verfall vor. Im Niedergang großer Zeiten begnügte sich dieses offenbar längst damit, satt zu sein und unterhalten zu werden.[40] Die Erfahrung zeigt, dass unter solchen Bedingungen selten etwas Großes entsteht. Vielmehr könnte man hier wohl eher von einer *Betäubungsstrategie* sprechen, um einen Aufruhr der Geführten zu verzögern.

Sicherlich galt und gilt es für Führende im Wettbewerb der Gemeinschaften, deren Leistungsfähigkeit und -bereitschaft durchgängig im Auge zu behalten. Die Versuche, beides zu steigern, haben sich im Laufe der Jahrtausende gewandelt. Während wir heute z. B. ehrgeizige Ziele definieren, Wettbewerb zwischen den Mitarbeitern provozieren, komplexe Anforderungsprofile erarbeiten und Performance Management einführen, haben sich unsere Ahnen in Zeremonien auf den Kampf eingestimmt, durch heftige Initialisierungsriten die Reife ihrer Mitglieder getestet, in regelmäßigen Spielen ihre Fähigkeiten trainiert usw.

▶ Nett gemeinte Aussagen wie „Unsere Mitarbeiter sind unser Kapital" oder technisch anmutende Begriffe wie „Human Ressources" sind in diesem Zusammenhang übrigens absolut unsinnig!

Führende sind wesentlich erfolgreicher, wenn sie folgende Grundhaltung leben: Mitarbeiter sind nicht das *Kapital* der Organisation oder deren Ressource! Sie *sind* die Organisation!

Letztlich ist die Frage einfach: Was ist innerhalb der Gemeinschaft zu leisten, damit diese den Herausforderungen des Lebens erfolgreich begegnen kann? Interessanterweise wird dieses Aufgabenfeld heute oftmals im Bereich der Personalabteilung angesiedelt. Völlig in Ordnung, solange Führende nicht einen entscheidenden Aspekt übersehen: Sollte die Zusammenstellung ihres Teams, dessen Leistungsbereitschaft oder der Grad des Vertrauens und Zutrauens untereinander den Erfolg gefährden, stehen sie in voller Verantwortung.[41]

Während unsere Ur-Ahnen nur dafür Sorge tragen mussten, dass die Gruppe einerseits in der Lage war, ihre Aufgaben zu meistern (z. B. Nahrung beschaffen oder Werkzeuge her-

---

[40] „panem et circenses" (Brot und Zirkusspiele).
[41] „Ausdauernde Leistungsfähigkeit im Unternehmen ist kein Zufall. Klare Strukturen, Transparenz und eine gesunde Fehlerkultur erfordern ein Umdenken" im Interview mit *Maik Holtz*, Berater der HRT – Training & Consulting im Hochrisikobereich.

stellen) und andererseits nicht von innerer Zerrüttung und Verfall bedroht wurde (z. B. durch die Pflege von Regeln und Ritualen), kamen später neue Aufgaben dazu: Zunächst wurden mit wachsendem Konkurrenzdruck die Themen Leistung und Qualität bedeutsamer. Viel später musste dann aus untereinander fremden Menschen erst eine Gemeinschaft geschaffen werden. *Moffett* empfiehlt dabei, sich eine solche nicht einfach nur als Ansammlung kooperierender Einzelner vorzustellen, „sondern als eine Gruppe, in der jeder ein klares Zugehörigkeitsgefühl hat, das durch eine dauerhafte gemeinsame Identität entsteht".[42]

5.1 Gemeinschaft: Zutrauen und Vertrauen entwickeln

Unsere Reise durch die Zeit hatten wir mit der Feststellung begonnen, dass wir immer schon in Gemeinschaften geboren wurden, lebten und starben. Nur wenige Menschen gedeihen unter instabilen, fragmentierten sozialen Bedingungen.[43] Das scheint schon lange bekannt zu sein.[44] Wir hatten in diesem Zusammenhang festgestellt, dass sich unsere Beziehungen durch eine emotionsbezogene und eine handlungsbezogene Dimension (von uns als „Deal" bezeichnet) kennzeichnen lassen:

- **Emotion** (Grad empfundener Nähe: *„Sympathie/ Antipathie"*)
- **Handlung** (Grad praktischer Abhängigkeit: *„Kooperation/ Wettbewerb"*)

Diese beiden Aspekte sind allen anderen Kriterien unseres Miteinanders übergeordnet und können in gewisser Weise unabhängig voneinander variieren. Ich kann beispielsweise in praktischer Abhängigkeit zu einem Verwandten stehen und ihn zugleich abgründig hassen. Andererseits ist eine tiefe emotionale Freundschaft mit Menschen möglich, mit denen ich im praktischen Leben wenig (zusammen) zu tun habe. Beide Dimensionen lassen uns auch das *Thema Konflikt* besser verstehen.

Ein Konfliktpotenzial besteht, wenn sich die geplanten Vorgehensweisen der Beteiligten ausschließen, der Erfolg jedoch von koordiniertem Handeln bestimmt wird. Möchten Sie beispielsweise ein ruhiges Wochenende zu zweit, während Ihr Ehepartner endlich einmal gemeinsam auf ein 2-tägiges Festival will, haben Sie beide ein Problem. Unsere Emotionen werden hier – je nach Verlauf und Ausgang – alle möglichen Schattierungen annehmen können: Sorge und Verwirrung, Wut, Enttäuschung, Dankbarkeit, Rachegelüste, Liebe, Ohnmacht usw. Selbstredend, dass die Fähigkeit, mit Konflikten erfolgreich umgehen zu können, für unsere Beziehungen und Gemeinschaften (und damit für Führende) eine immense Bedeutung hat.

---

[42] *Moffett, M.W.*, Was uns zusammenhält. Eine Naturgeschichte der Gesellschaft, 2019, S. 51.

[43] *Richard Sennet* in: Die Kultur des neuen Kapitalismus, 5. Aufl., 2011.

[44] Aristoteles ist für seine Aussage berühmt, dass der Mensch ein staatliches Wesen sei. Er meint damit, dass er sich nicht mit dem eigenen Vorteil im Blick zu Gemeinschaften zusammenschließt, sondern weil das in seiner Natur liegt. Zudem schreibt er der Gesellschaft im Gegensatz zur späteren Ökonomie keinen mechanischen Charakter zu, sondern einen organischen.

Unsere ursprünglichsten Verbindungen untereinander sind die berühmten Blutsbande (*Familie, Sippe*), die früher zumeist entweder durch Nähe entstanden oder gezielt hergestellt wurden (z. B. zum „politischen" Zwecke der Verbrüderung). Vermutlich gab es schon früh auch Gruppierungen, die sich als *Nachbarn*, *Händler* und *Arbeitsgemeinschaften* kennzeichnen lassen. Und dann gab es da noch die *Unbekannten*: fremd, bedrohlich und riskant im Umgang. Aber selbst Menschen, die sich noch nie gesehen hatten, konnten durch häufige vorsichtige Begegnungen allmählich eine *gemeinsame Geschichte*, entwickeln, so standen sie sich zumindest nicht mehr als *Feinde* gegenüber. Damit hätten wir sechs sehr grundlegende Möglichkeiten, „verbandelt" zu sein, die sich nicht untereinander ausschließen.

- **Familie, Sippe** (geteilte Gene)
- **Fortpflanzung** (geteilter Sex)
- **Nachbarschaft** (geteilte Grenzen)
- **Handel** (geteilte Tausch-Interessen)
- **Arbeitsgemeinschaft** (geteilte Aufgabe)
- **Geschichte** (geteilte Vergangenheit)

Aus dieser Perspektive ist es nicht mehr verwunderlich, dass bis in unsere heutige Zeit hinein gerne Familienmitglieder oder Menschen mit ähnlicher Vergangenheit in die Organisationen geholt werden. So gesehen, ist die Bevorzugung von Mitarbeiterkindern bei der Vergabe von Ausbildungsplätzen nur eine Spätform der Vetternwirtschaft in alten Königreichen. Dass diese Strategie nicht für den Erfolg ausreicht, beweisen allerdings sowohl die vielen Grabstätten von Herrschern, die durch Familienangehörige gemeuchelt wurden, als auch die untergegangenen Dynastien.

Bei Wesen, mit denen wir keine Gemeinschaft erleben, bedienten wir uns hemmungslos! Für nomadische Völker ist der Raub im Umfeld etwas völlig Natürliches, nicht selten ein Weg, sich soziale Anerkennung in den eigenen Reihen zu verschaffen. Hass oder Bösartigkeit spielen hier keine sonderliche Rolle. Diebstahl innerhalb der Sippe ist dagegen geächtet. Kulturen, die sich in Gemeinschaft mit ihrem Biotop empfinden, sind – um es mit einem modernen Begriff zu beschreiben – nachhaltiger orientiert, als Kulturen, die in ihrer Umwelt einen Selbstbedienungsladen sehen. Ist es Zufall, dass die Kriminalquote in Unternehmen umso höher ist, je niedriger die allgemeine Loyalität und das Wir-Gefühl sind? Erwarten wir besser nichts Herausragendes von einer Organisation, deren Mitglieder sich nicht als Gemeinschaft erleben. Uns überrascht es jedenfalls nicht, dass Manager, die von ihren Organisationen geschasst werden, noch alles mitnehmen, was für sie zu kriegen ist – offenbar oft ohne geringste Anstandsgefühle. Verblüffenderweise scheinen wir zu glauben, diese uralten Muster durch Team-Workshops, Compliance-Regeln und Führungsleitbilder kompensieren zu können.

Das berühmte Wir-Gefühl entsteht über ganz andere Wege, als es die „Psycho-Techniker" der Weiterbildungsbranche suggerieren. Doch auch wenn uns deren Haltung unangenehm stark an Zynismus förderndes Manipulationsverhalten erinnert: Wir müssen wohl akzeptieren, dass es bei unserem Thema tatsächlich um die Frage geht, wie man günstige

Bedingungen herstellt oder zumindest fördert. Aus unserer Sicht besteht der entscheidende Unterschied zwischen Manipulation und gelingender Führung darin, dass erstere auf Mehrdeutigkeit und emotionaler Verunsicherung beruht, letztere auf Transparenz und emotionaler Stabilisierung.[45]

Während Manipulation ihre Wirksamkeit im Verlauf ihrer Anwendung einbüßt und Misstrauen produziert, entsteht dauerhafter gemeinsamer Erfolg u. a. durch geteilte Wirklichkeit, Zutrauen und wachsendem Vertrauen. Statt eine egoistische Grundhaltung zu fördern, geht es um wechselseitige Unterstützung, geteilte Freude und gegenseitige Inspiration. Es geht um positiven Wettstreit miteinander und Loyalität.

Wir können nun unser Anliegen konkretisieren: Was muss passieren, damit wertvolle Team-Energien entstehen? Was macht aus Individuen eine erfolgreiche Gemeinschaft? Und wie lässt sich dieser Prozess durch gelungene Führung unterstützen? Es bleiben uns wohl – wenn wir Sex und Familienbande beiseitelassen – vier thematische Ansatzpunkte: Nachbarschaft, Handel, Arbeitsgemeinschaft und eine gemeinsame Geschichte.

> **Beispiel**
> Beraterkollegen sprechen manchmal von „Bewohnern" einer Organisation, wenn sie eine bestimmte, wenig leistungsorientierte Haltung von Mitarbeitern beschreiben möchten. Andere benutzen den Begriff „Silo", um solide Ab-Teilungen innerhalb des Unternehmens zu verdeutlichen. Wir selbst haben uns dabei ertappt, hin und wieder despektierlich von „Käfighaltung" gesprochen zu haben, um einen spezifischen Führungsstil zu karikieren.
>
> All diese Formulierungen beschreiben im Kern dasselbe: eine Gruppe von Menschen, die bestenfalls noch *Nachbarn* sind, statt eine Gemeinschaft zu bilden.

Es ist wohl legitim, im Management-Kontext die *Deal-Komponente* der Beziehung als Ausgangspunkt zu betrachten: Wir kommen in der Regel nicht in Wirtschaftsunternehmen zusammen, weil wir keine Freunde haben oder Zerstreuung suchen, sondern um gemeinsam unsere Existenz zu erwirtschaften. Vielleicht lässt sich auf diese Weise sogar der menschliche Ursprungsdeal umschreiben: *Wir Menschen sind zusammen, weil wir so wahrscheinlicher überleben!* Wir sind immer schon eine Arbeitsgemeinschaft – und damit sollten wir auch evolutionäre Muster finden, die für unsere Fragestellung nützlich sind. Die grundsätzliche Kooperationsbereitschaft aller Mitglieder einer Gemeinschaft bildet das Fundament des Erfolgs.[46] Warum und wodurch sollte diese aber entstehen?

---

[45] In alten Zeiten hätten unsere Vorfahren in diesem Zusammenhang vielleicht von „schwarzer und weißer Magie" gesprochen. Und sie wussten, dass beides die Beteiligten in anderer Weise verändert.

[46] *Berth*, ein ehemaliger Kienbaum-Berater, hat sich trotz der prinzipiell immensen Schwierigkeit daran gemacht, Führungserfolg zu messen und mögliche Ursachen zu identifizieren (Erfolg, 1993, Düsseldorf: Econ). Vier Jahre lang spürte er unternehmerischem Erfolg nach, um festzustellen, dass sich erfolgreiche Unternehmen vor allem durch ergänzendes Management auszeichnen. In Ansehung der eigenen Unvollkommenheit wurde hier die Nähe des anderen gesucht. Aus unserer Perspektive trifft dieser Erfolgsbaustein die Ur-Gruppe in ihrem Kern: Man tut sich für eine spezifische Aufgabe zusammen, weil man es allein nicht so gut schaffen würde. Das erfordert Vertrauen zueinander: der zweitwichtigste Faktor in *Berths* Studie.

Die erste Aufgabe wirksamen Managements sei es, für Ziele zu sorgen, meint ein populärer Autor.[47] Sollte es Fachleute geben, die die Bedeutung von Zielen für die erfolgreiche Führung bezweifeln, sind uns diese zumindest nicht bekannt.

Dennoch bewegen wir uns hier bereits einen kleinen Schritt zu weit. Wir kennen viele Unternehmen, in denen Manager klare Ziele definieren, ohne dass eine kooperationsbereite Gemeinschaft entsteht. Und dies ist nicht dadurch zu umgehen, die *Vereinbarung* der Ziele zu betonen, statt diese *vorzugeben* (böse, böse ...). An dieser Stelle wird oft schlicht etwas Wesentliches verwechselt: *Sinn* und *Ziel*! Zunächst einmal muss nämlich geklärt werden, wozu es eine bestimmte Gruppe überhaupt gibt und warum sie welche Mitglieder braucht. Eine Gemeinschaft entsteht nicht sinn-los! Unsere Ausgangsfrage lautet damit: Wann und wozu kommen Menschen zusammen?

Es erscheint vor diesem Hintergrund fast etwas amüsant, wenn die Erarbeitung einer **Mission** für das Unternehmen, als pfiffige Berater-Empfehlung betrachtet wird.[48] Im Grunde geht es hier um etwas absolut Archaisches! Warum sollten Lebewesen freiwillig etwas völlig Unsinniges tun? Wenn uns der Sinn einer Unternehmung einleuchtet, akzeptieren wir auch Ziele und Aufgaben, die wir nicht unmittelbar attraktiv finden. Besteht aber beispielsweise der Sinn darin, Pyramiden für den Unterdrücker oder maximale Tantieme für Fremde zu erwirtschaften, sieht die Sache anders aus. Ein und dasselbe Ziel (z. B. Kostenreduktion) kann – je nach **Sinn-Kontext** (z. B. Aktienwert-Erhöhung vs. gemeinsames Überleben) – völlig unterschiedliche Wirkung haben.

Tipp: Gestalten Sie einen attraktiven Sinn-Kontext
Sorgen Sie dafür, dass gemeinsame Interessen im Team spürbar sind und Einigkeit darüber besteht, warum man zusammen ist. Selten ist eine Gemeinschaft dadurch motiviert, für Außenstehende (z. B. Aktionäre) Gewinne zu erwirtschaften oder „nackte" Kennzahlen zu erreichen. Daher gehört es zur Herausforderung der Führung, ein attraktives gemeinsames Anliegen der Gemeinschaft zu identifizieren, das mit den unternehmerischen (Ziel-)Vorgaben kompatibel ist.

Also: Stellen Sie sicher, dass alle Beteiligten das „gemeinsame Mammut"[49] klar vor Augen haben. Und definieren Sie es bitte nicht nur in Kilogramm.

---

[47] *Malik, F.,* Führen, Leisten, Leben. Wirksames Management für eine neue Zeit, 2001, S. 174 ff.
[48] 2018 hat das erste Büro von Brighthouse in Berlin eröffnet. Die Tochter der Boston Consulting Group ist darauf spezialisiert, Unternehmen bei der Sinnsuche zu helfen. Studien hätten gezeigt, dass Unternehmen, die die Sinnfrage klar beantworten könnten, leistungsfähiger seien. Neudeutsch nennt sich das neue Beratungsfeld „Purpose-Beratung".
[49] Unsere Metapher für etwas, das sich nur mit anderen gemeinsam „jagen", d. h. erreichen lässt.

Nachbarschaft hat – außer möglichst wenigen Auseinandersetzungen – zunächst kein spezifisches Anliegen. Sie definiert sich schlicht über eine gemeinsame Grenze. Aus ihr wird in dem Moment etwas völlig anderes, in dem man den Anderen für etwas benötigt, z. B. den Bau einer Scheune, die Verteidigung gegen Angreifer, die Erweiterung des eigenen Speiseplans oder die Pflege eines überregionalen Bewässerungssystems. Im Vordergrund stehen nun entweder

- der *Tausch* von Waren bzw. Hilfeleistungen oder
- das *gemeinsam Hergestellte*.

Erst auf dieser Basis kann untereinander eine Vereinbarung („Deal") abgeschlossen werden: Wer sichert wem welchen Beitrag auf dem Weg zum gemeinsamen Erfolg zu? Wie sieht das *gegenseitige Leistungsversprechen* aus? Welche Form der Ergänzung untereinander ist zweckmäßig? Die Antwort darauf setzt entweder ein langwieriges Aufeinander-Einspielen voraus oder aber einen wirksamen Kommunikationsprozess im Spannungsfeld von Erwartung, Handeln und Feedback.

> **Tipp: Überlassen Sie Zu- und Vertrauen nicht dem Zufall**
> Führen Sie transparente Diskussionen im Unternehmen darüber, wer wem welches Leistungsversprechen gibt und welche Regeln gelten. Achten Sie darauf, dass keine Versprechen gegeben werden, die nicht zu halten sind. Initiieren Sie auf dieser Basis einen systematischen Feedback-Prozess.
> Also: Kompetenz, Unterstützung und Berechenbarkeit im gemeinsamen Vorgehen fördern Zu- und Vertrauen.

Um in unserer Sprachwelt zu bleiben: Wir haben innerhalb einer *Arbeitsgemeinschaft* unter *Nachbarn* (man sitzt nebeneinander im Büro) einen *Handel* initiiert: „Du sorgst zur Verwirklichung des gemeinsamen Erfolgs für x und dafür stelle ich y sicher." Das Wissen über die *gegenseitige Abhängigkeit*, der Ansporn durch die eigene *soziale Sichtbarkeit*, sowie die *geteilte Vorfreude* auf das Ergebnis motivieren dazu, den eigenen Teil des Versprechens einzuhalten. Erweisen wir uns als zuverlässig und kompetent, wächst nicht nur das einander entgegengebrachte Vertrauen, sondern auch unsere Reputation. Es entsteht Anerkennung untereinander. Das gilt ebenso für den Austausch innerhalb der Gemeinschaft (interne Kunden), wie für den nach außen (externe Kunden): einfache, transparente Zusammenhänge. Weit und breit nichts von Manipulation, komplizierten Verkaufstricks und Führungszauberei.

An dieser Stelle beginnen wir bereits, eine *gemeinsame Geschichte* aufzubauen. Sind wir froh, dass es den Anderen gibt? Setzen wir darauf, auch beim nächsten Mal wieder zusammenzuarbeiten? Vertieft sich unser Vertrauen zueinander? Fangen wir an, an diese

Gruppe zu glauben? Selbstredend wird dies auch von den Erlebnissen abhängen, die wir nach und nach teilen.

> **Tipp: Betrachten Sie Teambuilding nicht losgelöst von der gemeinsamen Arbeit**
> Überlassen Sie die Erfahrungen, die die Beteiligten miteinander machen, nicht dem Zufall. Stellen Sie kleine, spürbare Erfolge der Zusammenarbeit sicher. Feiern Sie das gemeinsam Erreichte!
> Also: Betrachten Sie Gemeinschaft als Prozess, der sich im Alltag abspielt. Bauen Sie gemeinsam etwas auf!

Sind Sie schon einmal in ein Unternehmen gekommen, das vom Wehmut bewährter Mitarbeiter gezeichnet ist, die Anekdoten von früher erzählen? Mal abgesehen davon, dass dies oft nur noch im Verborgenen geschieht: Zyniker betrachten diese Menschen als „Ewiggestrige" und fordern *moderne* Kompetenzen und Einstellungen: Sie erwarten die Fähigkeit, immer wieder in unbekannten Projektteams arbeiten zu können, hohe Mobilität, Einsatzflexibilität, Offenheit für Neues und konsequentes Loslassen von Althergebrachtem. Sie fordern das Aufgeben des Bedürfnisses nach Gemeinschaft, nach Identifikation und Gruppen-Identität. Sie negieren unseren Traum von Geborgenheit und Sicherheit, unsere Bereitschaft zur Fürsorge und zum füreinander Einstehen – und beschweren sich zugleich über sinkende Loyalität und Einsatzbereitschaft. Kommt Ihnen dabei irgendetwas merkwürdig vor?

Die spannendste Frage besteht vielleicht darin, ob solche Manager rechthaben – oder nur keinen Weg gefunden haben, Top-Leistung mit unseren Urbedürfnissen und unserem gemeinschaftsorientierten Naturell in Einklang zu bringen. Suchen sie ihn überhaupt?

5.2 Leistung: Sich auf den Wettkampf ausrichten

In Gemeinschaften entsteht nicht automatisch eine Leistungsorientierung. Das liegt schlicht daran, dass Leistung Energie verbraucht, und diese steht nicht unbegrenzt zur Verfügung. Die meisten Lebewesen investieren selten Kraft über das aktuelle Wohlbefinden hinaus. Der Mensch ist an dieser Stelle ein wenig anders, weil sich sein Zeithorizont im persönlichen Entwicklungsprozess vergrößern kann (nicht muss!).

> **Beispiel**
> Ein Manager, der aus Dankbarkeit und Fürsorge (in einem außereuropäischen Land) seinen Mitarbeitern ein Weihnachtsgeld zahlte, durfte danach einige Wochen auf ihre Arbeitskraft verzichten. Die Menschen mussten aktuell nicht mehr für ihre Existenz arbeiten – und kamen erst wieder, als das Geld verbraucht war.[50] Niemand fühlte sich dafür schuldig oder undankbar. In der Zwischenzeit hatte der Manager existenzielle Probleme, den Betrieb unter maximalem persönlichem Einsatz aufrecht zu erhalten.

---

[50] Eine Erfahrung, die uns von diesem Manager persönlich berichtet wurde.

5 Leistungsgemeinschaft: Das Team wettkampffähig machen und halten

Dennoch wird diese Welt ja nicht von Schwächlingen bewohnt, die gerade so den Tag überstehenden.[51] Wie kann das? Zunächst hat jedes Lebewesen das Anliegen, seine biologische Funktion zu erfüllen. Wir werden nicht geboren, liegen träge in der Ecke herum und sterben wieder. Wir müssen bestimmte Dinge erreichen und andere vermeiden, um unsere Lebensdauer zu verlängern. Es gibt Hinweise darauf, dass es individuelle Unterschiede dabei gibt, ob wir dabei tendenziell eher *Vermeider* (Bewahrer des Gegenwärtigen) oder *Erfolgssucher* (Gestalter) sind. Die Leistungsmotivationsforscher sprechen hier von *Furcht vor Misserfolg* oder *Hoffnung auf Erfolg*.[52] Es scheint nicht ganz einfach zu sein, die eigene Kategorie willkürlich zu wechseln.

Was wir im Einzelnen zu vermeiden bzw. zu erreichen suchen, ist teils angeboren, teils gelernt. Wir sprechen dabei von Dingen, die uns Angst machen und solchen, die uns motivieren. Wie bereits erwähnt, hat uns „Mutter Natur" zudem mit der inhaltlich eher neutralen **Freude an der eigenen Wirksamkeit** ausgestattet. Wir investieren Energie in Kunstwerke, Kreuzworträtsel, Gartengestaltung, Miniatur-Eisenbahnen usw. Haben wir irgendetwas begonnen und werden dabei unterbrochen, entsteht bei uns – oft jenseits aller Nützlichkeit – der Wunsch, das Angefangene zu Ende zu bringen.

Zudem hängt unser Einsatz spürbar davon ab, ob wir für etwas kämpfen, das für uns bedeutsam ist und mit dem wir uns selbst identifizieren (z. B. unsere Heimat). Nicht immer siegten die gut ausgerüsteten Söldner in den Scharmützeln gegen die hochmotivierten Verteidiger von Heim und Hof. Ein Sachverhalt, der dem allseits bedauerten Nachlassen von Loyalität und Wir-Gefühl in unseren Unternehmen noch eine zusätzliche Facette verleiht.

Bis zu diesem Punkt bewegen wir uns auf *der Ebene des Individuums*. Stellt sich etwas oder jemand zwischen uns und unser Ziel, erhöht ein eingebauter Mechanismus unseren Energieeinsatz – solange, bis wir unser Tun als vergeblich erleben. Im **Wettkampf** um dasselbe Ziel steigt daher unsere individuelle Leistung, sofern wir uns als wettbewerbsfähig erleben. Weltrekorde werden in der Regel in der Auseinandersetzung mit anderen aufgestellt, die schlechtesten Leistungen bei völliger Chancenlosigkeit erbracht.

> **Beispiel**
>
> In solchen Gesetzmäßigkeiten liegt der Grund dafür verborgen, dass unternehmensinterne Wettkämpfe für einige Beteiligte sehr leistungssteigernd, für andere völlig demotivierend sein können. Die unbedachten – und oft riskanten – Nebenwirkungen werden nicht selten von den Top-Leistungen Einzelner überstrahlt.
>
> Der freundschaftliche Konkurrenzkampf unter gleichstarken Menschen des Typs *Hoffnung auf Erfolg* fördert in der Regel das durchschnittliche Leistungsniveau, – solange sich jeder als Mitglied desselben Teams erleben kann.

---

[51] „Viele meiner Teammitglieder sind in ihrem spezifischen Fachgebiet stärker als ich. Ich coache sie dann, dass sie sich auch entsprechend positionieren und präsentieren können." (Interview mit *Daniel Zinner*, Head of Human Resource der AVANCIS GmbH).

[52] Damit beschreiben sie zwei sehr unterschiedliche Arten von Leistungsmotivation.

Völlig anders sieht es aus, wenn mehrere Lebewesen gemeinsam an einem größeren Ziel arbeiten, also kooperieren. Zunächst einmal erhöht soziale Aufmerksamkeit unser Energielevel. Sportmannschaften können von ihren Fans zu unglaublichen Leistungen „gepuscht" werden. Unsere Freude an der eigenen Wirksamkeit wird zur „Freude am Beitrag". Fühlen wir uns dann noch für andere verantwortlich – z. B. unseren Nachwuchs oder die anvertrauten Mitarbeiter – scheint sogar das eigene Überleben an Bedeutung zu verlieren. Wir sind bereit, an unsere (Kraft-) Grenzen zu gehen. Einige Burnouts sind nicht nur das Resultat von Ehrgeiz, sondern von auffallend starkem Verantwortungsbewusstsein. Allerdings kann gemeinsames Handeln auch die Anstrengung jedes Beteiligten reduzieren: Die Summe der Einzelkräfte aller Teilnehmer beim Tauziehen ist zumeist deutlich höher, als das was die beiden Teams leisten. Wir verlassen uns auf die Anderen, und nahezu automatisch sinkt unser Einsatz. Es ist zudem bekannt, dass sich umso weniger Menschen verantwortlich fühlen, je mehr beteiligt sind. Man spricht dabei von Verantwortungsdiffusion; etwas, das jeder kennt, der einmal eine Traube von Zuschauern tatenlos um einen Verletzten hat herumstehen sehen.

Und glauben Sie bitte nicht, dass schon Energie an sich etwas über Erfolg oder Misserfolg aussagt. Physikalisch formuliert: Energie braucht eine Richtung! Unterschiedliche Energien müssen gebündelt bzw. koordiniert werden. Diesen Punkt haben wir rund um das Thema *Gemeinsames Erfolgsmodell* bereits beleuchtet.

Mittlerweile ist wohl ersichtlich, warum es eines komplexen Regel- und Werte-Werks bedarf – d. h. kultureller und führungstechnischer Elemente – um aus Menschen eine Leistungsgemeinschaft zu machen. Es geht u. a. um einen gemeinsam getragenen Qualitätsanspruch, um Kompetenz und Motivation, um Disziplin und Ausdauer, um Wettkampfgeist und reibungsarme Arbeitsteilung, um Verantwortung und die Lenkung der vorhandenen Energien in nützliche Bahnen.

▶ Möglicherweise finden wir insbesondere rund um diese Kern-Aufgabe der Wettkampffähigkeit der Gemeinschaft sogar den *Haupttreiber* unseres evolutionären Phänomens Führung! Die Gruppen überlebten, denen es im Wettbewerb gut gelang, die hohe Komplexität rund um Gemeinschaft, Energie und Richtung in ausreichende Leistung zu übersetzen. Gelungene Führung macht dabei einen entscheidenden Unterschied!

Insofern ist es wahrscheinlich, dass die 5. Kern-Aufgabe die größten Überschneidungen mit anderen Kern-Aufgaben hat. Welche Abgrenzungen an dieser Stelle die nützlichsten sind, versuchen wir derzeit in der praktischen Arbeit mit dem evolutionären Führungsmodell weiter zu klären.

Leistungsorientierung schafft man nicht durch wilde Reden und Motivationstricks, sondern durch **Konzentration auf das Wesentliche**. Der Mitarbeiter macht sich mit Eintritt in eine Organisation freiwillig zum Teil einer zweckorientierten Kooperation. Damit hat er das Recht zu erfahren, was von ihm erwartet wird, um den gemeinsamen Erfolg zu sichern, und er hat die Pflicht, die vereinbarten Spielregeln einzuhalten.

Wir haben das als „gegenseitiges Leistungsversprechen" bezeichnet. Versuchen wir vor diesem Hintergrund, eine Checkliste zu formulieren.

- Achten Sie bei der **Zusammenstellung Ihres Teams** nicht nur auf Kompetenzen, sondern auch darauf, (a) ob jede einzelne Person zu Ihrem Erfolgsmodell passt, (b) ob sie Freude an der eigenen Wirksamkeit, (c) Verantwortungsbewusstsein und den (d) Glauben mitbringt, dass man in Ihrer Gemeinschaft mehr erreichen kann als allein.

    Im Ursprung hatten unsere Urahnen natürlich kein Auswahl-Problem. Sie lebten in einer gegebenen Gemeinschaft, und die Zusammenstellung eines Teams war nur für Projekte (z. B. eine Jagd oder einen Kampf) notwendig. Es erscheint uns naheliegend, dass hierbei in erster Linie die Fähigkeiten der Beteiligten eine Rolle spielten und es selten zu bleibenden Fehleinschätzungen kam.[53] Wie wäre man satt geworden, hätte man ein nettes und loyales, aber erfolgloses Team zusammengestellt? Und wie erging es wohl dem Pseudo-Krieger oder -Jäger, der seine Fähigkeiten heillos überschätzte?

    In aller Regel sucht der Führende kompetente, loyale und zumeist auch ähnlich denkende Gefolgsleute. Findet er Personen, die genau zu seinem Erfolgsmodell passen, dieses also von Beginn an in den wesentlichsten Punkten teilen, wird beispielsweise die 3. Kern-Aufgabe (Herstellen einer gemeinsamen Wirklichkeit) deutlich leichter. So wurden vielleicht auf dem Weg von den ursprünglichen „Zwangsgemeinschaften des Schicksals" (Familie, Sippe etc.) hin zu Freelancern, Söldner-Truppen und virtuellen Teams bestimmte Führungsaufgaben einfacher und gleichzeitig andere sehr schwer gemacht (z. B. der Aufbau loyaler Gemeinschaften).

- Investieren Sie Zeit in die Frage, welches Verhalten Ihrer Meinung nach im jeweiligen Verantwortungsbereich wirklich wertvoll ist. Je klarer, bedeutsamer und unmissverständlicher das **Erfolgsmodell** ist, desto größer ist selbstverständlich die Wahrscheinlichkeit, dass sich die Beteiligten zweckmäßig verhalten. Sagen Sie jedem, welches Verhalten Sie sich warum von ihm wünschen. Die Menschen wollen erst einmal klar und deutlich hören, was man im Rahmen des großen Ganzen von ihnen konkret erwartet! Sie fragen: Worin wird mein Beitrag bestehen? Sie wollen Information, **Orientierung** und eventuell auch **praktische Handlungsanweisungen**. Definieren und veröffentlichen Sie Leistungsanforderungen und Toleranzbereiche.

- Stellen Sie sicher, dass „**Fluchtwesen**" dort ihre Aufgabe finden, wo es um die Vermeidung von Schwierigkeiten geht. „**Gestalter**" sollten dort eingesetzt sein, wo die Gruppe Kraft zur Vorwärtsbewegung benötigt. Besprechen Sie mit den Betroffenen, was auf dem Weg zu diesem erwünschten Verhalten hinderlich sein könnte (z. B. fehlende Fertigkeiten, bestimmte Gewohnheiten, unglückliche Prozesse oder Organisationsformen). Lassen Sie so viele Hindernisse wie möglich beiseiteräumen (z. B. durch ange-

---

[53] Die Erfahrung und Empfehlung heutiger Management-Praktiker, die Besetzung von Schlüsselpositionen zur Chefsache zu machen, ist allerdings unseres Erachtens vor allem taktischer Natur. Natürlich kann eine Führungskraft auf diesem Wege die Loyalität ihres Umfeldes beeinflussen und damit ihre Machtstrukturen sichern.

passte Abläufe, Seminare, persönliche Unterstützung, Bereitstellung von Ressourcen und Macht).
- Ermöglichen Sie die Übernahme von *persönlicher Verantwortung* und lassen Sie Menschen spüren, was sie für das große Ganze geleistet haben. Frustrieren Sie nicht unnötig dadurch, dass Sie den Beteiligten das gute Gefühl vorenthalten, etwas abgeschlossen zu haben.
- Sorgen Sie für *Sichtbarkeit* – und damit auch soziale Kontrolle, Feedback und Anerkennung – der einzelnen Beiträge. Abweichungen vom gegenseitigen Leistungsversprechen sollten untereinander thematisiert werden.

Wo der Mensch etwas leisten will, das kann immer nur er selbst entscheiden. Dabei ist es einfache Realität, dass Menschen an dieser Stelle sehr verschieden handeln. Die Grundentscheidung kann keine einzige Führungskraft der Welt einem Mitarbeiter abnehmen, wenn sie nicht in Zwang oder Manipulation verfallen will! Wenn jemand allerdings seine Aufgabe „im großen Ganzen" nicht wahrnimmt, bricht er sein Leistungsversprechen. Wozu sollte er nun der Gemeinschaft nutzen?

An dieser Stelle muss gefragt werden, ob sich jemand auf Kosten der Gemeinschaft etwas herausnimmt (*Prinzip: Schmarotzertum*), eine legitime Begrenzung seiner Aufgaben vornimmt (*Prinzip: Arbeitsteilung*) oder hilfsbedürftig ist (*Prinzip: Fürsorge*). Der Umgang mit diesen unterschiedlichen Situationen bestimmt nicht unwesentlich das Leistungsniveau der Gruppe. Konsequenzfreies Schmarotzertum reduziert die Wettkampffähigkeit ebenso, wie unklare Verantwortlichkeiten. Und die Unterstützung von Hilfsbedürftigen kann das Gemeinschaftsgefühl stärken, ab einem gewissen Punkt jedoch das Überleben aller Beteiligten gefährden. Hier können harte Entscheidungen und ggfs. auch Machtworte nötig sein.

> **Tipp: Betrachten Sie Kündigungen nicht nur als juristischen Akt**
> Trennungen sollten Sie konsequent und nach transparenten Spielregeln vollziehen. Geben Sie dem Team-Mitglied im Vorfeld eine Chance, indem Sie klare Erwartungen und Erfolgskriterien formulieren, wie er die Trennung vermeiden kann.
> Also: Sowohl für die Gemeinschaft wie für den Betroffenen sollte eine Trennung nicht „aus heiterem Himmel" kommen!

Viele Führungskräfte schwören aufgrund der vielen kritischen Nebenwirkungen dem Einsatz von Macht weitgehend ab. Ihr Selbstverständnis als Führungskraft ist möglicherweise kollegial oder kooperativ, vielleicht sehen sie sich auch in erster Linie als Coach und Förderer ihrer Mitarbeiter. Und sie finden reihenweise Literatur und Seminare, die sie in diesem Selbstverständnis bestätigen. Insbesondere für Autoren, Wissenschaftler und Trainer ist es leicht, solche Bilder zu verbreiten. Die meisten von ihnen kennen nämlich den Druck gar nicht, zusammen mit Menschen (die man sich oft nicht einmal aussuchen durfte) ehrgeizige Ziele erreichen zu *müssen*. Der vertretene Grundgedanke ist zumeist in etwa: Wenn Führungskräfte werteorientierte Menschen sind, ein förderndes Klima herstellen, die elementaren menschlichen Bedürfnisse ihrer Mitarbeiter erfüllen und selbst begeistert dabei sind, kommt der Rest von ganz allein. Schön wär's! Leider ist das viel seltener der Fall als uns lieb ist.

Managern mit einer ähnlichen Haltung gelingt es selten, ein anspruchsvolles **Leistungsklima** für die Gemeinschaft herzustellen. Ihre (vielleicht sogar unbewusst vermittelte) Kernbotschaft steht dem entgegen! Sie lautet zu oft: „Wir sind hier zusammengekommen, um zu reifen und uns zu entwickeln!" Aber sind wir das wirklich? Vielleicht auf einem Campus, aber nicht in Wirtschaftsunternehmen. Hier geht es um das gemeinsame Erwirtschaften des Überlebens. Das erfordert eine *völlig andere Kernbotschaft* und ein handfesteres Rollenverständnis. Wir sind nicht in der Führungsrolle, weil wir vor allem gute Förderer sind! Wir haben die Legitimation bekommen, weil wir für Erfolg stehen. Das Unternehmen und unsere Mitarbeiter trauen uns zu, dafür zu sorgen, dass es funktioniert! Deswegen folgen sie uns.

An dieser Stelle wird allerdings deutlich, dass es auch Konflikte und Nebenwirkungen notwendiger, harter Entscheidungen gibt, die die Leistungsfähigkeit der Gemeinschaft gefährden können. Im dramatischsten Fall kommt es zu Zerfallserscheinungen im Team und zu Revolutionen.

5.3 Zusammenhalt: Interne Konflikte lebbar machen

Eine zerstrittene Horde hat in der Wildnis kaum eine Überlebenschance. Es liegt daher nahe, dass die Natur schon von Beginn an wirkungsvolle Methoden entwickelt hat, Konflikte zu reduzieren und zu schlichten. Sie sorgte dafür, dass die Mitglieder einer Gemeinschaft sich rasch auf bestimmte Rollen und Positionen einigten, diese zumeist akzeptierten und sich auf die eigentliche Arbeit (das Überleben) konzentrieren konnten. Wahrscheinlich legte oft die ganze Horde den Rivalen nahe, ihren Streit beizulegen. Völlig vergessen war dieser spätestens dann, wenn sich der Gemeinschaft Gegner von außen oder große Herausforderungen stellten. Je stärker es auf den Zusammenhalt der Gruppe in der Wildnis ankommt, desto versöhnlicher verhalten sich auch Tiere. Selbstverständlich braucht man ihnen nicht zu erzählen, worum es in letzter Instanz für sie geht. Je mehr Raum dagegen für Konflikte besteht und Energie für den internen Kampf frei ist, desto wahrscheinlicher werden diese – bis die Machtverhältnisse wieder eindeutig sind.

Eine moderne Studie weist darauf hin, dass Kooperation zur Förderung von Leistung und Produktivität weitaus wirksamer ist als Konkurrenz oder Einzelkämpfertum. Zusätzlich wurde der Beweis erbracht, dass Kooperation ohne internen Wettstreit zu besseren Leistungen und höherer Produktivität führt als Kooperation mit internem Wettstreit.[54]

---

[54] *Johnson et al.*, Effects of cooperative, competitive, and individualistic goal structures on achievement: A meta-analysis, in: Psychological Bulletin 89, 1981, S. 47–62.

Diese Tatsache passt ohne Schwierigkeit in unser evolutionärpsychologisches Bild und weitaus weniger gut zu weit verbreiteten Motivationstechniken. Sie sehen: Unsere evolutionären Wurzeln sind nach wie vor funktionstüchtig.

> **Die berühmte „Tragik der Allmende"**
>
> Ein Klassiker: Ein Dorf hat eine gemeinsame Weide, auf die jeder Bauer sein Vieh schicken kann. Wir ahnen, wie rasch es zur Überweidung kommt, da jeder aus individueller Perspektive optimiert – und das sogar tun muss, um nicht völlig zu kurz zu kommen. Das Ego ist Ausgangspunkt des Handelns!
>
> Es bieten sich drei Lösungsansätze an: a) Modell *„Wilder Westen"* (der stärkste Bauer setzt sich durch), b) Modell *„Kapitalismus"* (Privatisierung der Weide) und c) Modell *„Gelingende Führung"* (Erarbeitung wirksamer Regeln für alle Beteiligten).
>
> Nur der letzte Ansatz kann das gemeinschaftliche Überleben fördern und breit angelegtes Wohlbefinden unterstützen. Der erste Weg führt dagegen zu Diktatur, Sklaventum, Krieg und Revolutionen, der zweite fördert das Auseinanderdriften von Reich und Arm – und birgt damit ebenfalls heftige Konfliktpotenziale.

Wir können unsere Energie und Ressourcen in Konflikte bzw. Krieg untereinander investieren (sie dort verbrauchen) oder etwas Wertvolleres damit anfangen. Dadurch verschwinden nicht automatisch die natürlichen Konfliktpotenziale: Es gibt unterschiedliche Interessen, Persönlichkeiten und Stile, Erfolgsmodelle, Positionen, Vorstellungen zur Sachlage, Beiträge zum Erfolg usw. Keinesfalls sollten diese geleugnet oder verdrängt werden. Es geht für uns nicht darum, keine Auseinandersetzungen zu haben. Wir sollten aber auf dem Weg zum gemeinsamen Erfolg unbedingt zwischen unnötigen und ***notwendigen Konflikten*** unterscheiden können. Letztere sind beispielsweise all diejenigen, in denen es um maßgebliche Verstöße gegen das gemeinsame Erfolgsmodell oder definierte Spielregeln geht.

Ist eine Auseinandersetzung wirklich wichtig, muss sie so geführt werden, dass es nicht zur dauerhaften Schwächung der Gemeinschaft kommt. Man hört in dem Zusammenhang oft: Wir müssen hinterher noch miteinander „können". Die gegenseitige Abhängigkeit bleibt bestehen und die individuelle Bereitschaft zur weiteren gegenseitigen Unterstützung muss gesichert bleiben. Es sollte einen Interessenausgleich geben, Konsenslösungen sind dabei wohl weder immer möglich noch zwingend notwendig.

Als Führungskraft hat man einerseits eine besondere Verantwortung dafür, dass Regeln für allgegenwärtige Konfliktpotenziale aufgestellt werden, damit hier keine unnötigen Kräfte vergeudet werden (z. B. Umgang mit Interessens- oder Machtdifferenzen, Verteilungsregeln, Strafmaß bei Regelverstößen, Umgang mit Hilfsbedürftigen und Schmarotzern). Andererseits übernimmt man oft die Funktion des Mediators und Schiedsrichters. Die Gemeinschaft akzeptiert diese Rolle nicht nur, sie fordert sie ein.

Verstößt die Führungskraft allerdings dabei mit ihrer Lösung gegen grundsätzliches Gerechtigkeitsempfinden oder ihr Verhalten wird als willkürlich empfunden, kommt es zu Unruhen.

> **Ungeregelt lebt es sich nicht besser**
> Was passiert, wenn der Trainer einer Fußballmannschaft einen Spieler, der immer wieder den Ball mit der Hand aufnimmt, nicht vom Platz holt? Zweifellos wird das ganze Team zunehmend seinen Unmut zeigen, die Leistung wird sinken, die Rolle des Trainers geschwächt. Nimmt derselbe Trainer allerdings völlig ohne nachvollziehbaren Grund einen Spieler heraus, den die Kollegen aktuell als Bereicherung empfinden, wird sicherlich gemurrt.
>
> Während der erste Spieler vielleicht wütend und enttäuscht ist (aber mit etwas Abstand genau weiß, warum ihn die Auswechslung getroffen hat), bleibt im zweiten Fall meist allgemeine Unzufriedenheit zurück.

Wir wollen nicht den Eindruck vermitteln, Führende wären sonderlich friedvolle Wesen. Sie vermeiden unnötige Streitigkeiten ebenso wenig, wie wir alle dies tun, und sprechen Konflikte auch nicht häufiger offen an.[55] Allerdings scheinen sie diese tendenziell nachhaltiger zu lösen.

Bitte beachten Sie: Es geht hier nicht wirklich um das Thema Konflikte. Es geht darum, eine *Schwächung der Leistungsfähigkeit der Gemeinschaft* zu vermeiden bzw. zu korrigieren! Diese entstehen insbesondere dann, wenn ein Mitglied der Gruppe

- gegen das vereinbarte Erfolgsmodell handelt und sein Leistungsversprechen bricht,
- durch sein Verhalten (z. B. Egoismus, Machtmissbrauch, Kränkungen) die Bereitschaft gegenseitiger Unterstützung gefährdet und den Widerstand Einzelner oder der ganzen Gruppe auslöst oder
- an der Zersetzung der Gemeinschaft arbeitet (z. B. Intrigen, Anstiftung zur Meuterei, Hetzerei).

> **Tipp: Handeln Sie transparent und nachvollziehbar**
> Nehmen Sie nicht nur Ihre Funktion als Schiedsrichter wahr. Stellen Sie auch sicher, dass die gültigen „Spielregeln" allgemein bekannt und in ihrer Bedeutung nachvollziehbar sind. Auf diese Weise machen Sie nicht alle glücklich, aber Sie erfüllen Ihre Aufgabe und reduzieren die Wahrscheinlichkeit, dass Ihr Verhalten als willkürlich erlebt wird.
>
> Also: Regeln auf der Basis des gemeinsamen Erfolgsmodells definieren! Dafür sorgen, dass Sie eingehalten werden!

In der unternehmerischen Praxis ist kaum zu übersehen, dass sich sehr viele Manager gerade mit dieser Kern-Aufgabe der Führung stark auseinandersetzen, da sie hier große Potenziale im Wettbewerb der Unternehmen sehen. Das berühmte Wir-Gefühl – verbunden mit dem stolzen Bewusstsein, zu einer starken Gemeinschaft zu gehören – beeinflusst

---

[55] Auswertungen der CST-Management-Profiling-Datenbank (rund 500.000 Einzeldaten).

zweifellos die Leistung aller Beteiligten. „Welche Form die Führung auch hatte – ob Rotationsprinzip, Führung durch Gremien oder Einzelherrscher –, sie trug dazu bei, das gesellschaftliche Gewebe zu prägen, und zu dieser Aufgabe gehörte es auch, die Identität der Menschen zu stärken."[56] Eine solche Identität als Gemeinschaft entwickelt zu haben, kann den entscheidenden Unterschied zwischen Erfolg und Misserfolg bedeuten.

Schicksals- versus Leistungsgemeinschaften

„Wir alle kennen wohl kraftvolle Schicksalsgemeinschaften, die aus enormen Drucksituationen entstehen, wie z. B. einer drohenden Pleite oder der Gefahr eines kollektiven Arbeitsplatzverlustes. Hier tritt aber schnell wieder Entspannung ein, wenn die Lage nicht mehr akut ist. Ein attraktives Ziel weckt da schon mehr Schwung als Druck und Not. Aber auch das hat aus meiner Erfahrung rasch Grenzen. Erst die Begeisterung, mit anderen zusammen und mit vereinten Kräften ein Ziel erreichen zu wollen, lässt etwas Besonderes entstehen. Transparenz und Vertrauen spielen dabei eine große Rolle." [57]

In diesem Zusammenhang kann man sich nicht des Eindrucks erwehren, dass die derzeit in der Praxis gewählten Versuche, eine solche innere Stärke zu fördern (z. B. Loyalitätsprogramme, War for Talents, Bonussysteme, Motivationsveranstaltungen, Erhöhung des internen Wettkampfes etc.) bestenfalls am Kern des Themas vorbeigehen, ärgstenfalls kontraproduktiv wirken. Für die nächste Kern-Aufgabe scheinen dagegen deutlich bewährtere Erfahrungen vorzuliegen.

6   Lebensraum: Das Biotop der Gemeinschaft sicherer machen

Sign Out

Dieses Kapitel hat für Sie „handwerklich" weniger Relevanz, wenn
- Ihr Umfeld großes Interesse daran hat, dass Ihr Team erfolgreich ist,
- Ihre Mannschaft von wesentlichen Seiten Unterstützung erfährt,
- Ihnen für die gemeinsame Aufgabe ausreichende und verlässliche Ressourcen zur Verfügung stehen,
- das Image Ihres Verantwortungsbereiches sehr gut ist,
- man Sie als einflussreichen Diplomaten und Netzwerker für Ihr Team charakterisieren kann.

Leben, Entwicklung und Sterben finden stets in spezifischen Umwelten (Biotopen) statt. Wir Menschen gehören zu den wenigen Wesen, die sich an unterschiedlichste Bedingungen anzupassen verstehen. Auf diese Weise haben wir dafür gesorgt, dass man uns in nahezu jeder Region dieser Welt antreffen kann. Unser sogenannter Erfolg ist dabei so unübersehbar, dass man gerne vom *Anthropozän*[58] spricht: das Zeitalter, in dem der Mensch

---

[56] *Moffett, M.W.*, Was uns zusammenhält. Eine Naturgeschichte der Gesellschaft, 2019, S. 445.
[57] Zitate aus einem Interview von 2013 mit *Roland Keppler*, CEO von Europcar Interenational (Paris).
[58] *Crutzen, P.J., Davis, M., Mastrandrea, M.D., Schneider, S.H., Sloterdijk, P.*: Das Raumschiff Erde hat keinen Notausgang. Energie und Politik im Anthropozän. Suhrkamp, Berlin 2011.

6 Lebensraum: Das Biotop der Gemeinschaft sicherer machen

zu einem der wichtigsten Einflussfaktoren auf die biologischen, geologischen und atmosphärischen Prozesse auf der Erde geworden ist. Ursache dafür ist die Tatsache, dass unsere Art irgendwann begann, von der Anpassung an die Umwelt auf deren aktive Gestaltung umzuschwenken! Hominide Gemeinschaften haben sich

- im Umfeld *geschickt eingerichtet* und
- ihr biologisches und physikalisches (später auch das soziale) Umfeld zunehmend *gezielt beeinflusst*.

Der Wettbewerb der Gemeinschaften findet in der Natur letztlich über diese beiden Strategien und deren differenzierte Ausgestaltung statt. Selbstredend, dass sich damit für Führende hier ein Arbeitsfeld auftut. In diesem Feld beginnen wir uns dann jedoch auch zunehmend von festgelegten evolutionären Mustern zu entfernen. Dass wir sie nicht ganz verlassen, hat damit zu tun, dass natürlich auch die kulturelle Seite unseres Miteinanders biologischen Gesetzmäßigkeiten unterliegt.

Die Ur-Aufgabe der Führung ist jedenfalls ohne Berücksichtigung des jeweiligen Biotops nicht zu erfüllen. Von der Rodung einer Urwaldlichtung über die politische Hochzeit bis zur Lobbyarbeit bietet sich hier ein breites Spektrum möglicher Maßnahmen, den Lebensraum der eigenen Gruppe günstiger zu gestalten.

Interessanterweise bewegen wir uns hier in einem Grenzgebiet zwischen Überleben und Ethik. Wann wurde Rodung zur Umweltzerstörung? Wie viele Menschen wurden bisher nicht in Kriegen getötet, weil zwei junge Thronfolger zwangsverheiratet wurden? Können wir einschätzen, ab wann Lobbyarbeit zur Erpressung und Bestechung wird? Wie viele Gemeinschaften gehen ein, weil sie das Vertreten ihrer Interessen nach außen vernachlässigt haben? Natürlich können wir solchen Fragen in unserem Kontext nicht annähernd gerecht werden. Wir halten es jedoch für grundsätzlich wertvoll, unser physikalisches, biologisches und soziales Umfeld als *Mit-Lebensraum* zu betrachten und nicht als *Selbstbedienungsladen* oder *Kriegsgebiet*. Kooperation und Symbiose sind für uns wesentliche Kernelemente. Damit ergänzen wir die beiden zuvor identifizierten Grundstrategien (Anpassung und Beeinflussung) um eine Dritte:

- Die gemeinsame *Gestaltung eines größeren Ganzen*!

Als die ersten Bakterien sich zu einem Verbund zusammenfanden und eine neue Lebensform schufen, folgten sie keinem Plan. Wir sind dagegen in der Lage, solche Entwicklungen denkend vorwegzunehmen und sie experimentell zu testen. Wir haben die Chance, unser Biotop zu erforschen und unsere Welt zu verstehen. Führungskräfte müssen diese Möglichkeiten professionell nutzen!

▶ Der Erfolg jeder Gemeinschaft definiert sich durch ihr Verhalten innerhalb der eigenen Umwelt (Positionierung, Vernetzung, Einflussnahme etc.). Gute Führung überlässt dies nicht dem Zufall!

Die höchste Kunst besteht an dieser Stelle darin, mit anderen Bewohnern unseres Biotops eine gemeinsame Strategie des Überlebens zu entwickeln, d. h. ein größeres Ganzes zu schaffen.

Kriege und Kooperationen

Also gab es die Fremden wirklich. Die beiden Späher von Glatter's Clan hatten wieder von den unbekannten Spuren auf den Anhöhen erzählt. Warum hatten die KleinenMenschen, die benachbarte Gruppe im Hügelland, sie nicht aufgehalten? Man hatte nirgendwo Kampfspuren gefunden.

Die Männer saßen seit der Dämmerung in hitziger Diskussion beratend zusammen. Der Wohlstand der Gruppe, den sie sich durch ihr Geschick mit den Herden geschaffen hatten, lockte immer wieder gierige Fremde an. Bisher sicherte vor allem die Größe des Clans sein Überleben. Die Angreifer aus dem Norden hatten ihre Unterzahl jedoch oft mit erschreckender Kampfkraft ausgeglichen und viele getötet. Glatter war zu jener Zeit zu Ansehen gekommen, spürte aber auch, dass diese Mal etwas anders war. Ihn irritierte vor allem die Stille, in der die Fremden aufgetaucht waren. Nur Geister konnten so unsichtbar durch die Reihen der Nachbarn gelangen – oder dermaßen lautlos töten! Man wusste einfach zu wenig. Und Verhandlung war besser als Blut, Hass und Trauer. Die Uneinigkeit in der Gruppe verschaffte ihm zwei Nächte Zeit, seinen Plan wieder und wieder in die Runde zu werfen.

Acht Sonnenzyklen später jagen die Kinder von Glatter und SonnenHaar mit den dunklen Spielkameraden der KleinenMenschen durch die Hügel. Die blonde Frau mit den Wasseraugen vermisst immer noch manchmal den weiten Blick über das Meer ihrer fernen Heimat. Und Glatter lacht am lautesten, als er am Abendfeuer wieder einmal von ihrer ersten Begegnung erzählt und wie der „Geist" später sein Weib wurde. Währenddessen schnüren die Händler des Clans ihre Ballen und stellen die kleine Herde Jungtiere für ihre zweiten Reise zum Wasservolk zusammen. Wohlhabend sind alle geworden – und mutiger!

Wir wissen nicht, was damals in diesen acht Jahren zwischen dem Auftauchen der Fremden und der Vorbereitung der zweiten Handelsreise geschah. Es ist jedoch anzunehmen, dass die Horde von Glatter nicht kopfüber in den Kampf gegen die Unbekannten gezogen war. Was absolut nicht als selbstverständlich zu betrachten ist.

Der berühmte Anthropologe *Jared Diamond* weist darauf hin, dass Mitglieder kleiner Gesellschaften selten oder nie Fremden begegneten, „… denn in ein unbekanntes Gebiet zu reisen, dessen Bewohner man nicht kennt oder mit denen man nicht verwandt ist, wäre geradezu Selbstmord. Trifft man zufällig einen Fremden auf dem eigenen Territorium, muss man annehmen, dass diese Person gefährlich ist. Angesichts der Gefahren bei Reisen in unbekannte Gebiete handelt es sich bei Fremden aller Wahrscheinlichkeit nach um einen Kundschafter, der einen Überfall oder einen Mord vorbereiten will, oder er hat das Revier betreten, um zu jagen, Ressourcen zu stehlen oder eine heiratsfähige Frau zu entführen."[59]

---

[59] Diamond, J., Vermächtnis. Was wir von traditionellen Gesellschaften lernen können, 2012.

Überlegen Sie, wie viel Vorsicht und Geschick im Umgang miteinander nötig war, um aus solchen gefährlichen Fremden gute Nachbarn oder gar Handelspartner werden zu lassen. Halten Sie sich vor Augen, was für eine Leistung es für unsere Vorfahren gewesen sein muss, irgendwann mit Menschen, die nicht zur eigenen Sippe gehörten, arbeitsteilig zusammenzuarbeiten. Und heute? Wir reisen in fremdartige Kulturen, sitzen entspannt auf engstem Raum mit Unbekannten in einem Café und arbeiten mit oft wechselnden Vertragspartnern zusammen. Dabei setzen wir im Großen und Ganzen darauf, dass alles gut geht. Äußern wir unsere intuitive Furcht vor Fremden, müssen wir unsere Sorge sogar zunehmend ethisch verantworten (Stichwort: Rassismus). Ganz freimachen können wir uns von Voreingenommenheiten aber vermutlich nicht: „Wir haben uns zwar von kleinen zu riesigen Gesellschaften entwickelt, gleichzeitig haben wir uns aber eine geradezu gespenstische Wahrnehmung dafür bewahrt, wer dazugehört und wer nicht."[60]

Etwas einfacher war es wohl stets, sich mit dem nichtmenschlichen Umfeld zu arrangieren, das für uns immer schon zum Teil Lebensraum und zum Teil Ressource darstellte. Hier besteht die Herausforderung darin, a) tagtäglich alles zu haben, was zum Überleben nötig ist und b) vorzusorgen, dass sich dies auch in absehbarer Zeit nicht ändert. Letzteres stellt dabei nicht nur ein Beschaffungs- sondern immer wieder auch ein Verteidigungsproblem dar. Wird es gelöst, entsteht Raum für weitere Entwicklung. So gewann das menschliche Leben in den ersten Städten dank der schützenden Mauern eine neue Dimension; „… plötzlich erscheint es natürlicher, sich mit Dingen zu befassen, die über die Lebensspanne des Einzelnen hinausgehen … Der Preis, den wir dafür zahlen, dass wir nicht mehr von den Launen der Natur abhängig sind, ist die Abhängigkeit von unseren Gesellschaften und Zivilisationen."[61]

In den ersten Jahren nach der Geburt des *Evolutionären Führungsansatzes* haben wir rund um dieses Thema von der Kern-Aufgabe **Außenpolitik** gesprochen – und es damit aus heutiger Sicht zu sehr eingegrenzt. Trotzdem macht es uns Freude, dass die beiden Wirtschaftspsychologen *Ferris* und *Blickle* in einer Veröffentlichung[62] die Führungskraft als Politiker thematisieren. Seit einigen Jahren erforschen die beiden Autoren das *Konzept der politischen Kompetenz* und belegen deren Bedeutsamkeit. Ihrer Ansicht nach besteht diese aus vier Komponenten:

- andere ***verstehen*** können
- andere ***beeinflussen und überzeugen*** können
- ***Verbindungen zu einflussreichen Personen*** inner- und außerhalb der eigenen Organisation aufbauen, pflegen und nutzen können
- ***Vertrauen zur eigenen Person*** herstellen und erhalten können

---

[60] *Moffett, M.W.*, Was uns zusammenhält. Eine Naturgeschichte der Gesellschaft, 2019, S. 23.
[61] *Tomas Sedlacek*, Die Ökonomie von Gut und Bösen, S. 46.
[62] Fit of political skills to the work context: A two-study investigation, in Applied Psychology: An international Review, 61/2, 2012, S. 295–322.

Warum sollten diese Fähigkeiten nicht von Anbeginn unseres Miteinanders bedeutsam gewesen sein? Schließlich waren sie schon immer notwendig, um die existenziell bedeutsamen Aufgaben des Miteinanders zu bewältigen, die sich unseren Ur-Ahnen stellten.

Unsere eigenen Studien[63] zeigen, dass diese Kern-Aufgabe sehr vernachlässigt ist, um genau zu sein: im Vergleich zu den anderen Aufgaben geradezu unendlich abgeschlagen. Einerseits liegt dies daran, dass sich viele Führungskräfte nicht für sonderlich diplomatisch, repräsentativ, fürsorglich und einflussreich halten. Sie sind überzeugt, dass diese Aufgabe einfach nicht ihrem Naturell entspricht. Andererseits unterschätzen sie schlichtweg völlig deren Bedeutung. Während sie sich vielleicht noch im möglichen Rahmen um die materiellen und finanziellen *Ressourcen* für ihr Team bemühen, sind sie bei den Themen *Einfluss* und *Einbindung* sehr rasch am Ende ihres Repertoires angelangt. Vielleicht spielt auch ein dritter Aspekt noch eine Rolle: Viele Manager glauben, diese Aufgabe wäre für die eigene Hierarchie-Ebene noch nicht so wichtig. Eine brisante Einschätzung!

> **Tipp: Strategisches Networking gilt für jeden**
> Egal auf welcher Hierarchie-Ebene Sie sich der Führungsaufgabe stellen: Organisieren Sie mindestens ein Strategie-Meeting im Jahr mit Ihrer Mannschaft, um über ihre Pläne in Bezug auf die Themen Einbindung im Unternehmen, Schnittstellen und Einfluss nachzudenken.
>
> Also: Jede Kern-Aufgabe der Führung hat für jede Führungsebene Relevanz – nur die Ausgestaltung sieht unterschiedlich aus!

6.1 Ressourcen: Den Verhaltensspielraum der Gemeinschaft erhöhen

Jedes Lebewesen muss seine Existenz erwirtschaften oder ist darauf angewiesen, dass andere dies für es tun. Wir müssen arbeiten, schmarotzen oder werden gepflegt und unterstützt. Wenn uns keine Ressourcen (z. B. Sauerstoff, Wasser und Nahrung) zur Verfügung stehen, endet unser Dasein sehr rasch. Paradies und Schlaraffenland, das Märchen vom Goldesel, der Mythos des ewigen Füllhorns oder banaler: der Traum vom Lottogewinn und der Millionen-Erbschaft! Sie alle bezeugen, dass Ressourcen uns üblicherweise nicht in den Schoß fallen. Wir können über die Reduktion von Nahrung oder Sauerstoff den Verhaltensspielraum eines Menschen arg einengen. Gleichzeitig sind wir überzeugt, dass wir faszinierende Dinge tun könnten, wenn wir z. B. nur genug Geld hätten. Sicherlich braucht es keiner weiteren Worte, um unser Thema hier einzuführen.

---

[63] Seit vielen Jahren diagnostizieren wir im Rahmen des CST-Management-Profilings (vgl. Teil III: Persönlichkeit und Führung) die individuelle Disposition von Führungskräften, um zu sehen, welche Kern-Aufgaben ihnen in welchem Ausmaß „liegen".

6 Lebensraum: Das Biotop der Gemeinschaft sicherer machen

Auch eine Gemeinschaft hat echte Probleme, wenn ihr die notwendigen Ressourcen für die Zielerreichung fehlen. Daher lauten unsere Fragen hier: Was kann eine Gemeinschaft tun, um den Zugang zu notwendigen Ressourcen zu stabilisieren? Welche Rolle kommt dabei der Führung zu?

> **Tipp: Geld ist wie Sauerstoff**
>
> Top-Manager sind mehr und mehr mit der Beschaffung von Finanzmitteln für ihre Organisation beschäftigt. Ob Bankgespräche, die Suche nach Investoren oder die Vorbereitung des Unternehmens auf den Börsengang: Kann es gut und richtig sein, dass die oberste Führung einer Organisation den größten Teil ihrer Aufmerksamkeit dieser einzelnen Facette von Kern-Aufgabe Nr. 6 widmet? Auf der anderen Seite: Was wäre, wenn sie es nicht tut?
>
> Reduzieren Sie auf jeden Fall Ihre Führungsarbeit nicht auf die Beschaffung von Finanzmitteln. Existenzieller Not muss mit aller Kraft begegnet werden, danach muss es aber rasch wieder um die Frage gehen, *„wie man die Gemeinschaft zum Funktionieren bringt"*.
>
> Sollten Sie über Monate hinweg schwerpunktmäßig mit Finanzierungsproblemen ausgelastet sein, ist zweierlei entscheidend: 1.) Sie brauchen Vertraute, die Sie zwischenzeitlich bei den anderen Führungaufgaben erfolgreich entlasten und 2.) eine grundlegende Änderung der Gesamtstrategie Ihrer Organisation!
>
> Also: Immer das gesamte Spektrum Ihrer Führungsaufgaben im Auge behalten!

Nun dürfen wir bei der Frage der Ressourcen-Sicherung natürlich nicht nur die Unternehmensfinanzierung im Kopf haben. Wohl die wenigsten Manager sind damit direkt befasst. Denken wir vielmehr an die Sicherstellung eines zweckmäßigen Arbeitsplatzes für den Mitarbeiter, das Engagieren für eine dienliche Software, das Ringen um mehr personelle Ressourcen oder das Verteidigen eines Projekt-Budgets.

Grundsätzlich sehen wir folgende Möglichkeiten, das Überleben der Gemeinschaft in Bezug auf die für sie notwendigen Mittel sicherer zu machen. Sie alle haben – wie jedes andere Verhalten auch – ihre eigenen, spezifischen Nebenwirkungen.

- Eine ***besorgte Gemeinschaft*** wird darauf achten, von begrenzt vorhandenen Ressourcen nicht zu abhängig zu sein und ihre Quellen geheim zu halten. Wenn ich als Familie in Notzeiten einen größeren Nutzgarten anlege, um eigene Nahrungsmittel zu produzieren und (geschützt vor hungrigen Augen) eine kleine Kaninchenzucht im Wohnzimmer beginne, habe ich diesen Weg gewählt. Ebenso gilt dies, wenn ich Werkstoffe durch preiswertere Alternativen ersetze, ein „Schwarzes Lager" angelegt habe oder straffe Kostenspar-Programme in der Organisation umsetze.

  Nebenwirkungen: z. B. ein Gefühl des Notstands in der Gemeinschaft, Misstrauen im engeren Umfeld, Gefährdung früherer Beziehungen.

- Eine *weitsichtige Gemeinschaft* wird darauf achten, in Zeiten des Überflusses Rücklagen zu bilden. Wann begannen unsere Ur-Ahnen, sich bei Jagderfolg nicht nur den Bauch vollzuschlagen, sondern sich über Haltbarmachung und Lagerhaltung Gedanken zu machen? Wir wissen mittlerweile, dass bei diesem Thema der Übergang zur agrarischen Lebensweise ein massives Umdenken bewirkte. Die Mentalität des Bauers und Gärtners unterscheidet sich von der des Jägers. Auch die ersten großen Städte (vor ca. 6000 Jahren) hatten einen Teil ihrer Attraktion durch gemeinsame Vorratshaltung. Welchen Einfluss hat es wohl heute, wenn Konzernmütter und Finanzgesellschaften jeden Überfluss direkt abziehen? Fühlen wir uns an Zeiten erinnert, als Herrscher hohe Abgaben eintrieben?

    Nebenwirkungen: z. B. Angst vor und Attraktion für räuberische Gemeinschaften, Gefühl des Wohlstands in der Gemeinschaft, Lager- und Bewachungsaufwand, Misstrauen gegenüber Fremden.

- Eine *starke, mächtige Gemeinschaft* kann sich Ressourcen einfach nehmen. Sie können sich vorstellen, dass es gerade in „Symbiose" zur lagerhaltenden Strategie des Überlebens anderer Gemeinschaften durchaus funktioniert, zu den Räubern zu gehören. Es scheint selten zu sein, dass Stärke nicht zu einseitigem Ge- bzw. Missbrauch der eigenen Möglichkeiten genutzt wird. Dies mag der Grund dafür sein, dass wir ein natürliches Bedürfnis nach der Begrenzung der Macht anderer zu haben scheinen. Insbesondere innerhalb von Gemeinschaften haben wir kulturell die unterschiedlichsten Lösungen dafür entwickelt.

    Nebenwirkungen: z. B. Größenwahn und Überheblichkeit, Machtmissbrauch, Gefühl der Sicherheit und Sorglosigkeit, Misstrauen den Schwachen und potenziellen Revoluzzern gegenüber, hohe „Rüstungsausgaben".

- Eine *geschickte Gemeinschaft* wird ihre Ressourcen und deren Quellen pflegen. Nicht alle gesammelten Eier auszuschlürfen, sondern den Vogelpaaren stets einige zu lassen, hat mit Respekt vor dem Lebendigen zu tun – und/oder mit dem Wissen um biologische Reproduktionsprozesse. Auch Unternehmen könnte man sicherlich plakativ in „Farmer" und „Verbraucher" einteilen.

    Nebenwirkungen: z. B. dauernde Verantwortung und Arbeit, Gefühl von Eingebunden-Sein und Sicherheit, Wachsamkeit gegenüber Räubern.

- Eine *soziale Gemeinschaft* wird fördern, dass sich die Mitglieder untereinander mit Ressourcen aushelfen. Da sich in früheren Zeiten Fleisch nicht haltbarmachen ließ, war es absolut sinnvoll, dass der erfolgreiche Jäger großzügig verteilte. Auf diese Weise gewann er Ansehen und Sicherheit – für den Fall, sich bald selbst über Nahrung freuen zu müssen, die andere Mitglieder beschafft hatten. Das Unternehmen, in dem sich unterschiedliche Geschäftsbereich zu verschiedenen Zeiten geschickt quersubventionieren, handelt ähnlich.

    Nebenwirkungen: z. B. Gefühl von Geborgenheit, Wachsamkeit und Konsequenz im Umgang mit Schmarotzern, Ur-Vertrauen.

Diese verschiedenen Varianten (und mögliche Kombinationen) dürfen wir uns durchaus als Strategien vorstellen, wenn es um eine bewusste Entscheidung der Gemeinschaft für bestimmte Nebenwirkungen geht. Denn genau dieses *Bewusste* macht den Unterschied zwischen guter und begrenzter Führung aus.

Letztlich spiegeln all diese Varianten den Versuch wider, nicht mehr so abhängig von Zufällen und situativen Einflüssen zu sein. Während z. B. das Überleben der kleinen Gemeinschaften von Jägern und Sammlern massiv davon abhing, was die Natur ihnen jeweils zu bieten hatte, schufen sich die ersten Bauern einen größeren Spielraum. Der Preis war allerdings hoch: sie mussten sich stärker abplagen, Krankheiten nahmen zu, die Gefahr durch Räuber wuchs und über Jahrtausende gingen auch unsere Fähigkeiten verloren, uns in schwierigen Zeiten flexibel und mobil „durchzuschlagen". Sicherlich hatte die Wende hin zur agrarischen Lebensweise unterschiedlichste Ursachen. Lust und Freude am damit verbundenen Alltag gehörten vermutlich nicht dazu.

6.2 Einfluss: Die Kontrolle über das Biotop erweitern

Dadurch, dass unsere Pflanzen anbauenden Ur-Ahnen ihre Existenz nicht mehr in massivem Ausmaß dem Schicksal überließen, wurden sie Schritt für Schritt stärker. „Die gesamte Kulturgeschichte wurde von dem Bemühen bestimmt, so unabhängig wie möglich von den Launen der Natur zu werden."[64] Wir nehmen das mit der „Erde untertan machen" offenbar sehr ernst und behaupten in der Regel, dass sich *Kraft und Größe* dabei nicht als beste Strategie in der Evolution erwiesen haben. Was haben Führende seither nicht alles getan, um die Kontrolle über ihre Welt zu erweitern: Sie haben gekämpft und experimentiert, infiltriert und manipuliert, Bündnisse geschlossen, gepokert und geblufft.

Dinosaurier: Vorsicht mit abfälligen Äußerungen

Die Giganten der Urzeit sind nach wie vor weit oben auf der ewigen Liste der „Herren der Welt". 170 Millionen Jahre haben sie diesen Planeten beherrscht und offenbar wurden sie nicht von einem Erdbewohner besiegt – sondern von einem (zumindest aus ihrer Sicht) dummen Zufall.[65] Angeführt wird die ewige Liste übrigens von Bakterien!

Wir Menschen bringen es gerade auf großzügig berechnete 2,5 Millionen Jahre. Es ist ein wenig zu früh, um hochmütig auf die Dinosaurierer herabzusehen.

Unsere Art bildet sich viel auf ihre Intelligenz ein und sieht hier die wertvollste Überlebensstrategie. Abwarten. Der Wettkampf läuft noch! Wie Sie vermutlich mittlerweile unschwer erkannt haben, gehen wir davon aus, dass (un-)wirksame Führung dessen Ausgang wesentlich mitbestimmen wird. Halten wir an dieser Stelle fest:

- Eine Form, die eigene Kontrolle zu erhöhen, besteht in größerem *Wissen*. Wenn mir bekannt ist, welche Zugaben einen Acker fruchtbarer machen, steigt mein Wohlstand.

---

[64] *Tomas Sedlacek*, Die Ökonomie von Gut und Böse, S. 44.

[65] Vermutlich spielten ein gigantischer Kometeneinschlag und dessen Auswirkungen auf das Weltklima hierbei eine Schlüsselrolle.

Wenn ich Kenntnis darüber habe, was meine Feinde planen oder der morgige Tag bringt, baue ich einen Vorsprung auf. Welche Bezeichnungen die Wahrsager, Astrologen, Spione, Metaphysiker, Berater, Trendforscher und Seher im Laufe der Menschheitsgeschichte auch immer hatten: ihre Rolle war stets begehrt – und noch gefährlicher als die ihrer Arbeitgeber. Versagten ihre Empfehlungen und Aktionen, waren sie entweder als Scharlatane entlarvt oder zumindest beliebte Sündenböcke. Heute ist Vorsprung durch Wissen etwas sehr Schweres: Während die Verbreitung bekannter Informationen nahezu nichts kostet und sehr schnell erfolgen kann, erfordert die Erarbeitung neuer Informationen oft gewaltige Investitionen. Und auch unsere modernen „Seher" sind schlauer geworden: Sie ergänzen ihre Vorhersagen pfiffig mit Formulierungen, im Stil von „*unter der Voraussetzung, dass die Rahmenbedingungen stabil bleiben*". Letzteres ist natürlich nie der Fall!

Vermutlich bedarf es keiner Tipps, wie sich das Wissen über das eigene Biotop erweitern lässt. Die Welt ist hier voller Anbieter und das Problem besteht eher darin, relevantes Wissen zu identifizieren und noch wichtiger: daraus bedeutsame Bilder zu schaffen (*In-Formation*).

- Eine andere Form der Kontrollmöglichkeit besteht darin, über die Macht der **Durchsetzung** zu verfügen. Viele Jahrhunderte wurde das Gesicht unserer Welt von Eroberungskriegen, dem brutalen Eintreiben von Steuern, von Raubzügen und Machtkämpfen geprägt. Welches Unternehmen träumt nicht – mehr oder minder heimlich – davon, über eine unangreifbare Monopolstellung zu verfügen, Konkurrenten auszuradieren und neue Märkte zu erobern? Andererseits besitzen wir Menschen ein feines Gespür dafür, wann Machtpositionen anderer zu stark werden und entwickeln Gegenreaktionen. Dadurch war diese Strategie nie so erfolgreich, wie es die von ihr ausgehende Attraktion suggeriert. „Selbst in der Ära der sogenannten amerikanischen Hegemonie führten die Versuche der Amerikaner, durch ihre militärische Übermacht oder durch Wirtschaftssanktionen Veränderungen in anderen Ländern herbeizuführen, nur in einem Fünftel der Fälle zum Erfolg ... Planungsstäbe der U.S. Army plädieren ... dafür, nicht mehr so große Erwartungen in Technologie, lineare Planung und Zentralisierung zu setzen."[66]

Wir zweifeln nicht daran, dass es für Führungskräfte interessant ist, die Macht und das Durchsetzungsvermögen ihrer Organisation zu vergrößern. Nur darf der Begriff „Einfluss" darauf nicht reduziert sein!

- Die stärkste und zugleich flexibelste Form der Einfluss-Erhöhung besteht darin, der eigenen Gemeinschaft **übergeordnete Bedeutung** zu verschaffen. „Nach herkömmlicher Auffassung liegt die größte Macht bei den Ländern, die die kampfstärksten Streitkräfte besitzen; im Informationszeitalter könnte sie jedoch bei den Staaten (oder nichtstaatlichen Akteuren) liegen, denen die beste Selbstdarstellung gelingt ... Eine große Strategie beginnt mit der Sicherung des Überlebens, sollte sich aber jenseits dieses

---

[66] *Joseph Nye*, Macht im 21. Jahrhundert, S. 229/74.

Ziels auf die Bereitstellung öffentlicher Güter konzentrieren … Ein Imperium ist leichter zu regieren, wenn es sich nicht nur auf die harte Macht von Zwangsmitteln stützen kann, sondern auch auf die weiche Macht der Attraktion."[67] Insgesamt kann man wohl feststellen, dass der Einfluss umso größer ist, je mehr Menschen a) selbst davon zu profitieren meinen (wie Millionen Anhänger von Apple belegen) und b) die Anliegen einer Organisation teilen (Spenden Sie für Greenpeace o. ä.?).

Wir schenken – aus nachvollziehbaren Gründen – den Menschen, Organisationen und Gemeinschaften Einfluss, die die Anliegen des Allgemeinwohls auf sozial geschickte Weise voranbringen. Dann finden wir es auch absolut in Ordnung, wenn diese selbst ebenfalls profitieren. Einen solchen Einfluss für egoistischere Ziele zu missbrauchen, erweist sich offenbar immer wieder als Versuchung. Und dann reagieren wir empfindlich, fühlen uns manipuliert und ausgenutzt. Wir erteilen die Höchststrafe: Misstrauen, Distanzierung, Rache!

Das archaische Fundament der Nachhaltigkeit

Unsere Vorfahren haben vermutlich gar nicht in einer „Welt der Ressourcen" gelebt. Ihr Biotop bestand für sie aus „Wesenheiten" (denen man entsprechend zu begegnen hatte), nicht aus technisch zu beherrschender toter Materie und einem lebendigen Selbstbedienungsladen. Damit stand bei ihnen die Grundhaltung der Interaktion und Beziehungspflege im Mittelpunkt.

„Vieles, was man heute noch bei sogenannten primitiven Völkern beobachten kann, Opfergaben an die Naturgeister, ja selbst Dank an das Jagdwild dafür, dass es uns sein Fleisch überlässt, beruht auf dem Verständnis, in einer Welt zu leben, in der Austausch, Geben und Nehmen, die eigentliche Existenzgrundlage ist."[68]

Die reichsten Länder der Welt können heute ihren Wohlstand nur halten, wenn sie sich den Zugriff auf wesentliche Rohstoffe sichern, d. h. die Kontrolle über Ressourcen bewahren. Insofern kann man den politischen Führern dieser Länder zumindest nicht vorwerfen, diesen Teil ihrer Führungsaufgabe zu vernachlässigen. Was vielen zu schaffen macht, hat eher mit der nächsten Facette von Kern-Aufgabe Nr. 6 zu tun: Sind wir, die wir in reichen Ländern leben, die Schmarotzer der Weltgemeinschaft? Missbrauchen wir unsere Macht?

6.3 Einbindung: Aus Fremden Verbündete machen

In dem Maße, in dem man sich der gegenseitigen Abhängigkeiten bewusst wird, müssen Führende lernen, nicht nur Macht *über* andere, sondern auch Macht *mit* anderen auszuüben. *Nye* nennt dies „smart power" und betont, dass dies stimmige Strategien und intelligentes

---

[67] *Joseph Nye*, Macht im 21. Jahrhundert, S. 14/305/317.
[68] *Manfred Drenning*, Tauschen und Täuschen, S. 26.

Führen voraussetzt. Er weist darauf hin, dass wir unsere Aufmerksamkeit stärker auf Kontexte und Strategien richten müssen, weil es eben nicht auf Ressourcen, sondern auf Ergebnisse ankommt.[69]

Im Grunde ist die Facette „Einbindung" theoretisch nicht weiter kompliziert. Wir müssen nichts grundlegend Neues in unsere Überlegungen einführen. Sowohl Individuen als auch Gemeinschaften sind in soziale Kraftfelder eingebunden. Wir haben nicht nur Sympathisanten um uns herum und sind selten nur von Feinden umgeben. Es gibt vielleicht einige wenige Aufgaben, die wir völlig unabhängig von äußeren sozialen Einflüssen bewältigt bekommen, bei anderen benötigen wir Hilfe oder zumindest Neutralität. Unsere Rolle im sozialen Kraftfeld wird dabei von unserem konkreten Verhalten und unserem Ruf beeinflusst.

Neu ist an dieser Stelle nur, dass wir diese Grundprinzipien vom Miteinander *innerhalb* der Gemeinschaft auf das Miteinander *zwischen* Gemeinschaften übertragen. Das ist insofern komplizierter und aufwändiger, weil andere für uns zunächst Fremde sind – im Gegensatz zu unseren Gruppenmitgliedern. Wir sind jedoch überzeugt, dass an dieser Stelle dieselben Gesetzmäßigkeiten bedeutsam sind, und wir haben es in dieser Disziplin weit gebracht: „In keiner anderen Spezies können zwei Individuen, die sich noch nie zuvor begegnet sind, zu beider Nutzen Güter oder Dienstleistungen tauschen."[70]

Wir bewegen uns damit plötzlich auf dem Spielfeld der Diplomaten, Gesandten, Händler und Mediatoren, denn das Gleichgewicht zwischen Konkurrenz und Kooperation stellt sich nicht von selbst ein.[71]

▶ Der *Tausch* (z. B. von Hilfe und Objekten) diente bereits in den Ursprungsgesellschaften der Sicherung des Überlebens durch soziale Beziehungen. Es wurde selbst dort getauscht, wo jeder das Gleiche hatte.

Arbeitsteilung und *Spezialisierung* fördern dabei den Wohlstand der Beteiligten. Dagegen ist ein charakteristisches Merkmal von Armut eher die Rückkehr zur Autarkie.

Wir sollten nicht übersehen, dass die Evolution keine Reinformen des Altruisten bzw. Schmarotzers hervorgebracht hat, sondern uns mit einer breiten Skala von Verhaltensvarianten ausstattete. Wir können beides sein! Damit kommt wieder einmal der Gemeinschaftsbildung – und der Führung – eine wesentliche Funktion zu. „Es ist überraschend, wie wenig Aufmerksamkeit der Vernetzung nach außen in der Managementliteratur gewidmet wird, und das, obwohl seit Jahrzehnten eine Studie nach der anderen zeigt, dass Manager mindestens so sehr nach außen wie nach innen agieren."[72]

---

[69] *Joseph Nye*, Macht im 21. Jahrhundert, S. 35.
[70] *Matt Ridley*, Wenn Ideen Sex haben, S. 123.
[71] faszinierend: *Richard Sennet*, Zusammenarbeit, 2012.
[72] *Henry Mintzberg*, Managen, S. 102.

Das Image der Gemeinschaft

Wie die sozialen Regeln zwischen Individuen schon früh auf Gemeinschaften übertragen wurden, lässt sich auch an anderen Dingen ablesen: z. B. ist Recht in seinen ältesten Ausprägungen Sippenrecht. Noch heute erleben wir Auswirkungen unserer archaischen Muster, wenn wir ein ganzes Unternehmen verurteilen, weil einzelne Mitglieder grobes Fehlverhalten an den Tag gelegt haben. Der Ruf dieser Gemeinschaft ist geschädigt!

Wie reagiert diese zumeist? Sie opfert einen „Sündenbock", um sich von dieser Schande zu reinigen. Geschieht das zu oft, wird die Methode unwirksam: Die gesamte „Firmen-Sippe" fällt in ihrem Umfeld in Ungnade, das *Image* ist nachhaltig belastet.

Die in unserem Kulturkreis dominante Wirtschaftsform definiert unsere Beziehungen durch die **Deal-Komponente** und bewertet uns auf der Basis des aktuellen Nutzens. Wir sind als Individuum oder Organisation in die Gesellschaft über unseren *funktionalen Wert* eingebunden! Das ist völlig in Ordnung – sofern wir nicht alles darauf reduzieren! Ebenso, wie die biologische Natur in der Geschichte der Menschheit irgendwann vom beseelten Interaktionspartner zur materiellen Ressource (d. h. entseelt) wurde, laufen wir zunehmend Gefahr, dass nun selbst unsere Mitmenschen zur kalkuliert manipulierten *menschlichen Ressource* werden.

Wir werden auch nicht dadurch sozialer, dass wir neurologische oder psychologische Erkenntnisse auf Mitarbeiter und Kunden anwenden. Absurder Weise versuchen wir die Probleme, die wir durch unsere Sichtweise verursacht haben (z. B. sinkende Mitarbeiter- und Lieferanten-Loyalität, Kundentreue, gesellschaftliche Solidarität), mit Ansätzen aus derselben Schublade zu korrigieren (z. B. klassische Leistungs- und Kontrollsysteme, Ausschreibungsmodi, Treueprämien, Neuromarketing, Neoliberalismus).

Wir bleiben mit diesem Vorgehen in dem derzeit weitverbreiteten zynisch-manipulativen Welt- und Menschenbild verhaftet – und verfehlen unsere 6. Kern-Aufgabe grandios! Einem Artgenossen einen Dienst zu erweisen, kann kühle Berechnung sein, aber auch ein aufrichtiger Wunsch.

▶ *Zynismus* entfaltet sich auf dem Fundament *misslungener* Einbindung, d. h., aus der Haltung des Außen- bzw. Darüberstehenden. Er ist nicht durch Know-how zu beheben!

Ebenso, wie es zynische Individuen gibt (z. B. Führungskräfte mit manipulativer Grundhaltung) gibt es zynische Gemeinschaften (z. B. Hardselling-Organisationen). Für beide ist die Lösung der *Aufgabe Einbindung* – ohne Kulturveränderung – im Grunde unmöglich, da sie diese technisch herstellen wollen, ohne sich selbst einzubringen.

Die Literaturwelt wimmelt nur so von Veröffentlichungen, die in die Kategorie „Zynische Management-Bücher" einsortiert werden müssen. Insofern ist es weniger eine Strategie (Technik) als eine Geisteshaltung (Kultur), die unser Verhalten bei der Frage bestimmen sollte, wie wir aus Fremden Verbündete machen. Grundsätzlich scheint man sich aber mehr und mehr darüber klar zu werden, dass die Einbindung (modern: Vernetzung) erfolgsrelevant ist. Verblüffender Weise wird diese Tatsache ursächlich mit modernen Entwicklungen in Verbindung gebracht. Dabei ist es genau umgekehrt: erst unsere uralten Bedürfnisse machen den Erfolg von z. B. Instagram, Facebook, XING, Twitter möglich. Wir sind mit den modernen Netzwerken nicht sozial innovativ, sondern nur technisch.

Wenn wir uns die soziale Umwelt einer Organisation anschauen, fallen uns rasch zumindest vier wesentliche Gruppierungen auf: (interne) Kunden, (interne) Lieferanten, Mitbewerber und die Öffentlichkeit. Wir können mit ihnen parasitär zusammenleben oder symbiotisch, auf Kriegsfuß, nachbarschaftlich oder arbeitsteilig. Uns kann an einer gemeinsamen Geschichte und gegenseitiger Achtung liegen oder daran, die absolute Macht zu erringen. In der Regel prägt die Führungskraft durch ihre Haltung in Bezug auf diese Alternativen auf Dauer die Kultur der Gruppe. Wir können mit anderen an etwas Größerem bauen, sie als mehr oder weniger neutrale Nachbarn betrachten – oder Sie bekämpfen.

Sie erinnern sich: Bei Wesen, mit denen wir keine Gemeinschaft erleben, bedienen wir uns hemmungslos!

Tipp: Bewusstes Miteinander
Erarbeiten Sie für jede relevante Gruppe Ihres sozialen Umfelds bewusst eine Strategie und richten Sie das Verhalten Ihrer eigenen Einheit darauf aus!
  Also: (Interne) Kunden-Orientierung ist eine Management-Aufgabe, deren Verantwortung nicht an das Marketing, den Vertrieb oder den Service delegierbar ist!

Der für die meisten Unternehmen wesentlichste Fremde ist natürlich der **Kunde**! Es geht im Kern immer um *gelungene Begegnungen* mit ihm! Wir brauchen keine Kunden-Bindungsprogramme. Wer ist schon gerne festgebunden? Wir müssen schlicht unseren Beitrag zur Gemeinschaft mit dem Kunden leisten – und verstehen, unter welchen Bedingungen der Kunde die Gemeinschaft mit uns attraktiv findet. Umfangreiche Studien des Gallup Institutes[73] lassen vier bemerkenswert konstante Erwartungsstufen über alle Branchen und Menschentypen erkennen:

1. Auf der untersten Stufe erwartet der Kunde *Genauigkeit*. Es soll das passieren, was angekündigt und erwartet wird.
2. Die nächste Stufe lautet *Verfügbarkeit*. Der Kontakt soll unkompliziert und einfach sein.
3. Auf der nächsten Stufe wird dann schon *Partnerschaft* erwartet. Was im Grunde nichts anderes bedeutet, dass der Kunde Gemeinschaft erleben will, d. h., das Gefühl, dass wir im selben Boot mit ihm sitzen. Und das tun wir!

---

[73] *Marcus Buckingham & Curt Coffman*, Erfolgreiche Führung gegen alle Regeln, S. 138.

4. Die höchste Erwartung wird als **Beratung** beschrieben. Der Kunde scheint sich der Organisation am stärksten verbunden zu fühlen, die ihn in seinem Lernprozess unterstützt, also weiter voranbringt.

Unterscheiden sich diese Punkte von dem, was uns unser evolutionspsychologisches Verständnis nahelegen würde? Erwartet nicht jeder von uns innerhalb seiner Gemeinschaft Verlässlichkeit (Genauigkeit), angenehme Begegnungen (Verfügbarkeit), gegenseitige praktische Hilfe (Partnerschaft) und Wachstumsimpulse (Beratung)?[74]

Wie geil ist Geiz?

Was wir an dieser Stelle nicht außer Acht lassen dürfen: Umgekehrt muss auch die *Gemeinschaft mit den Kunden* attraktiv sein, um gemeinsamen Wohlstand zu erreichen. Und jeder von uns ist Kunde! Leider verstehen wir uns jedoch zu oft als Verbraucher und Schnäppchenjäger! Wir *verbrauchen* Dinge, Organisationen und Menschen. Wir *jagen* Schnäppchen hinter und Unternehmen vor uns her. Dabei töten wir oft ganz unversehens. Registrieren wir überhaupt noch, welche Fluktuation in den Ladenlokalen unserer Stadt herrscht? Ahnen wir, welche Anzahl verschuldeter Existenzen sich dahinter verbirgt?

Wir als Kunden sind genauso bindungslos geworden, wie die Gesellschaft und Unternehmen, über deren mangelnde Loyalität wir uns beschweren. Es scheint uns nicht zu stören, dass der Wettbewerb, den wir abends im Geschäft oder bei der Internetbestellung entfachen, uns tagsüber in unserer eigenen Firma wahrhaft mörderisch erscheint.

Ein ganz anderer Aspekt dieser Teilaufgabe evolutionärer Führung betrifft den **Schutz der Gemeinschaft**! Wenn sich die Gruppenmitglieder auf ihren Beitrag zum gegenseitigen Leistungsversprechen konzentrieren können, ist die Gemeinschaft stärker! Handwerker, Bauern und Kaufleute, die sich früher tagtäglich vor Plünderern und fremden Soldaten ängstigen mussten, vernachlässigten dadurch ihr Tagesgeschäft. Der Wohlstand des Landes schmolz wie Schnee in der Sonne. Heute würden wir in diesem Zusammenhang sagen: Die Führungskraft muss ihren Mitarbeitern den Rücken freihalten. Die Schaffung von *Bündnissen* spielt hier eine ebenso große Rolle, wie die *Abwehr* von und der *Schutz* vor Angriffen oder die *Besänftigung* von potenziellen Feinden. Spannenderweise reagieren viele Manager nahezu entsetzt, wenn man sie fragt, ob sie gut navigieren können, geschickte Politiker sind oder pfiffige Netzwerker. Sie sind stolz auf das, was sie Authentizität, Ehrlichkeit oder Geradlinigkeit nennen.

Die Politik zwischen Gemeinschaften ist etwas völlig anderes, als die Politik innerhalb einer Gemeinschaft. Ränkeschmieden unterscheidet sich von Diplomatie! Interessant ist in diesem Kontext, dass sich einzelne Gruppen einer Spezies umso feindseliger begegnen, je kooperativer sich die Mitglieder innerhalb ihrer Gemeinschaft verhalten. Es bedarf daher vermutlich ständiger Führungsarbeit, sowohl einen starken internen Zusammenhalt zu fördern als auch Offenheit nach außen zu bewahren.

Ein weiterer Kernaspekt scheint uns das **Image der Gemeinschaft** zu sein! So wie jedes Individuum daran arbeitet, sich Anerkennung, Vertrauen und Respekt zu erarbeiten, muss

---

[74] Seit einigen Jahren arbeiten wir an der Ausarbeitung eines evolutionspsychologischen Ansatzes der Kundenorientierung. Die ersten praktischen Erfahrungen damit sind wirklich spannend!

dies selbstverständlich auch für eine Organisation gelten. Ein Grund mehr, gelungenen Begegnungen mit Kunden und Öffentlichkeit einen hohen Stellenwert einzuräumen.

Der Manager ist an der Schnittstelle nach außen die *„Gallionsfigur"*, der Repräsentant seiner Mannschaft. Wenn *Mintzberg* schreibt, dass diese Rolle umso wahrscheinlicher wird, je höher die Hierarchie ist,[75] dann teilen wir seine Sichtweise diesmal nicht. Möglicherweise übersieht er, dass *Außen* je nach Führungsebene anders zu definieren ist: Für den Vorstand mag es der Aufsichtsrat, die Aktionäre und die Öffentlichkeit sein. Für den Teamleiter im Innendienst ist dieses *Außen* vielleicht der Kollege auf derselben Ebene in der Konstruktion, der eigene Vorgesetzte und der komplette Vertriebsbereich. In beiden Fällen geht es eventuell um geschicktes Verhandeln, Repräsentieren, Knüpfen von Allianzen und Gestalten eines positiven Images.

Unsere 6. Kern-Aufgabe evolutionärer Führung hat das Überleben unserer Gemeinschaft oder Organisation also sicherer gemacht, indem sie uns mit unserer Lebenswelt wirksam verbindet. Wir haben dabei festgestellt, dass uns an dieser Stelle unterschiedliche Verhaltensprogramme bzw. Strategie zur Verfügung stehen.

Eine Kern-Aufgabe bleibt aus unserer Sicht noch: Wir hatten bereits über die Rolle gesprochen, die ein veränderter Zeithorizont für uns Menschen gespielt hat (vgl. Zeitverständnis: Die Zukunft entsteht) Welchen Einfluss hat das auf die Führungsaufgabe?

7 Attraktion: Der Gemeinschaft zu einer guten Zukunft verhelfen

Sign Out

Dieses Kapitel hat für Sie „handwerklich" weniger Relevanz, wenn
- viele interessante und kompetente Menschen Interesse signalisieren, zu Ihrem Team zu gehören,
- die Mission Ihrer Mannschaft einen hohen gesellschaftlichen Wert hat,
- Zukunftssorgen in Ihrer Gemeinschaft unbegründet sind oder zumindest kaum das Team-Verhalten beeinflussen,
- Ihre Organisation ihren Mitgliedern Sicherheit bietet,
- Ihre Rolle unhinterfragt ist und man Sie immer wieder als „Visionär und Inspirator" erlebt.

Der anregende Autor *Marcus Buckingham* war 17 Jahre lang beim berühmten Gallup-Institut mit Studien rund um das Phänomen Führung befasst. Auf die Frage, was gute Führende von normalen Menschen mit Initiative, Kreativität, Stehvermögen und Integrität unterscheidet, sieht er nur eine einzige Antwort: ***Sie führen Menschen in eine bessere Zukunft.***[76] Er geht sogar davon aus, dass sie mit jeder Faser ihres Seins daran glauben, die einzig richtige Person zu sein, die diese Zukunft herbeiführen wird.

Halten wir kurz einen Moment inne! Begonnen hatten wir unsere Übersicht mit der Herausforderung, für unsere Führungsrolle die Legitimation zu gewinnen (1. Kern-

---

[75] *Henry Mintzberg*, Managen, S. 179.

[76] *Buckingham, M.*, The One Thing. Worauf es ankommt, 2006, Wien: Linde, S. 63.

7 Attraktion: Der Gemeinschaft zu einer guten Zukunft verhelfen

Aufgabe). Der *Evolutionäre Führungsansatz* geht nun davon aus, dass uns diese Rolle am ehesten erhalten bleibt, wenn wir die 2. bis 6. Kern-Aufgabe erfolgreich wahrnehmen. Können wir unsere Reise damit nicht einfach beenden? Führt das nicht quasi automatisch zu einer guten Zukunft für die Gruppe? Möglich! In der ersten Auflage unseres Buches tauchte die 7. Kern-Aufgabe noch nicht auf.

Andererseits entziehen wir unseren Führenden rasch die Legitimation, wenn uns deren **Wirkungshorizont** zu kurz erscheint. Kommen wir hier möglicherweise einem weiteren Muster auf die Spur? Welche Bedeutung hat der perspektivische Aspekt für den Erfolg?

- Es beruhigt uns, *fester Bestandteil einer etablierten Gemeinschaft* zu sein. Gleichzeitig macht uns deren Stabilität offener für mögliche Veränderungen. Abenteuer, die von einer sicheren Basis ihren Anfang nehmen und bei denen man nicht allein ist, sind attraktiver und erfolgversprechender.
- Wir werfen automatisch einen *Blick in die Zukunft*, wenn wir zusammenarbeiten (Was wird mein Beitrag innerhalb der Gemeinschaft bringen?). Nicht selten gehen unsere Gedanken dabei sogar über unsere eigene Existenz hinaus (Wird es meinen Kindern besser – oder zumindest gut – gehen? Wird man sich an mich positiv erinnern?).
- Tendenziell bevorzugen die Mitglieder einer Gemeinschaft eine *Führung aus der eigenen Organisation*: Erstens ist man vertraut mit diesem Menschen und kann ihn einschätzen, zweitens geht man dadurch davon aus, dass er einem auch in Zukunft noch länger erhalten bleibt.
- Das *gegenseitige Leistungsversprechen* setzt voraus, dass wir an die Zukunft einer Beziehung bzw. Gemeinschaft glauben können. Wir investieren unsere emotionale Energie – z. B. Zuneigung, Treue, leidenschaftliches Engagement – nicht in kurze Begegnungen.

Die längste Zeit unseres menschlichen Daseins wird der Schwerpunkt unseres Bemühens – wie bei unseren tierischen Verwandten – auf den aktuellen Moment ausgerichtet gewesen sein: z. B. Ernähren, Geborgenheit, Lustgewinn, Verteidigung. Planen und strategisches Vorgehen spielten eine untergeordnete Rolle. Heute würden wir sagen: Wir waren (?) ganz schön aktionistisch![77] Bereits in Teil I unseres Buchs haben wir darüber gesprochen, dass die Verlängerung unseres Zeithorizontes die Spielregeln unserer Art veränderten (vgl. Zeitverständnis: Die Zukunft entsteht). Wenn Sie pragmatisch direkt in Teil II eingestiegen sind, um sich sofort mit den Kern-Aufgaben der Führung zu beschäftigen, wäre an dieser Stelle ein kleiner Sprung zurück nützlich …

Der zeitliche Horizont greift auf unterschiedliche Weise in unsere Führungsaufgaben ein:

---

[77] „Führung besteht leider für einige nur aus der Bewältigung von Problemen." (Interview mit *Nancy Fuchs*, Leiterin der Personalentwicklung der EWR GmbH – Unternehmensverbund Stadtwerke Remscheid GmbH).

- Zum einen spielt die **Dauer der Aufgabe** eine Rolle, deren Funktionieren die Führungskraft verantwortet. Stehe ich mit meiner Person dafür gerade, dass die nächsten Quartalsziele erreicht werden oder dafür, dass die mir Anvertrauten ein sicheres Überleben für die kommenden Jahre erwarten können? Geht es um ein *Projekt* (z. B. Jagderfolg), um einen *Prozess* (z. B. Energieversorgung sicherstellen) oder einfach gerade nur ums *aktuelle Überleben* (z. B. Sanierung)?
- Jede Aufgabe hat ihre **Eigen-Zeit**, d. h. eine zu erwartende Regel-Dauer. Wenn ich davon ausgehe, dass die Führungskraft nicht über den gesamten Zeitraum dabei sein wird, nehme ich sie weniger ernst! Was ist von einem Trainer zu halten, der nach 27 Minuten Spielzeit den Verein wechselt? Ebenso kritisch ist zu sehen, wenn eine Führungskraft keine Ahnung von der Eigen-Zeit einer Aufgabe hat. Welches Vertrauen bringe ich einem Bauern entgegen, der sich 5 Tage nach der Einsaat heftig darüber aufregt, dass immer noch kein Grün auf der Erdoberfläche zu erkennen ist?
- Des Weiteren betrifft die Zeit-Thematik die **Perspektive und Orientierung** der Gemeinschaft. Lässt sich der Weg vorzeichnen, den man zusammen gehen wird? Kann die Führungskraft eine tragfähige Antwort auf die Frage geben, wohin man kommen wird, wenn man ihr folgt? Wie weit wirft sie dabei einen Schatten in die Zukunft? Was wird man zusammen aufbauen?
- Zudem lässt sich die Frage stellen, wie lange wohl von dieser Führungskraft und von dieser Gemeinschaft gesprochen werden wird. Welche bleibenden Spuren hinterlässt jemand in und mit seiner Organisation? Kann man gar von einem **Erbe für die Nachwelt** sprechen?

▶ Es kann vermutet werden, dass die Verlängerung des menschlichen Zeithorizonts nicht spurlos an der Ur-Aufgabe der Führung vorübergegangen ist.

Vielleicht wollen wir nicht nur gemeinsam ein *größeres* Ganzes schaffen, sondern auch ein *nachhaltigeres*. Interessiert uns nur das aktuelle, persönliche Überleben oder gibt es wesentliche Beweggründe über unsere eigene Existenz hinaus?

Wie man Unsterblichkeit erlangt

Verschwitzt und staubig, aber mit verzückter Faszination, hebt Julius Jordan, der Architekt aus Deutschland, die kleine Tonplatte aus der Erde. Fast 5000 Jahre wartete sie hier auf ihn. Und er hält – ohne es zu wissen – die Aufzeichnung des jungen Ze-Elter in der Hand. Die Zeichen berichten von der unglaublichen Stadt mit Tausenden von Bewohnern, von dem großen Markt, zu dem die ganze Welt gekommen ist, und von Wundern eines Königs, der als „Herr der Felder" verehrt wird. Von Ze-Elter berichtet sie nicht.

Und so ahnt Jordan nichts von der Nacht, in der die Händler vor Ur-Zeiten in das Lager von Ze-Elters Gruppe kamen. Wie alle mit offenen Mündern deren Geschichten lauschten, während das Leuchten der Flammen über die bewegten Gesichter zuckte. Berauschende Getränke machten die Runde, die Bilder in den Köpfen wurden immer fantastischer. Die drei Freunde – angespornt vom jungen Ze-Elter – waren sich schnell einig: Das riesige Lager aus Stein, von dem die Geschichte berichtete, mussten sie selbst sehen!

7 Attraktion: Der Gemeinschaft zu einer guten Zukunft verhelfen

Alles Bitten und Betteln hatte damals nichts genützt. Die Händler wollte keine unerfahrenen Halbstarken mitnehmen. Erst das Versprechen, während der Reise die Jagd für alle zu übernehmen, hatten aus den Kaufleuten und den Dreien Weggefährten gemacht. Noch wussten die Freunde nicht, dass nur einer von ihnen die Reise überleben und tatsächlich die Welt der 1000-Horden, die Steine mit den Gesetzen und den Großen Herrscher mit eigenen Augen würde bezeugen können. Keiner sah seine Sippe, die er im Morgengrauen verließ, je wieder.

Von all dem hat Julius Jordan nie etwas erfahren. Und im 1. Weltkrieg verschwand die Tafel von Ze-Elter spurlos, nicht aber der Ruhm von En-merkar, dem großen Herrscher einer der größten Städte der Vorzeit.

Wir wissen nicht, wann sich ein Führender erstmals Gedanken über die Zukunft seiner Gruppe machte und was Zukunft damals überhaupt bedeutete. Aber sicherlich machten diese Dinge im Wettstreit der Gemeinschaften einen Unterschied aus. Wie oft haben Sie in Ihrem Leben schon auf etwas verzichtet, um in Zukunft etwas Größeres gewinnen zu können? Wie schwer fällt Ihnen das? Man kann nachweisen, dass Kinder, die heute auf eine Belohnung verzichten können, um morgen eine größere zu bekommen, später durchschnittlich erfolgreicher sind als ihre Kontrastgruppe. Immer nur auf den aktuellen Spaß, das aktuelle Wohlbefinden zu schauen, begrenzt unsere Erfolge. Das gilt auf individueller Ebene ebenso wie auf Gruppenebene. Ur-Führende, die diese Erkenntnis in konkretes gemeinsames Handeln übersetzen konnten (z. B. Aufbau von Getreidelagern), erhöhten die Überlebenswahrscheinlichkeit aller. Umgekehrt kann man sich schlecht vorstellen, dass es gut für die Führungslegitimation war, wenn die Gemeinschaft ständig Angst vor der Zukunft haben musste.

In dem Maße, in dem sich unser Zeithorizont erweiterte, und wir uns Fantasien über das Morgen machten, wurde das Bedürfnis nach Sicherheit über den aktuellen Moment hinaus wichtiger.

▶ Hatten Führende bislang nur dafür sorgen müssen, dass es jetzt gerade gemeinsam funktioniert, mussten sie ihre Aufgabe zunehmend in der **Welt der Fantasie** erfüllen: Wie vermeide ich schädliche Zukunftsangst in der Gemeinschaft? Wie erhalte ich die Hoffnung auf eine erfolgreiche gemeinsame Zukunft?

Fanden Führende auf diese Fragen funktionierende Antworten, stabilisierten sie ihre Rolle!

Vermutlich lassen sich zumindest drei Wege finden, das zu erreichen:

- Der älteste Weg wird darin bestanden haben, über lange Zeit **Tag für Tag** das Überleben der Gemeinschaft gesichert zu haben. Auf diese Weise wird eine Art Ur-Vertrauen entstanden sein: *„Was schon tausendmal gelungen ist, wird auch heute wieder gelingen!"*

- Mit zunehmender Erweiterung des Zeithorizonts werden Fragen aufgetaucht sein: Was tun wir im Winter, wenn die großen Herden ihre Routen nicht mehr durch unser Revier nehmen und wir nicht genug Reserven angelegt haben? Konnten Führende gedankliche Lösungen – oder zumindest Geschichten – anbieten, blieb die Gruppe voller Zuversicht und handlungsfähig: *"An diese Perspektive kann ich glauben. Legen wir los!"*
- Eine besondere Stärke entstand dadurch, die komplette Gemeinschaft in der immerwährenden **Geschichte der Menschheit** zu platzieren: *"Wir sind das Volk der xy! Uns gab es schon immer und wird es immer geben!"*

Obwohl auch die 7. Kern-Aufgabe strategischer Natur ist, gehört sie nicht unbedingt eins zu eins in das nächste Strategie-Meeting. Es geht bei dieser Aufgabe ganz wesentlich auch um Gefühle und Befindlichkeiten!

Sie können sich vermutlich ausmalen, dass ein sichtlich verunsicherter Kapitän auf einem Schiff weit draußen im Ozean bei Orkanböen nicht unbedingt Zuversicht ausstrahlt. Die Mannschaft hat aber ein Recht darauf, dass er ihre eigene Ängstlichkeit reduziert. Sorry! Wie viel Einsamkeit und Angst dieser Kapitän (oder Sie in Ihrer Funktion) aushalten muss, interessiert niemanden wirklich.

> **Tipp: Lernen Sie mit Ihren Zukunftssorgen umzugehen**
> Entwickeln Sie persönliche Strategien, mit der eigenen Unsicherheit nützlich umzugehen. Dabei möchten wir nicht ein Bild des einsamen Helden zeichnen: Suchen Sie sich Vertraute *außerhalb* Ihres Verantwortungsbereiches, wenn Sie darüber sprechen möchten.
>
> Konfrontieren Sie Ihre Mannschaft nur in sehr überlegten Fällen mit Ihren Sorgen und Nöten (z. B., wenn ausschließlich die maximale Energie aller Beteiligten das Überleben der Gemeinschaft erwarten lässt). Echte Krisen können „Brand-Reden" erfordern; diesen Joker kann man aber nur einmal ziehen.
>
> Also: Optimieren Sie Ihren Umgang mit persönlicher Unsicherheit und Belastung!

7.1 Sicherheit: Aktuelle Ängste nehmen

Das unausgesprochene evolutionäre Führungsversprechen, dass jemand für das gemeinsame Funktionieren Sorge trägt – also *für uns Sorge trägt* –, gibt uns eine gewisse Ruhe. Da ist jemand, der sich kümmert, und da sind andere mit uns unterwegs. Wir sind im Kampf ums Überleben nicht auf uns alleingestellt. Wir brauchen keine Angst zu haben! Wir können es gemeinsam schaffen!

In diesem Grundgefühl steckt ein existenzieller Kern des Führungsphänomens, vielleicht gar unserer menschlichen Psyche! So stellt *Ridley* fest: „Die Generation, die so viel Frieden, Freiheit, Freizeit, Bildung, Medizin, Reisen, Filme, Mobiltelefone und Massagen

genießt, wie keine Generation vor ihr, wittert bei jeder Gelegenheit den Untergang ..."[78]
Wir Menschen sind von unserem Naturell her „Angsthasen" – und brauchen deshalb funktionierende Methoden, mit dieser Tatsache umzugehen. So finden wir beispielsweise diejenigen attraktiv, die uns Angst nehmen können. Gleichzeitig verdrängen wir gerne reale Probleme und Fakten.

Erlebte Gemeinschaft reduziert Ängste

Nehmen wir an, Sie wären in finanziellen Schwierigkeiten. Was würde es für Sie emotional bedeuten, wenn Ihre verarmte Familie sagen würde: „Du bist nicht allein! Wir schaffen das!"?

Lassen Sie alternativ die Reaktion „Dein Pech. Dann musst Du halt Hartz beantragen ..." wirken, – insbesondere wenn Sie wüssten, dass jede Menge Geld im Kreis Ihrer Familie vorhanden ist?

Wir erwarten **Fürsorge, Solidarität und Unterstützung** von den Menschen, die uns nahestehen. Werden sie uns dort verweigert, zerstört dies unser Vertrauen und unser Gemeinschaftsempfinden. Absurder Weise enthalten viele Manager ihren Mitarbeitern dieses Gefühl der Geborgenheit vor, wundern sich aber gleichzeitig über die vorhersehbaren Nebenwirkungen.

Institutionen sind gefühlskalt

Auch gesellschaftlich hat dieses Thema Relevanz: Die Hilfe von Versicherungen oder staatlichen Stellen bewegt sich nicht in derselben psychologischen Welt, wie sie durch menschliche Gemeinschaften geschaffen wird. Wir erleben keine Solidarität mit dem Sachbearbeiter, der uns etwas überweist. Das berühmte Subsidiaritätsprinzip hat also Facetten, die weit über praktische Unterstützungskonzepte hinausgehen.

Nun kann man sagen, dass sich der Einzelne in der heutigen Arbeitswelt schon deshalb nicht sicher fühlen kann, weil auch sein Unternehmen stets gefährdet ist. Natürlich sind wir uns darüber im Klaren, dass es (heute?) sehr schwer ist, den Menschen Sicherheit zu vermitteln. Gleichzeitig gilt in unserer Kultur, dass wir in einer der sichersten Zeiten der Menschheit überhaupt leben.[79] Kaum vorstellbar, dass unsere Ur-Ahnen von einem solchen Grad an Sicherheit und Angstfreiheit zu träumen wagten. Doch sie hatten das Ur-Vertrauen, in einer Schicksalsgemeinschaft zu leben, auf die sie dauerhaft zählen konnten, sofern sie selbst ihren Beitrag leisteten.

Unsere Vorgänger erlebten keine Stabilität und Berechenbarkeit in der Art, wie ihr Tag verlief. Ob sie hungern mussten, sich verletzten oder gar starben, wussten sie nicht. Ob ihre Gemeinschaft – für den Fall, dass sie noch lebten – sich um sie kümmern würde, war ihnen jedoch klar!

---

[78] *Matt Ridley*, Wenn Ideen Sex haben, S. 381/385.
[79] falls doch: blättern Sie in dem beeindruckend recherchierten Werk „Gewalt. Eine neue Geschichte der Menschheit" von Steven Pinker (2011).

> **Tipp: Nehmen Sie Ihre Verantwortung für die Menschen ernst**
> Beweisen Sie, dass auch in schwierigen Zeiten auf Sie Verlass ist, solange jemand seinen Teil des gegenseitigen Leistungsversprechens einhält. Kümmern Sie sich – gegebenfalls auch über die Mitgliedschaft zu Ihrer Organisation hinaus – um die Ihnen Anvertrauten.
> Also: Kündigen Sie auf keinen Fall leichtfertig Ihren eigenen Teil des gegenseitigen Leistungsversprechens!

Was unsere Ahnen als zusätzliche Form der Sicherheit erlebten, fing vielleicht beim Schlafplatz in den Bäumen an, ging über die Wohnhöhle und die Palisaden zu den Bewässerungssystemen bis zu Städten mit ihrer Infrastruktur und militärischen Heeren. Unser Bedürfnis, mit weniger Angst leben zu können, ist uralt. Wenn man sich ansieht, welche Wege dabei eingeschlagen wurden, stößt man stets auf vier Grundstrategien:

- *Einbindung* in eine Gemeinschaft (heute: *Vernetzung*). Andere schützen uns, wenn sie uns als Mitglied ihres engsten Vertrauenskreises erleben.
- *Leistung und Beitrag* (heute würde man sagen: unser *Marktwert*). Andere schützen uns, wenn wir eine wichtige Funktion für sie haben.
- *Schutzmaßnahmen*, die uns besser schlafen lassen (heute: *Staat, Versicherung etc.*). Sicherungssysteme schützen uns, wenn wir sie aufbauen und pflegen.
- *Flexibilität und Mobilität* (heute: *Veränderungsbereitschaft*). Wir steigern unsere Überlebenschancen, wenn wir in unterschiedlichen Biotopen leben können.

> **Tipp: Sicherheit in Krisensituationen**
> Sie können als Führungskraft in unsicheren Zeiten im Grunde nur vier Versprechen geben: 1.) *„Ich werde Sie dabei unterstützen, Ihren Marktwert hoch zu halten bzw. zu erhöhen, – unabhängig davon, wo Sie ihn im unglücklichsten Fall irgendwann realisieren."* Dadurch wachsen Leistung und Beitrag jedes Einzelnen. 2.) *„Sie können sich auf mich verlassen, wenn ich mich auf Sie verlassen kann und Sie weiterhin Ihr Leistungsversprechen halten."* Dadurch bleibt Ihr Team eine Leistungsgemeinschaft. 3.) *„Ich werde meinen Teil dazu beitragen, dass Sie auch in anderen Aufgaben und Teams erfolgreich sein können."* Dadurch wächst die Flexibilität in Ihrem Team. 4.) *„Wir werden gemeinsam daran arbeiten, sinnvolle Schutzmaßnahmen zu entwickeln."* Auf diese Weise entsteht eine attraktive neue gemeinsame Aufgabe.
> Also: Gerade in schwierigen Zeiten möchte jeder in einer Gemeinschaft sein, die sich aufeinander verlassen kann. Stellen Sie sicher, dass Ihre Mitarbeiter verstehen, was dazu notwendig ist!

Informelles Vertrauen setzt eine gewisse **Stabilität und Berechenbarkeit** innerhalb einer Gemeinschaft voraus. Das Unstete und Nervöse führt zur Entfremdung untereinander. Und sicherlich ist es kein Zufall, dass die erfolgreichsten politischen Wahlkämpfe immer die waren, bei denen die Sehnsucht nach Selbstverständlichkeit und Stabilität bedient wurde.[80] In Organisationen, in denen eine Veränderungsmaßnahme die nächste ablöst, in denen Menschen immer nur für kurze Zeit zusammenarbeiten (Stichwort: *Virtuelle Organisation*) und Stabilität geradezu zum Un-Wort geworden ist, entsteht Vertrauen nur schwer. Wie erfolgreich werden Menschen in einem für kurze Zeit zusammengewürfelten Haufen von Söldnern sein?

Die langlebigsten Wirtschaftsorganisationen bewahren ihre Identität nicht in Bezug auf ihre Produkte und Leistungen oder ihren Standort. Sie bewahren diese als Leistungsgemeinschaft, die beweglich nach zukunftsfähigen Lösungen sucht. Sie stellen ihre Erfolgsmodelle zwar regelmäßig auf den Prüfstand, wechseln sie aber nicht ständig mitten im Spiel.

Wenn man Institutionen, Städte und andere „*Kristallisierungen des Erfolgs*" am Leben erhalten will, macht man im Grunde einen strategischen Fehler! Wir wissen nicht, ob es Regenwald-Indianern leidtut, wenn sie nach 3–5 Jahren ihre Baumhäuser aufgeben müssen, weil diese dann verrotten. Aber wir wissen, dass sie beim Neubau an anderer Stelle auf die Unterstützung ihrer Sippe setzen können. Es geht nicht zwangsläufig darum, Geschaffenes am Leben zu halten! Es geht um die Frage, wie man die Gemeinschaft am Leben hält!

> **Tipp: Flexible Stabilität ist möglich**
> Ändern Sie das gemeinsame Erfolgsmodell nicht ständig oder gar aufgrund irgendwelcher Moden, sondern nur in nahezu öffentlichen Ritualen (z. B. in einem jährlichen „*Erfolgsmodell-Konzil*"). Bauen Sie routiniert die Frage ein, was vor der Weiterreise aufgegeben werden soll. Zeigen sie ebenso klar auf, was unverändert bleiben muss und wird.
>
> Also: Lassen Sie sich nicht davon verunsichern, dass Veränderung und Stabilität gleichzeitig gemanagt werden müssen. Es geht!

Leistung, Beitrag und Gemeinschaft sind die primären Dinge, die im Hier und Jetzt das Überleben wahrscheinlicher machen und Sicherheit vermitteln können: „Wir sind gut und können uns aufeinander verlassen!" Daher haben Sie bereits mit der Lösung von Kern-Aufgabe Nr. 5 (*Das Team wettkampffähig machen und halten*) eine solide Grundlage für die gemeinsame Sicherheit gelegt.

Bislang ähnelt unser Führen allerdings einem *Flug auf Sicht*: stets darauf konzentriert, ob im nächsten Moment ein Berg auftaucht, nervös das Ruder in der Hand haltend, weil sofortige Reaktionen nötig sein können … Das ist kein liebsamer Dauerzustand! Mitarbeiter konzentrieren sich in solchen Phasen selten auf ihre Aufgaben. Leistung und Qualität

---

[80] *Gabor Steingart*, Das Ende der Normalität, S. 150.

sinken. Erfolgreiche Piloten fliegen zwar zeitweilig auch auf Sicht, ihr Anspruch besteht aber darin, „15 Minuten vor ihrem Flugzeug" zu sein. Um eine Parallele zu ziehen: Sind Sie in Ihrer Führungsaufgabe einige Zeit vor dem Alltagsgeschäft?

Ein gesellschaftliches Problem

Durch den zunehmenden Rückgang des *„Lebensmodells Gemeinschaft"* und das auch gesellschaftlich angegriffene Selbstvertrauen des Einzelnen („Reicht meine Leistung auch für die Zukunft aus?") werden unsere primären Sicherheitsgeber angegriffen.

Die Lösung *Flexibilität und Mobilität* reißt uns weiter aus stabilisierenden Strukturen heraus. Es erscheint nicht zufällig, dass sie daher in erster Linie für Menschen in speziellen Lebensphasen spannend erscheint bzw. funktioniert (z. B. in jüngeren Jahren oder Aufbruch- und Übergangszeiten).

Gieren wir deshalb nach immer mehr *Schutzmaßnahmen* – z. B. in Form von Versicherungen, Rücklagen, Sicherheitstechnik, staatlicher Unterstützung – obwohl diese offenbar psychologisch nur oberflächlich wirken? Vielleicht rufen wir Bürger gar nicht *verwöhnt* nach immer mehr Wohlfahrtsstaat. Möglicherweise fehlen uns schlicht unsere seit Urzeiten gewohnten und funktionierenden Stabilisatoren.

7.2 Perspektive: Zukunftsängste reduzieren

Die Mitglieder einer Gemeinschaft scheinen geradezu zu erwarten, dass ihre Führenden die Zukunft vorhersagen können und wissen, warum was wann passieren wird. Kompetenz und Legitimation bedeuten in diesem Zusammenhang, *Vorhersage-Erfolge* zu haben![81] Das ist durchaus nachvollziehbar. Schließlich kann man zwar immer ein paar Glückstreffer haben, wenn man einen Bereich nicht versteht, aber nur wahre Kenner kommen auf eine gute Quote!

Der Blick in die Zukunft

Hervorragende Schachspieler denken 5 Züge voraus, d. h., sie spielen in dieser Spanne ihre Entscheidungen und mögliche Antworten des Gegners darauf durch. Wetterprognose-Modelle bleiben im Rahmen von 3–4 Tagen recht treffsicher. Gute Trainer können verblüffend gut vorhersagen, welche Entwicklung ihre Schüler wann nehmen werden – und wie sich das verändert, wenn sie bestimmte Dinge anders machen.

Aber vermutlich gab es nie Wahrsager, die im mystischen Sinne die Zukunft voraussagen konnten. Gibt es – Zukunftsforschern zum Trotz – wohl immer noch nicht.

„Die besten Führungschefs ... verfügen nicht über visionäre Fähigkeiten, dank derer sie die Zukunft hätten vorhersehen können."[82] Trotzdem lösen sie die Aufgabe, die Zukunftsängste ihrer Organisation zu reduzieren. Sie beobachten, *was* funktioniert, finden heraus, *warum* es funktioniert, und stützen sich auf erwiesene Grundlagen. Sie sind nicht risikofreudiger,

---

[81] Unterhaltsam in diesem Zusammenhang: *Annett Klingner*, Heimliche Regenten. Astrologen als Drahtzieher der Macht, 2012.

[82] *Jim Collins & Morten T. Hansen*, Oben bleiben. Immer, 2012, S. 25.

nicht mutiger, sehr selten größere Visionäre und auch nicht kreativer als ihre weniger erfolgreichen Kollegen. Sie sind disziplinierter und gehen empirischer und besonnener vor.

Wie kann es aber dann, dass *Berth*[83] in einer groß angelegten Studie zum Führungserfolg feststellen konnte, dass Unternehmen mit einer visionären Orientierung über 200 Prozent erfolgreicher sind als solche ohne? Unsere Vermutung lautet, dass es hierbei in erster Linie um die *Wirkung* einer vorhandenen Perspektive geht.

> **Unsere Sehnsucht nach einer guten Zukunft**
> Mit etwas Mut lässt sich die Annahme wagen, dass wir über *Ur-Bilder attraktiver Zukünfte* (Archetypen) verfügen; das wären sozusagen die ersten unternehmerischen Visionen. Zukünfte von Geborgenheit, Sicherheit, Fülle oder Lust sprechen uns dabei zweifellos stärker an als solche von Einsamkeit, Hunger und Langeweile.

Im Grunde kann ich versuchen, Zukunft vorherzusehen – oder sie erschaffen. Das ähnelt ein wenig der Frage, an welcher Stelle ich mich an meinen Lebensraum anpasse und wo ich ihn umgestalte (vgl. 6. Kern-Aufgabe). Wenn ich mich sicherer fühlen möchte, setze ich hier auf eine Doppel-Strategie: Ich überlege, wohin ich diese Gegenwart entwickeln könnte und liste auf, was dafür an Anpassung und Gestaltung nützlich ist. Kann die Gemeinschaft an das Ergebnis – und die damit verbundene Perspektive glauben – reduziert sich ihre Angst. Die Energien der Menschen werden frei für die Verwirklichung der gemeinsamen Pläne.

Sie merken vermutlich, dass wir aus Führungsperspektive am liebsten den Begriff der Vision aufgeben und ihn gegen den des *Zukunftsversprechens* eintauschen möchten. Zum einen benötigen wir keine Vision, um Ausrichtung und Energie sicherzustellen. Das kann auch ein wirksames gemeinsames Erfolgsmodell leisten. Zum anderen geht es nicht um Science Fiction und große Utopien, sondern um Orientierung. Und diese ist nicht einfach selbstverständlich und gegeben. Etwas oder jemand muss sie schaffen.

Irgendwann wurde es möglich, sich über unterschiedliche Zukunftsangebote in den Konkurrenzkampf um die Führungsrolle zu begeben. Der Aspirant muss eine Zukunftsmöglichkeit personifizieren, damit die Gruppenmitglieder sich für oder gegen ihn entscheiden können. Die so genannte *Chancenorientierung* eines Managers ist dabei die Fähigkeit, möglichst viele attraktive Zukünfte zu sehen. Eine Führungskraft, die unklar lässt, für welche Zukunft sie steht, ist für die Geführten ein Risiko.

> **Tipp: Zeigen Sie, für welche Zukunft Sie stehen**
> Lassen Sie sich nicht derart vom Tagesgeschäft „auffressen", dass Sie die Befriedigung der Grundbedürfnisse Ihrer Mannschaft nach Sicherheit und Perspektive dem Zufall überlassen. Forcieren Sie keine Ängste, weil Sie denken, dass das motiviert.
> Also: Erarbeiten Sie ein Zukunftsangebot und eine glaubwürdige, Zuversicht gebende Perspektive!

---

[83] *Berth, R.*, Erfolg, 1993, Düsseldorf: Econ.

Wie lässt sich dieser Tipp mit der Erfahrung in Einklang bringen, dass einige Menschen die Notwendigkeit von Veränderungen ignorieren, weil sie sich *zu* sicher fühlen? Dafür sehen wir unterschiedliche Möglichkeiten, mit denen im Einzelfall auch unterschiedlich umgegangen werden sollte:

- Es gibt tatsächlich Mitglieder der Gemeinschaft, die sicherer sind, als andere (z. B. schwer ersetzbare Spezialisten mit eigener Nische, gut vernetzte Menschen, gesetzlich geschützte Personen). *Tipp: Abhängigkeit von diesen Menschen geringhalten!*
- Dann kann aber auch die Vergangenheit als dermaßen stabil erlebt worden sein, dass niemand sich anstehende Bedrohungen vorstellen kann (die berühmte „Insel der Glückseligen"). *Tipp: Aufrütteln erlaubt! Sich dabei aber nicht selbst als Bedrohung positionieren!*
- Heute viel häufiger: Es wurde schon so viel ohne eine erlebbare Verbesserung verändert, dass darin keine Perspektive mehr gesehen wird. Der Glaube an die Führung ist beschädigt. Man fühlt sich nicht sicher, sondern allein! *Tipp: Erfolgsmodell-Arbeit nötig! Eigenes Führungsverhalten reflektieren!*
- Selten: Wir haben es mit völlig ignoranten, selbstgefälligen Menschen zu tun. *Tipp: Sehr ernstes Gespräch nötig! Trennung in Erwägung ziehen!*

Die Überzeugung einer Gemeinschaft, eine Perspektive zu haben, fördert ihre Handlungsfähigkeit. Offenbar braucht sie dazu neben Klarheit, Konkretheit und Attraktivität des Zukunftsangebotes auch die Glaubwürdigkeit des Anbieters.

Wenn uns ein Zukunftsangebot attraktiv erscheint, taucht unmittelbar die Frage in uns auf: Wie kommen wir dort hin? Wir erwarten von unserer Führungskraft, dass sie uns darauf eine glaubwürdige Antwort liefert. Damit benötigt die Perspektive eine Schnittstelle zum gemeinsamen Erfolgsmodell, um ihre Wirkung entfalten zu können. Ansonsten entsteht das, was Mitarbeiter als „abgehobene Vision" oder gar „Spinnerei" bezeichnen.

> **Tipp: Nicht völlig abgehoben sein**
> Lesen Sie noch mal „Erfolgsmodell-Klarheit: Wissen, wie man den gemeinsamen Erfolg herstellen kann".
> Also: Verbinden Sie Ihr Zukunftsangebot mit dem gemeinsamen Erfolgsmodell!

Nehmen wir an, Sie haben mittlerweile gute Arbeit geleistet. Dann weiß Ihre Mannschaft nun, wie die Zukunft höchstwahrscheinlich aussieht, wenn man Ihnen folgt. Die Gruppe freut sich vielleicht nicht auf den beschwerlichen Weg, sie weiß um die Gefahren und Unwägbarkeiten, aber sie ist handlungsfähig.

Damit ist es gelungen, eine Zuversicht zu gewinnen, die über das kurzfristige Überleben hinausgeht: *„Ich werde es mit dieser Gemeinschaft zusammen auch bis in das kommende Jahr schaffen."* Noch mehr erlebte Sicherheit ergibt sich, wenn genau *diese* Gemeinschaft den *Ruf der Unbesiegbarkeit* hat, wenn man irgendwie weiß, dass man mit dieser Mannschaft einfach nicht verlieren kann.

7.3 Mythos: Der Gemeinschaft eine bleibende Bedeutung schaffen

Welcher Fußballverein führt die „Ewige Tabelle der 1. Bundesliga" an? Welche Völker unserer Frühgeschichte fallen Ihnen – neben den Griechen – spontan ein? Welche deutschen Unternehmen gehören zu den beliebtesten Arbeitgebern? Und welche beiden Firmen stehen weltweit ganz oben? Vermutlich erwarten uns hier keine absurden Antworten. Diese Organisationen und Gruppierungen haben eine *bleibende Bedeutung* erlangt. Weil sie und ihre Werke …

- unser Leben wesentlich beeinflussen (**Beitrag**),
- bei vielen Menschen positiv im Gespräch sind (**Image**),
- immer wieder in attraktivem Kontakt mit uns sind (**Begegnung**) und
- sie ein Teil unserer Kultur geworden sind (**Geschichtsschreibung**).

Diese Prinzipien gelten für Gemeinschaften ebenso wie für Individuen: So war der Held der Antike jemand, der aufgrund einer Einzelleistung Unsterblichkeit erreichte. Ihm war ewiger Ruhm sicher; eines der höchsten damaligen Ziele. In Situationen, in denen die Kräfte der Gemeinschaft nicht mehr ausreichten, hat er sich erfolgreich für die Sache eingesetzt oder gar geopfert und ist in das Gedächtnis der Nachwelt eingegangen. Schon im Gilgamesch-Epos[84] versucht ein Einzelner nicht mehr, noch reicher zu werden. Es ist ihm stattdessen wichtig, seinen Namen in Form von Heldentaten ins Gedächtnis der Menschheit zu schreiben. Gilgamesch gelang es als Erstem, Unsterblichkeit in Form schriftlicher Aufzeichnungen zu finden. Sein Name ist bis heute unvergessen.

Sichtbarkeit, Berühmtheit und Erfolg

Keine Ahnung, wer auf irgendeinem Fernsehsender bei Superstar-Talent-Wettbewerben in den letzten Jahren Platz 1 oder 2 belegt hat. Trotz medialer Aufmerksamkeit hat es hier in der Regel an bleibendem Erfolg und erst recht an *Bedeutsamkeit* gefehlt.

Andererseits wird es Sie vermutlich nicht überraschen, dass der FC Bayern München über die meisten Vereinsmitglieder verfügt. Er ist schlichtweg *berühmt*! Wer weiß aber, dass der *sportspaß e.V.* (Hamburg) nahezu gleichauf mit Borussia Dortmund und dem HSV unter den TOP 5 der Vereins-Mitgliederzahlen liegt? Dieser Verein bietet etwas an, was anscheinend für viele Menschen *bedeutsam* ist.[85]

Ist Ihnen das alles eine Nummer zu groß? Das ist völlig in Ordnung! Wahrscheinlich werden Sie nicht unbedingt dadurch in die Annalen eingehen wollen, dass Sie sich heldenhaft für Ihre Organisation aufopfern. Für die meisten von uns ist es nicht einmal ein Anliegen, einen Weg in die Firmen-Geschichtsbüchern zu finden.

---

[84] Das älteste erhaltene literarische Werk der Menschheit, über 4000 Jahre alt.
[85] Die Besonderheit dieses Sportvereines liegt darin, die Hindernisse des Sportsystems in Deutschland insbesondere bei Mannschaftssportarten – zu überbrücken. Sportspaß bietet seinen Mitgliedern die Möglichkeit, ohne Leistungsdruck (Mannschafts-)Sport zu treiben.

Auf unserem Weg durch die Welt der Führungsaufgaben geht es jetzt tatsächlich um die Krönung Ihrer Arbeit! Entscheiden Sie einfach in Ruhe, welche Schritte Sie jetzt noch mitgehen möchten. Es geht dabei um folgende Themen:

- *Begegnung*: Schaffen Sie für andere Menschen gelungene Erlebnisse mit Ihrem Verantwortungsbereich! Leben Sie mit Ihrer Mannschaft faszinierende Geschichten, über die man gerne spricht und an denen man noch lieber selbst teilnehmen möchte!
- *Bedeutung*: Schaffen Sie mit Ihrem Team etwas, das das Leben vieler Menschen nachhaltig positiv beeinflussen kann! Richten Sie Ihren Beitrag auf *Ewiges* (z. B. menschliche Grundanliegen: Sicherheit, Wohlbefinden, Wertschätzung etc.) oder *Großes* (z. B. beeindruckende Gemeinschaftsprojekte) aus!
- *Unsterblichkeit*: Schaffen Sie etwas, was ohne Sie weiterlebt. Teammitglieder werden kommen und gehen, selbst Ihre Organisation – mag sie auch derzeit ein Imperium sein – wird irgendwann in ihrer heutigen Form verschwinden. Wie geht es nach Ihnen weiter? Und woran wird man sich erinnern?

Nun haben schon die frühen Herrscher „Geschichte schreiben" wortwörtlich genommen. Die Schulbücher sind gut gefüllt mit den Namen von gekrönten Häuptern, die großen Aufwand betrieben haben, damit die Nachwelt von ihnen erfährt. Aber es gibt auch Beispiele für nahezu **unsterbliche Gemeinschaften** (z. B. die Spartaner, die Benediktiner, die Schweizer Garde, die Freimaurer) oder Familien-Clans (z. B. die Medici, die Fugger, die Habsburger). Einige von ihnen haben es bis in die heutige Zeit geschafft. Nämlich dann, wenn sie ihren Mehrwert und ihre Relevanz nie verloren haben. Die Mitgliedschaft zu einer solchen Gemeinschaft wird für manche Menschen zur Ehre.

Machen wir uns nichts vor! Wenn wir sagen, dass es hier um die *Krönung Ihrer Arbeit* geht, dann meinen wir das absolut ernst. Wir bewegen uns an dieser Stelle nicht im Arbeitsfeld von werteorientierter Nachhaltigkeit, Marken-Führung, exzellenter Kundenorientierung oder Employer-Branding. Ebenso, wie nur manche der vielen wirklich guten Handwerker zum Kunsthandwerker werden – und aus dieser eh schon kleinen Gruppe nur sehr wenige wahre Künstler hervorgehen – bleibt der Weg zur Meisterschaft in der Führungsaufgabe lang!

▶ Niemals werden Sie an eine Ziellinie kommen, das goldene Band zerreißen und wissen: Ich habe es geschafft! Nicht deshalb, weil Sie nicht gut genug sind, sondern weil es sie nicht gibt, diese Ziellinie!

Hatten Sie jemals das Glück, einer Führungskraft zu begegnen, die Ihr Leben in gelungenster Weise beeinflusst hat? Kennen Sie eine Organisation, deren Mitgliedschaft für Sie eine Ehre wäre? Wird bei solchen Fragen irgendwann jemand an Sie und Ihr Unternehmen denken?

> **Tipp: Überlassen Sie es nicht dem Zufall, was über Sie in Erinnerung bleibt**
> Arbeiten Sie an Ihrer ganz persönlichen Antwort auf die Frage, welches Erbe Sie in Ihrer Organisation hinterlassen möchten. Spätestens, wenn Sie die Kern-Aufgaben der Führung bis zu diesem letzten Punkt gelöst haben: Denken Sie über sich und Ihre Legislatur-Periode hinaus!
> Also: Klären Sie für sich, wo Sie ihre Verantwortung enden lassen!

Wir hören förmlich die Stimmen: *„In welcher Welt leben die denn? Ich habe schon genug damit zu tun, meine Quartalsziele zu erreichen. Man misst mich nur an operativen Ergebnissen."*

Na klar! Wir sagen ja nur, dass Sie Ihre Ziele wahrscheinlicher erreichen, wenn Sie die Kern-Aufgaben der Führung erfüllen. Die gute Nachricht dabei ist: Selten ist es notwendig, sich um alle sieben gleichzeitig kümmern zu müssen. Welche Bedeutung jede einzelne hat, hängt nämlich von Ihrer ganz *persönlichen Führungssituation* ab. Genau deshalb werden wir uns diese nun genauer anschauen.

Das Besondere der persönlichen Situation berücksichtigen

„Während also jeder Manager einerseits seinen Job gestalten muss, muss er ihn andererseits auch schlicht erledigen. Das ist der Grund, warum der Managementstil nicht unabhängig vom Kontext und dem Ort seiner Ausführung gesehen werden kann – wie es so häufig in der Literatur geschieht."

Henry Mintzberg, Management-Denker

Im Laufe unserer Evolution entstand eine clevere Lösung dafür, in der prinzipiell überfordernden, unendlichen Vielfalt der Alltagssituationen überleben zu können. Unser Wahrnehmungs- und Denkapparat greift dazu auf einfache, effiziente Regeln zurück, die sich statistisch bewährt haben (Heuristiken). Sie kommen nahezu automatisch zum Einsatz, um die jeweilige Lage zu beurteilen, Entscheidungen zu treffen und unser Handeln zu initiieren. Sie arbeiten nach dem Prinzip: „Ah, das ist eine Situation von Typ B3! Meistens hat in solchen Momenten das Verhalten 13X funktioniert. Machen!" So reduzieren sie die Komplexität und vermitteln uns das Gefühl der Handlungsfähigkeit. Ein herrliches Gefühl!

Einige von diesen Regeln haben sich seit Jahrtausenden für die Menschheit an sich als wertvoll erwiesen, andere sind bei uns und Ihnen im Laufe des Lebens individuell entstanden. In diesem Buch haben wir diese beiden Varianten mit den Begriffen „archaischer Autopilot" und „persönliches Erfolgsmodell" in Verbindung gebracht.

Solche Heuristiken sind schnell und oft sogar unbewusst, da sie Situationen geradezu reflexartig in Schubladen stecken. So haben sie uns allen schon häufig das Leben erleichtert oder gar gerettet. Im Einzelfall sind sie dadurch allerdings auch verantwortlich für kritische Fehleinschätzungen und echte Probleme. Nämlich dann, wenn die Schublade nicht stimmt. Durch bewusstes Denken, Planen und Analysieren haben wir Menschen die Chance, die Qualität unserer Lösungen zu verbessern.

Bereits im Zusammenhang mit unseren Überlegungen zum Thema Professionalität haben wir festgestellt, welche Bedeutung die konkrete Situation hat. Sie erinnern sich: Der Profi tut das, was in *einer spezifischen Lage* mit der größten Wahrscheinlichkeit zum Erfolg führt. Er verhält sich so, wie es *genau diese* Situation von ihm erfordert. Das bedeutet in unserem Zusammenhang auf der anderen Seite: Wir bekommen für die Verwirklichung eines (tollen) Führungsstils keine Pluspunkte! Völlig egal, was Ihnen im letzten Seminar dazu alles erzählt wurde. Es geht nicht darum, ein bestimmtes Verhalten zu zeigen. Es geht darum, eine bestimmte Situation zu lösen oder zu verbessern. Mit stereotypem Handeln – mag es noch so „wertig" sein – gelingt das ungefähr so häufig, wie eine stillstehende Uhr am Tag die korrekte Uhrzeit anzeigt.

„Führung ist in hohem Maß kontextabhängig, und was in einer Situation angemessen oder machbar ist, kann in einer anderen unangemessen oder unmöglich sein. Führung nimmt im Krieg andere Formen an als in Friedenszeiten, und in Krisensituationen wird ein anderer Führungsstil benötigt als in stabilen Verhältnissen."[1]

Nun ist leider bekannt, dass wir situative Faktoren gerne übersehen, wenn wir uns mit menschlichem Verhalten beschäftigen. Nahezu automatisch suchen wir nach Motiven, Eigenschaften oder z. B. Kindheitserlebnissen, um sie als Ursachen für das Verhalten eines anderen Menschen zu sehen. Interessanterweise kommt uns zur Begründung unseres eigenen Verhaltens dagegen die „Logik der Situation" oft zwingend vor (*„Ich konnte im Grunde nicht anders, weil ..."*)? Da diese Verzerrung der Wahrnehmung so regelmäßig auftritt, haben die Psychologen dafür sogar einen eigenen Begriff erfunden; sie sprechen hier von einem „fundamentalen Attributionsfehler".

Während der diagnostische Blick auf den Menschen einer langen Tradition folgt, gibt es unseres Wissens immer noch keine etablierte Methodik, die sich als Situationsdiagnostik verstehen ließe. Nun gut, wir haben solche Dinge, wie den *Situativen Führungsansatz*,[2] der uns darauf hinweist, dass der aufgabenbezogene Reifegrad der Mitarbeiter das Führungsverhalten beeinflussen soll. Aber zum einen ist diese Erkenntnis nicht sehr beeindruckend, zum anderen ist es kaum gelungen, den praktischen Erfolg dieses Modells – Tausenden von Führungsseminaren um Trotz – wissenschaftlich zu belegen. Andere Ansätze haben situative Aspekte zumindest angeschnitten:

- Alle **Rollen-Konzepte** der Führung beruhen auf dem nachvollziehbaren Grundgedanken, dass in spezifischen Situationen (z. B. einem Sanierungsfall) eine spezifisches Verhaltensbündel Sinn macht (in dem Fall: der *„Sanierer"*). Auf diese Weise beinhaltet eigentlich jede Rolle eine bestimmte Situation, und wir könnten unbegrenzt und willkürlich neue Rollen erfinden.

---

[1] *Brown A.*, Der Mythos vom starken Führer, 2018, S. 55.
[2] *P. Hersey, K. Blanchard*: Management of Organizational Behavior, 1982.

Der erfolgreiche Manager wird aus dieser Perspektive jemand, „… der es versteht, aus einem breiten Repertoire diejenigen Rollen – und bei Bedarf mehrere in einer Situation! – samt entsprechender Maßnahmen auszufüllen, wie es in der jeweiligen Situation erfolgsförderlich ist." verlangen *Voelpel* und *Lanwehr* in ihrem überaus unterhaltsamen und auch inhaltlich anregenden Buch.[3]

Der Manager wird quasi zum *Breitband-Antibiotikum*, das für jede Situation die richtige Rolle parat hat. Auch wenn sich mit diesem Ansatz theoretisch das Problem der Situationsdiagnostik entschärfen ließe, scheint er sich in der Praxis weniger zu bewähren. Vielleicht auch verständlich oder kennen Sie jemanden, der dermaßen flexibel ist? Die meisten von uns kommen selten „aus ihrer Haut"!

- Selbstverständlich sind alle Beteiligten Teil der Situation. So wie man für Manager Rollen definieren kann, lassen sich Mitarbeiter in *Typologien* unterbringen (z. B. der Unmotivierte, der Überforderte, der Kritische, der Emotionale). Viele Handlungstipps beruhen hierbei auf dem Prinzip „Wenn Du Typ A vor Dir hast, musst Du immer xy machen, während bei Typ B Vorgehen z Erfolg verspricht." Dieser Ansatz hat tatsächlich etwas Hilfreiches, insbesondere wenn *das Ziel klar herausgearbeitet* ist, z. B. Konflikte entspannen oder Feedback annehmbar vermitteln.

  Dieser Zugang kann vor allem eine wertvolle Funktion haben, wenn wir mit sehr großen Mengen von unbekannten Menschen zusammenkommen (z. B. Kunden-Typologien im Massengeschäft). Bei unseren Mitarbeitern sollten wir jedoch nicht die Mühe scheuen, uns mit jedem Menschen individuell zu beschäftigen, statt ihn in eine Schublade zu verfrachten („Thomas ist doch ein typischer K3-ler."). Wem gefällt das schon?

- Wenn wir *Organisationen* typologisieren, übertragen wir diesen Ansatz nun auf ganze Unternehmen (z. B. Start-up, Konzern, Familienunternehmen oder Insolvenzfälle). Der Kerngedanke besteht hier darin, dass jede Firma quasi ihre eigene Situation definiert. Die Tipps lauten dann in etwa „Wenn Dein Unternehmen aus der Start-up-Phase kommt, dann musst Du im nächsten Schritt xy machen." Dieser Ansatz gefällt uns von diesen Dreien deshalb am besten, weil er die sich dem Manager stellende Aufgabe betont. Auf der anderen Seite sind Unternehmenskategorien auf einem so hohen Abstraktionsgrad, dass hier viele relevante Facetten der konkreten Situation unberücksichtigt bleiben.

Alle drei Ansätze verarbeiten situative Aspekte, reduzieren die Komplexität und können uns das Gefühl größerer Handlungsfähigkeit vermitteln. Kein Wunder, dass Rollen-Konzepte und Typologien – zumindest jenseits der Wissenschaftswelt – Erfolge feiern konnten.

Was aber würden wir uns von einer *echten* Situationsanalyse wünschen? Zunächst einmal sollte sie Antworten auf folgende Fragen liefern: Was charakterisiert meine Lage in Bezug auf die aktuellen Führungsanforderungen? Was ist genau hier-und-jetzt wesentlich?

---

[3] Management für die Champions League, 2009, S. 123.

Worauf muss ich mich im meinem Handeln konzentrieren? Sie soll uns das beruhigende Gefühl vermitteln: *„Ich habe verstanden, was hier los ist."*

Idealerweise bietet unsere Situationsanalyse dann eine Schnittstelle zu konkreten Verhaltensempfehlungen, frei nach dem Motto: In einer solchen Lage hat sich statistisch dieses-und-jenes Vorgehen am häufigsten bewährt! Wohlwissend, dass es immer unterschiedliche Wege zum Erfolg gibt, hätten wir auf diese Weise das zweite beruhigende Gefühl gewonnen: *„Ich weiß, wie ich mit dieser Situation umgehen kann."*

Wie anfangs erwähnt, finden wir Menschen diese beiden Empfindungen seit Urzeiten herrlich. Sie bringen uns in den Zustand der Handlungsorientierung, wir erleben uns der Lage gewachsen. Die dadurch gewonnene Selbstsicherheit lässt uns entschlossener und konsequenter agieren. Das allein kann bereits die Erfolgswahrscheinlichkeit unseres Handelns erhöhen, – unabhängig davon, ob wir tatsächlich kompetenter geworden sind.[4] Von unserem eigenen Ansatz sollten wir allerdings fordern, dass er nicht nur das *Gefühl der Handlungsfähigkeit* vermittelt, sondern uns auch tatsächlich *erfolgreicher* macht.

Es ist ernüchternd, dass viele Führungsansätze – die Abertausenden von Menschen das gute Gefühl selbstbewusster Handlungsfähigkeit vermittelt haben – ihre praktische Wirksamkeit nie nachweisen konnten (z. B. das Grid-Modell[5] oder NLP-Techniken). *Henry Mintzberg* geht sogar so weit, diese funktionale Schwäche selbst bei der MBA-Ausbildung zu unterstellen.[6] Während unsere uralten Heuristiken das Resultat eines ewigen Prozesses natürlicher Selektion sind (Was nicht funktionierte, starb!), sind moderne Modelle und Theorien auf empirische Überprüfung angewiesen. Doch der Reihe nach.

Bereits in der letzten Auflage haben wir folgende Kriterien zur Differenzierung von Situationen vorgeschlagen:

1. *Risikograd*: Je riskanter eine Situation ist, desto entscheidender ist die Konzentration auf das „hier & jetzt" (z. B. weil aufgrund geringer Liquidität jeder Fehler das Aus für das Unternehmen bedeuten kann).
2. *Erleichterungsgrad*: Es macht einen großen Unterschied aus, ob man sein Ziel mit „Rückenwind" (z. B. gute Wirtschaftslage) verfolgt – oder „gegen die Strömung" (z. B. heftige politische Widerstände).
3. *Erfüllungsgrad* der Kern-Aufgaben: Jede Situation lässt sich in Bezug auf unsere Kern-Aufgaben evolutionärer Führung durch eine Art „Dringlichkeitsrangliste" charakterisieren. Welche Aufgaben sind aktuell wie bedeutsam für den Gesamterfolg?

---

[4] Auch in unseren Befragungen zeigt sich immer wieder, dass Manager mit einem klaren Führungsbild im Kopf ihre Rolle selbstbewusster ausfüllen. Sie ziehen daraus die Überzeugung, „zu wissen, was zu tun ist" und glauben, „das Prinzip erkannt zu haben". Das ist ein Grund dafür, warum Seminare und Ausbildungswege, die ein solches Prinzip vermitteln, eine höhere Akzeptanz im Markt finden, – selbst wenn ihre tatsächliche inhaltliche Substanz gegen Null geht.

[5] *Robert R. Blake & Jane Mouton*: The Managerial Grid: The Key to Leadership Excellence, 1964.

[6] In: Manager statt MBAs, 2005.

4. **_Belastungsgrad_**: Einschätzung von Ressourcen, die zur Bewältigung der aktuellen Lage einzusetzen sind (z. B. Welcher zeitliche Aufwand muss aktuell in Führungsaufgaben investiert werden?).

Ein entsprechendes Werkzeug haben wir mittlerweile entwickelt und mit vielen Hundert Führungskräften erprobt. Es stellt heute in unserer Beratungspraxis nicht nur die Grundlage für Coachings und Management-Workshops dar, sondern wird auch regelmäßig bei Besetzungsfragen eingesetzt. Wissenschaftlich dürfen wir dieses Vorgehen wohl nicht nennen, von sorgfältig reflektierter Praxis können wir allerdings zweifellos sprechen.[7]

Unsere eigene Sensibilität für den Aspekt der Führungssituation war nicht theoriegeleitet. Sie entstand fast beiläufig. In der Beratungspraxis wird man von Managern mit einer wiederkehrenden Aussage konfrontiert: „_Wenn ich doch nur mehr Zeit für Führung hätte …_" Sicherlich brauchen wir diese Problematik für Sie nicht weiter zu erläutern. Die meisten Menschen, die heute beruflich spürbare Verantwortung tragen, müssen mit ihrer Zeit haushalten. Der sicherlich nett gemeinte und verbreitete Hinweis, dass man eben Prioritäten setzen muss, entschärft die Grundproblematik wenig.

Wir wollten unserem beruflichen Netzwerk an dieser Stelle etwas Nützliches anbieten und fragten uns zunächst, ob der Satz „… mehr Zeit für Führung" nicht das Problem verschärft. Zum einen suggeriert er, Führung wäre etwas, was man neben dem „normalen Geschäft" macht (nach dem Motto: _Das jetzt auch noch!_). Zum anderen impliziert er, dass Führung etwas Geschlossenes ist, für das man entweder Zeit hat – oder eben nicht. Zumindest letzteres trifft aus Sicht unseres Modells nicht zu!

Gehen wir davon aus, dass sich fast jeder Mensch mit Mitarbeiterverantwortung sehr genau überlegen muss, wie viel Zeit er in die Führungsarbeit investiert. Dann sollte er wissen, welche Facetten der Führung er in seiner aktuellen Situation problemlos vernachlässigen kann – und welche auf keinen Fall. Und schon hatte sich die _Situationsdiagnostik_ in unsere Gedanken eingeklinkt, denn um diese Frage beantworten zu können, muss man die persönliche Lage des Managers greifbar machen.

▶ Eine systematische Situationsdiagnostik für die Führungsaufgabe ist in dem Moment möglich, in dem ein prüfbares Theorie-Gebäude zur Verfügung steht. Vorher kann man sich nur an der persönlichen Intuition, den subjektiven Erfahrungen und klassischen Kennzahlen orientieren.

Eine solche Theorie gibt es mit dem _Evolutionären Führungsansatz_ nun. Seit der letzten Auflage konnte er sogar erfolgreich in Algorithmen übersetzt und mit Führungskräften getestet werden. Vier Jahre Entwicklungsarbeit führten zur weltweit

---

[7] Obwohl von Seiten der Hochschulen geradezu reflexhaft an Praktiker die Forderung gestellt wird, ihre Modelle und Methoden wissenschaftlich überprüfen zu lassen, kooperieren sie hier interessanterweise nur sehr ungern. Stattdessen werden lieber eigene Theorien entwickelt und „bewiesen". Ein Schelm, wer hier ein Konkurrenzdenken vermutet ….

ersten „digitalen Intelligenz", die unsere Führungsaufgabe einfacher macht – und sich in ihrer Wirksamkeit stetig weiterentwickelt (www.LEAD2gether.de).

Wir fragen also nun nicht mehr *„Wo soll ich denn noch die Zeit für Führung hernehmen?"*, sondern *„Welche der Kern-Aufgaben der Führung sollte ich anpacken, um den größten Fortschritt zu erzielen – und welche kann ich momentan straffrei vernachlässigen?"*. Die lapidare Empfehlung, doch Prioritäten zu setzen, ist plötzlich sachlich und zügig umsetzbar. ***Das Zeitproblem ist entschärft.***

Dass wir – quasi als Nebenwirkung – auf diese Weise auch die Greifbarkeit der individuellen Situation des Managers erhöhten, erdete den *Evolutionären Führungsansatz* erfreulich handfest im realen Leben.[8] Aus der Verbindung von Situationserfordernissen, Rahmenbedingungen und der Persönlichkeit des Führenden werden nun **individuelle Verhaltenstipps** ableitbar.

Womit wir in der Erarbeitung unseres Ansatzes so weit gekommen wären, dass wir einmal die Perspektive wechseln und uns fragen können: Was bedeutet das evolutionäre Führungsmodell eigentlich für die Management-Diagnostik und -Entwicklung? Beginnen wir unsere weiteren Überlegungen damit, die sogenannte *„Führungspersönlichkeit"* etwas näher zu beleuchten.

---

[8] „Je größer die Organisation, desto wichtiger ist die Art der Führung und das Führungsmodell." (Interview mit *Daniel Zinner*, Head of Human Resource der AVANCIS GmbH).

Teil III

Persönlichkeit und Führung

Führungspersönlichkeit: Mythos oder Realität?

> „Die Neigung der Natur, sich selbst treu zu bleiben, kann uns viel lehren. Unter diesem Aspekt lassen sich heutige Managementmethoden leichter beurteilen, Modeerscheinungen und oberflächliche Vorschläge als solche erkennen, und wir können uns stattdessen auf das konzentrieren, was sich auch grundsätzlich bewährt hat."
>
> Margaret J. Wheatley, Managementprofessorin

Kennen Sie Kinderrätsel der hier abgebildeten Art? Haben Sie ihn schon gefunden, unseren Top-Manager (Abb. 1)? In irgendeinem Alter bekommen Kinder den kleinen Trick heraus, dass sie hinten anfangen müssen, um sich vergebliche Versuche zu ersparen. Ein wenig erinnern solche Rätsel – und das Vorgehen – an uns Management-Diagnostiker. Wir glauben nämlich, dass es eine klare Verbindung zwischen dem Erfolg und einer bestimmten Persönlichkeit gibt.

Wir denken: Lass uns hinten anfangen, der Spur des Erfolges folgen, und dann kommen wir zwangsläufig bei der Erfolgspersönlichkeit aus. Wenn das misslingt, müssen wir uns mehr konzentrieren, genauer hinschauen, es noch einmal machen.

Wenn derzeit die meisten führenden Management-Experten (vgl. Kapitel: Das verflixte Problem Führung) bislang nicht einmal einen wissenschaftlich belegbaren Zusammenhang zwischen Führungsverhalten und Unternehmenserfolg finden: Wonach sucht man dann eigentlich, wenn man die Persönlichkeit des „guten Führenden" im Fokus hat? Akzeptieren wir doch bitte endlich diese Tatsache: Erfolgreiche Manager unterscheiden sich

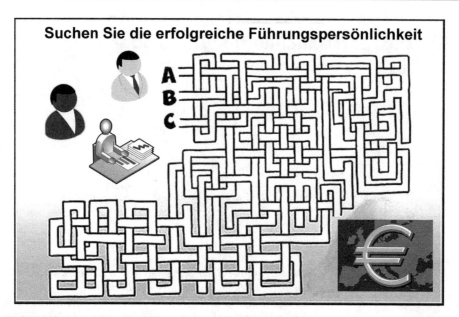

Abb. 1 Das einfache Management-Diagnostik-Rätsel

genau so deutlich voneinander, wie andere Menschen auch.[1] Und wenn irgendeine Studie wieder einmal Intelligenz, Energie, Entschlossenheit, verbale Geschicklichkeit usw. als wesentlich für den Führungserfolg[2] identifiziert, dann wird es schon fast langweilig. Mal ehrlich: Wer hat Erfolg in irgendetwas, wenn er dumm, träge und zögerlich ist?

Schon einige Grundannahmen bzw. Ansätze dieser Art der Führungsforschung sind aus unserer Sicht problematisch:

- Wird das Denken in **Stärken und Schwächen** der Realität überhaupt gerecht? Unsere Eigenarten sind doch zumeist in der einen Situation nützlich, in einer anderen störend. Jeder Mensch, der sich und sein Verhalten ein wenig achtsam beobachtet, weiß das!
- Macht es Sinn, unterschiedliche Menschen anhand **derselben Kriterien** zu beurteilen? Wir haben doch unsere ganz individuellen Erfolgsstrategien, viele unserer Mängel kompensieren wir geschickt, beeinflussen Situationen zu unseren Gunsten und vermeiden Wege, bei denen wir „auf dünnem Eis sind".

---

[1] Der Ur-Vater der Managementberater, *Peter F. Drucker*, weist darauf hin, dass eine ideale Führungskraft nicht notwendigerweise eine Führernatur sein muss. Die vielen erfolgreichen Führungskräfte, die er in seinem Leben getroffen hat, „waren sehr unterschiedliche Persönlichkeiten, sie vertraten sehr unterschiedliche Werte und Meinungen und hatten sehr unterschiedliche Stärken und Schwächen" (in *Drucker, P. F. & Paschek, P.*, Kardinaltugenden effektiver Führung, 2004, S. 9, S. 229).

[2] Vgl. *Stogdill, R.M.*, Handbook of Leadership, 1974 und *Neuberger, O.*, Führen und führen lassen, 2002, S. 251.

Führungspersönlichkeit: Mythos oder Realität?

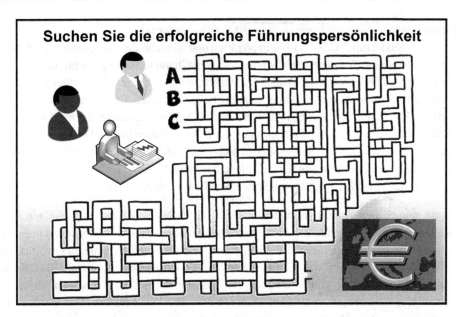

Abb. 2 Das etwas realere Management-Diagnostik-Rätsel

- Ist es nicht unlauter, eine groß angelegte Sammlung individueller **Stärken verschiedenster Menschen** zu einer Anforderungsliste für Einzelne zu machen? Wir gehen doch auch nicht hin und stellen die besten Eigenschaften jeder Säugetierart zusammen, um damit einen „Ideal-Säuger" zu definieren.

Wenn wir Menschen über Eigenschaften verfügen, die in der Lage sind, die Ur-Aufgabe der Führung erfolgreich zu erfüllen, werden wir diese selbstverständlich einsetzen. Schließlich bringen wir in jede Konfrontation mit den Herausforderungen der Umwelt unsere ganze Persönlichkeit ein. Wir können mittlerweile aus dem evolutionären Führungsansatz die grundlegende These ableiten, dass alle Versuche, *spezifisches* Führungsverhalten zu finden, scheitern müssen.

▶ Es gibt bei komplexen Aufgabenstellungen *verschiedene Wege zum Erfolg!*
Es ist zu erwarten, dass die Suche nach Führungseigenschaften letztlich einfach nur das *komplette Repertoire* menschlicher Fähigkeiten abbilden wird, sonst nichts.

Unser Kinderrätsel verändert sich signifikant, wenn es keine eindeutige Verbindung zwischen Persönlichkeit und Erfolg gibt (Abb. 2). Natürlich könnten wir jetzt die beiden „Erfolgspersönlichkeiten" mitteln oder deren kleinsten gemeinsamen Nenner suchen. Wenn Sie sich die managementdiagnostische Szene ansehen: eine weit verbreitete Idee. Sehr erstaunlich, denn damit wird unser Ergebnis nun *völlig unbrauchbar*! Genau diese gemittelte oder reduzierte „Persönlichkeit" hatte nie irgendeine Art von Erfolg, denn sie gibt es ja im wahren Leben gar nicht.

Wenn Forscher nach der Essenz erfolgreicher Führung suchen

In einer Studie mit 80.000(!) Führungskräften und während der Auswertung von 5 Millionen Interview-Protokollseiten wurde nach den Charakteristika gesucht, die die Besten und Erfolgreichsten eint. Wollen Sie wissen, welche konkrete Empfehlung letztlich abgegeben werden konnte? „Gute Manager haben begriffen, dass jeder Mensch seine eigene Motivationsstruktur besitzt, seine eigene Denkweise, seinen eigenen Umgangsstil. Sie wissen auch, dass sich Menschen nur bedingt ändern lassen. Doch sie beklagen diesen Sachverhalt nicht. Sie versuchen nicht, die Differenzen abzuschleifen. Stattdessen setzen sie alles daran, die Unterschiede zu *nutzen*."[3]

Das war's! Ist das nicht ein unglaubliches Kosten-Nutzen-Verhältnis?

Warum kommt nicht spätestens an dieser Stelle der Verdacht auf, dass es gar keinen Sinn macht, weiter nach Besonderheiten von Führungskräften zu suchen. Forschen wir einem Mythos hinterher? Wir befürchten: Ja! Führende sind im wahrsten Sinne des Wortes aus *demselben Holz geschnitzt* wie die Geführten. Ihre Funktionsweise ist gleich. Ein solcher Wechsel der Perspektive sollte zu neuen Untersuchungen führen. Wir werden anfangen müssen, uns differenzierter mit dem „*Einzelfall Mensch*" zu befassen. Wir werden uns fragen müssen, ob es Muster in den unterschiedlichen Wegen zum Erfolg gibt.

Persönlichkeitsmuster statt Eigenschaften und Einzel-Kriterien

Wir sind auf der Suche nach Know-how, das folgende Aussagen ermöglicht: „Menschen mit **Muster m** werden unter den speziellen **Bedingungen b** mit **Wahrscheinlichkeit w** das **Verhalten v** zeigen, wenn sie mit der **Aufgabe a** konfrontiert werden."

Wir sind überzeugt, dass wir alle – zumeist unbewusst – im Umgang miteinander ständig solche Annahmen über unsere Mitmenschen machen. Treffen unsere Vorhersagen zu, erleben wir unser Gegenüber als berechenbar. Allerdings sind unsere Alltags-Einschätzungen zumeist durch emotionale Anteile, persönliche Filter und nichtrepräsentatives Datenmaterial eingeschränkt. Wir sagen: Wir sind subjektiv![4]

Computer einzusetzen, bewirkt nicht automatisch eine substanzielle Verbesserung der Lage. Um es auf den Punkt zu bringen: Wenn ein Grundkonzept nicht funktioniert, wird es nicht durch Algorithmen erfolgreicher. Leider stellen viele IT-gestützte Diagnosesysteme nichts weiter dar, als die technisch anspruchsvolle Aufbereitung irrelevanter Daten.

Die Tragödie der Statistik

Wenn ich Manager mit einem völlig bedeutungslosen Instrument „messe" und die Ergebnisse dann als Sollprofil definiere, mit dem ich Nachwuchskräfte vergleiche, nützen die professionellsten Programmierungen nichts.

---

[3] *Buckingham, M./ Coffman, C.*, Erfolgreiche Führung gegen alle Regeln, 2001.

[4] „Es ist schwer, Führungsqualität zu vergleichen. Man vergleicht meist mit den persönlichen, subjektiven Idealen." (Interview mit *Pascal Machate*, Human Resource Manager der Hewlett-Packard CDS GmbH).

Führungspersönlichkeit: Mythos oder Realität?

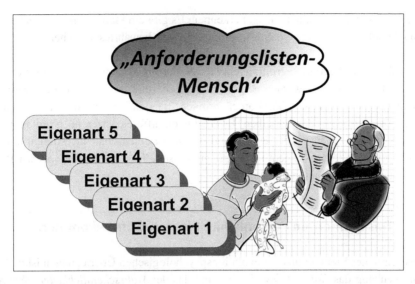

Abb. 3 Der Anforderungslisten-Mensch

Stellen Sie einer beliebigen Anzahl von Führungskräften folgende Frage: „Waren Sie in Ihrem letzten Sommerurlaub glücklich?" Lassen Sie nun auf einer Skala von 1 bis 10 ankreuzen. Natürlich können Sie anschließend einen Mittelwert und eine Standardabweichung abweichung errechnen. Aber was bedeuten die?

Eine ganze Reihe von Verfahren geht nun hin, legt diese Frage anderen Menschen vor und vergleicht die Antwort mit der „Normgruppe". Passt die Antwort, wird im schlimmsten Fall nun Führungspotenzial unterstellt. Stehen Ihnen die Haare zu Berge? Dann schauen Sie sich auf dem Markt der Management-Diagnostik einmal um.

Andererseits bieten Computer natürlich Möglichkeiten, die wirklich spannend sein können. Sie brauchen dann allerdings erst einmal – neben **stimmiger Theorie** und pfiffiger Programmierung – **wertvolle Daten**. Auch an dieser Stelle wird viel Unsinn gemacht. Wildes Sammeln („Big Data") bringt hier wenig! Schließlich sind wir kein Sammelsurium von unterschiedlich ausgeprägten Anforderungskriterien (Abb. 3).

Seit langem wird der Traum verfolgt, für jeden Beruf ein besonderes Anforderungsprofil zur Hand zu haben, das man mit dem Profil potenzieller Kandidaten vergleichen kann.[5] Diesem Bemühen liegt die Annahme zugrunde, dass in einem eindeutig definierbaren Umfeld messbare Leistungen produziert werden, die einer vorgegebenen Aufgabe genau entsprechen.

Spezifikationen und Soll-Profile

Der Grundgedanke ähnelt einer technischen Spezifikation, die beispielsweise bei Erteilung eines Auftrags für die Automobilzulieferindustrie erstellt wird. Je exakter die Anforderungen definiert werden, desto unmissverständlicher ist die Erwartung und desto

---

[5] *Jüttemann, G.*, Eignung als Prozess, in: Sarges, M. (Hg.), Management-Diagnostik, 1995, S. 67.

besser lassen sich Qualitätsmängel erkennen. Es gibt ein klares Sollprofil und eine genau darauf ausgerichtete Qualitätsprüfung. Ein sehr bewährtes Vorgehen.

Nahezu das ganze heutige Recruiting lebt vom Sollprofil. Hier herrscht das Motto: je ausgefeilter, desto besser. Es werden bergeweise Anforderungsprofile erarbeitet. Wenn diese nicht den erhofften großen Durchbruch bringen, handelt man nach dem altbekannten Problemlöse-Prinzip: mehr desselben! Es wird noch differenzierter, noch umfangreicher, noch analytischer … Es wird viel Zeit und oft auch Leidenschaft investieren, um unser Grundproblem zu lösen. Es geht nur leider auf diesem Wege nicht. Das was wir Persönlichkeit nennen, funktioniert anders!

1 Das Phänomen Persönlichkeit in den Griff bekommen

Ein wesentliches Element unserer evolutionspsychologischen Überlegungen ist in diesem Zusammenhang das *Konzept des Musters* und das der *Wahrscheinlichkeiten*. Wir haben zum einen unterstellt, dass es (a) archaische Muster gibt. Gleichzeitig hat uns die Natur zum anderen darauf programmiert, (b) individuelle Muster bilden zu können. Zusammen bilden diese beiden Mechanismen unseren *Autopiloten*. Wir werden vermutlich niemals genau herausfinden können, wie hoch der Anteil archaischer Aspekte an den Verhaltenswahrscheinlichkeiten ist. Für die Praxis ist dies jedoch auch gar nicht notwendig.

Für uns wäre es ein riesiger Erfolg, wenn wir wirklich brauchbare Vorhersagen machen könnten: Wie wird sich ein bestimmter Mensch vermutlich verhalten, wenn wir ihn mit der Führungsaufgabe konfrontieren, und wie hoch ist dabei die Wahrscheinlichkeit seines Erfolges? (Abb. 4)

Ganz grundlegend müssen wir uns bewusst machen, dass Eigenschaften nicht als einzelne, unverbunden nebeneinanderstehende Facetten der Persönlichkeit betrachtet werden dürfen. Vielmehr ist unsere Persönlichkeit als ein **komplex verknüpftes Netzwerk** zu verstehen (Abb. 5). Steht z. B. Leichtsinn nicht oft auch mit Selbstsicherheit, Neugier und eigenen Fähigkeiten in Beziehung? Sind all die vielen Kriterien beliebig frei variierbar? Nein, sind sie nicht! Die Evolution sah nie die einzelne Eigenschaft, sondern immer den ***Gesamt-Organismus***, der sich in den Aufgaben des Lebens bewähren musste.

▶ Wenn Persönlichkeit als Art *Mobilé* zu verstehen ist,[6] müssen wir unsere Diagnostik ebenfalls darauf ausrichten. Es ist weit entscheidender, ***wesentliche Grundmuster*** zu identifizieren, als unendlich viele, ungeordnete Details und deren Ausprägung.

Ähnlich, wie wir auch ein Gesicht auf einem Foto mit wenigen Pixeln erkennen, kommt es auf die Beziehung der Pixel untereinander an, auf das *Muster*. Zu wissen, dass wir es

---

[6] Allerdings im Gegensatz zum Mobilé auch noch dynamisch bzw. lebendig, doch dazu später mehr.

1 Das Phänomen Persönlichkeit in den Griff bekommen

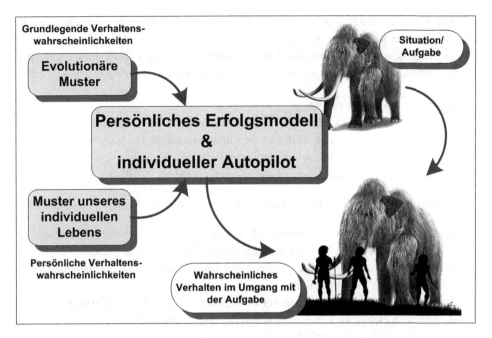

Abb. 4 Verhaltens-Vorhersage

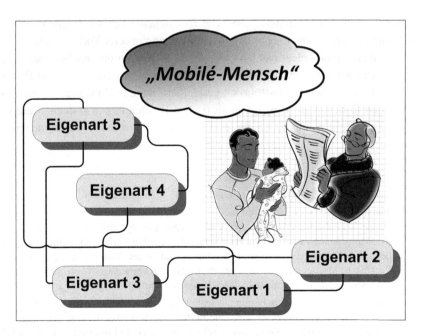

Abb. 5 Der Mobilé-Mensch

mit 167.445 roten, 2.532.009 blauen usw. Pixeln zu tun haben, ist beeindruckend exakt. Nützen tut uns das allerdings gar nichts.

Zur Prognose von zu erwartendem Führungsverhalten genügen also keinesfalls Ausprägungen von Eigenschaften oder Fähigkeiten, es müssen **Modelle und Profile** erstellt werden.

Wettervorhersagen als Vorbild?

„Das Wetter kann man auch nicht verstehen, wenn man nur Temperatur, Luftfeuchtigkeit und Luftdruck ... misst: Meteorologen brauchen schon Theorien, was sich ... abspielt und wie das zum Geschehen hier unten in Beziehung steht."[7]

Erwarten wir, dass Menschen weniger komplex sind als das Wetter?

Was müssen wir also tun, um unsere Aufgabenstellung zu bewältigen?

1. Zunächst brauchen wir ein **Persönlichkeitsmodell**, das die Idee der Verhaltenswahrscheinlichkeit beinhaltet und uns sagt, auf welche Daten es für uns ankommt.
2. Auf dieser Basis bauen wir eine repräsentative **Datenbank** auf, die die statistische Auswertung von Mustern ermöglicht.
3. Diese Muster bringen wir mit den **Kern-Aufgaben evolutionärer Führung** in Verbindung und erforschen auch hier Wahrscheinlichkeitszusammenhänge.
4. Nun können wir den **Einzelfall** vor dem Hintergrund unserer Erkenntnisse bewerten und individuelle Wahrscheinlichkeitsaussagen zum Führungserfolg machen.

Wir haben das getan, und es funktioniert![8] Die Treffsicherheit dieses Zugangs – und damit dessen Sinnhaftigkeit – konnte über den Zusammenhang unserer Vorhersagen zum späteren Erfolg einer Person belegt werden.[9] Bei der Konstruktion unseres Verfahrens griffen wir auf die Erfahrungen einer „benachbarten" Profession zurück: den Kriminal-Profilern.[10] In der 1. Auflage[11] haben wir ausführlich geschildert, warum Management-Diagnostiker etwas von den Kollegen aus dem kriminalistischen Bereich lernen können – und warum sie dies auch tun sollten. Lassen Sie uns einige dieser Gedanken hier zusammenfassen.

---

[7] Caspar, F., Beziehungen und Probleme verstehen, 1996, S. 119.

[8] Einen großen Dank an dieser Stelle an das Team der MP Management-Profiling GmbH.

[9] Dass das Management-Profiling nicht nur methodisch schlüssig, sondern auch ungewöhnlich treffsicher ist, konnte 2011 in einer differenzierten Validitätsstudie belegt werden. Statistisch erfolgt dies in Form von entsprechenden Kennzahlen: Hier signalisiert ein Wert von $r = 1,0$ eine 100 %ige Vorhersagesicherheit, $r = 0,0$ spiegelt dagegen den völligen Zufall wider. Assessment-Center liegen heute um $r = 0,25$. Unsere Management-Profiler erzielten dagegen Vorhersage-Werte von $r = 0,66$, und selbst völlig Außenstehende konnten allein durch Lesen der schriftlichen Berichte $r = 0,39$ erreichen.

[10] Die 2006 veröffentlichte Methodik beruht tatsächlich auf den Werkzeugen und Erkenntnissen der Kriminalprofiler, und sie bestand deren kritische Prüfung: „Ich denke, dass sie den Stand unserer Arbeit und Methodik treffend skizziert haben.", schrieb uns 2007 der Leiter der Operativen Fallanalyse des Landeskriminalamts NRW (so nennen sich die Profiler in Deutschland).

[11] Das Thema Management-Diagnostik hatte dort einen deutlich größeren Raum. Sollten Sie an dieser Stelle ein Spezialinteresse haben, lohnt sich vielleicht ein Blick in „Evolutionäre Führung" (2006).

2 Von den Kriminal-Profilern abgeguckt

Profiler gehen mit uns davon aus, dass menschliches Verhalten einerseits zu komplex ist, um es katalogisieren zu können, andererseits aber Vorhersagen möglich sind.[12] Sie erarbeiten *Wahrscheinlichkeitsaussagen* und grenzen den Kreis denkbarer Täter dadurch ein. Als wir uns 2005 erstmals mit diesen Ansätzen beschäftigten, entstand in unseren Köpfen ein faszinierendes Bild: Wir sahen uns jemandem sagen, dass er mit 30-prozentiger Wahrscheinlichkeit der Richtige für die Führungsaufgabe sei, seine Kollegin dabei allerdings auf 83 Prozent käme.

Was wäre dies für ein Meilenstein in der Auswahl von Managern! Wir würden den Einzelnen nicht mehr mit irgendwelchen Idealprofilen vergleichen, sondern seinem ganz **persönlichen Erfolgsmuster** gerecht. Diesem Ziel konnten wir in den letzten 15 Jahren der Entwicklungs- und Beratungsarbeit erfreulich nahekommen.

Schauen wir den Kriminal-Profilern ein wenig über die Schulter: Vor allem in ihrer *Startzeit* waren sie – auch aus eigenen Reihen – deutlicher Kritik ausgesetzt. Die verwendeten Methoden waren nebulös und das Vorgehen in der Regel unsystematisch. Es wurden mit viel Geheimniskrämerei und kaum empirischem Wissen Profile erstellt. In dieser Phase entstand der Mythos des kauzigen, leicht verrückten Profilers, der dem Täter in seine Schreckenswelt folgt.

Mit zunehmender **Professionalisierung** hat sich die Akzeptanz in den letzten Jahren allerdings stark ins Positive gewandelt. Wiederholte Prüfungen beim US-amerikanischen FBI und in Großbritannien belegen, dass sich die **Genauigkeit der Voraussagen** in der Zwischenzeit verbessert hat und mittlerweile im Durchschnitt zwischen 70 und 80 Prozent liegt. Auch das Bundeskriminalamt stellt in seinen eigenen Erhebungen dar, dass es bei der Tat-Hergangsanalyse eine Trefferquote von 90,3 bis 92,8 Prozent, bei Täterprofilen zwischen 81,0 und 88,1 Prozent erreicht.[13] Mit vermehrter Forschung und Verbreitung computergestützter Programme nimmt die Effektivität der Profiler weiter zu.[14]

Grundsätzlich ist nicht mehr der tief in die Abgründe der Seele blickende *Seher* das Leitbild des Profilers, sondern der *gut ausgebildete Experte*. „Dabei beinhaltet aber gerade der letzte Schritt zum Täterprofil oft eine nur schwer auflösbare Mischung aus Fachwissen, Common Sense, gründlicher Fallbearbeitung, psychologisch geschulter Menschenkenntnis und Erfahrung."[15] Eine Erfahrung, die wir auch aus Management-Perspektive nur teilen können: Computer allein diagnostizieren nicht!

Die Profiler unterscheiden a) individuelle Analysen, b) statistische Ansätze und c) rein intuitive Methoden. Letztere, die nur auf persönlichen Erfahrungen des Spezialisten

---

[12] *Müller, Th.*, Bestie Mensch: Tarnung – Lüge – Strategie, 2004, S. 44 f.

[13] *Musolff, C.*, Täterprofile und Fallanalyse. Eine Bestandsaufnahme, in: Musolff, C. & Hoffmann, J. (Hrsg.), Täterprofile bei Gewaltverbrechen. Mythos, Theorie und Praxis des Profilings, 2002, S. 1–33.

[14] *Föhl, M.*, Täterprofilerstellung: ein methodenkritischer Vergleich aus rechtspsychologischer Perspektive, 2001, Frankfurt/M.: Verlag für Polizeiwissenschaft, S. 172.

[15] *Reichertz, J.*, „Meine Mutter war eine Holmes". Über Mythenbildung und die tägliche „Arbeit des Crime-Profilers", in: Musolff, C. & Hoffmann, J. (Hrsg.), Täterprofile bei Gewaltverbrechen, 2002, S. 37–69.

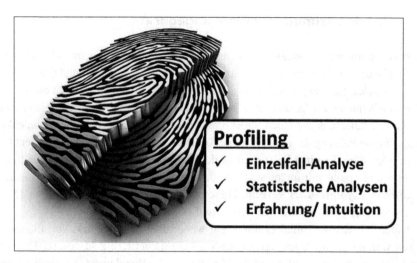

Abb. 6 Die Ansätze der Profiler

beruhen, werden mehrheitlich kritisiert. Auch hier ist die Parallele zum Personaler-Alltag erkennbar (Abb. 6).

Im praktischen Einsatz hat sich gezeigt, dass sich die drei Profiler-Wege (individuell, statistisch, intuitiv) gut ergänzen und zu einer vielfachen Qualitätssteigerung in der Arbeit und Datensammlung führen können.[16] Das Grundproblem dieser Methoden liegt letztlich darin, dass die absolute *Einzelfallbetrachtung* einen enormen Aufwand darstellt, der *intuitive Ansatz* kaum überprüfbar ist und die *nackte Zahlenwelt der Statistiken* noch lange keine Erklärung liefert. Ihren Nutzen bekommen Daten erst, wenn es eine **gute Theorie** dazu gibt.

Einer der bekanntesten psychiatrischen Gerichtsgutachter Deutschlands, Prof. Dr. Henning Saß, hält es daher im Rahmen seriöser Arbeit für entscheidend, ein „*Verstehensmodell*" zu entwickeln. Ein toller Begriff, der ganz nebenbei verdeutlicht, dass hervorragende Diagnostik wohl nie ganz durch einzelne Testverfahren oder Künstliche Intelligenz geleistet werden kann.

Data Analytics vs. „Verstehensmodelle"

Was würde beispielsweise die Erkenntnis nützen, dass 76,3 Prozent aller Fahrerflüchtigen im Alter von 10 Jahren an den Fingernägeln kauten und 82,7 Prozent ein Paar braune Schuhe besitzen? Wir hätten hier einfach nur Zusammenhänge, von denen niemand weiß, was sie bedeuten – im schlechtesten Fall nämlich nichts. Wir könnten ja herausfinden, dass bei allen anderen Menschen in unserem Land die Werte genau die gleichen sind, auch bei Fahrradfahrern, Stelzenläufern und Fußgängern.

---

[16] *Musolff, C.*, Täterprofile und Fallanalyse. Eine Bestandsaufnahme, in: Musolff, C. & Hoffmann, J. (Hrsg.), Täterprofile bei Gewaltverbrechen. Mythos, Theorie und Praxis des Profilings, 2002, S. 1–33.

2 Von den Kriminal-Profilern abgeguckt

Im Vergleich mit den Kriminal-Profilern haben wir ein paar Vorteile: Zunächst gibt es erfreulicherweise sehr viel mehr erfolgreiche Manager als Serientäter. Wir haben also eine *größere Datenbasis*. Dann verfügen wir mit dem *Evolutionären Führungsansatz* über eine *praktische, ausgearbeitete Theorie*, die Daten sinnvoll zu interpretieren.

Übernommen haben wir von den Kriminalern die Methodik der *computerunterstützten Wahrscheinlichkeitsaussagen* und die Gesamt-Profil-Erstellung durch *Spezialisten*. Auf dieser Basis können wir Thesen aufstellen und sogar mit Wahrscheinlichkeiten belegen.

Vorsicht im Umgang mit Statistiken

Nehmen wir an, wir wüssten von einem Menschen, dass er in seiner Führungsrolle *Akzeptanz* findet und sich *gut auf andere einstellt*. Dann könnten wir aufgrund unserer Datenbanken heute die These aufstellen, dass er auch einen *hohen Anspruch* an sich selbst hat. Die Wahrscheinlichkeit dafür liegt bei 78 Prozent.[17] Lässt sich das auch umkehren? Bekommt man Führungsakzeptanz entgegengebracht, wenn man hohe Ansprüche an sich stellt und auf andere eingeht? Das würde so manchen werteorientierten Managementtrainer sehr freuen – und unser evolutionärer Führungsansatz hätte ein Problem, denn er unterstellt viel komplexere Zusammenhänge. Was sagen unsere Datenbanken dazu?

Von den Menschen, die einen hohen Anspruch an sich haben und sich gut auf andere einstellen, werden tatsächlich immerhin 37 Prozent in der Führungsrolle akzeptiert. Hört sich doch prima an, nicht wahr? Ist das nun ein Beleg für den Wert dieser beiden Kriterien? Nun, das hängt davon ab, wie viele Menschen denn so grundsätzlich – und unausgewählt – Führungslegitimation erhalten. Wir können Ihnen sagen: Es sind 38 von 100! Ernüchternde Schlussfolgerung: Unsere beiden ***Eigenschaften machen keinen Unterschied!***

Zunächst müssen sich also statistische Ansätze (hier empfehlen sich die Datenbank-Methoden der Kriminal-Profiler) und die theoriegeleitete Suche nach Mustern ergänzen. In Verbindung mit diagnostischen Informationen zur Persönlichkeit (Muster und Strategien) lassen sich dann Wahrscheinlichkeitsaussagen zum Umgang mit den Kern-Aufgaben der Führung machen.

Auf dieser Basis ist eine Management-Diagnostik möglich, deren Trefferquote – wie wir nachweisen konnten – deutlich über derjenigen von heute üblichen Verfahren liegt (z. B. Interview, Assessment-Center, Testverfahren).

Das alles erscheint Ihnen arg aufwändig? Wir bemühen jetzt nicht das Argument der Kosten von personellen Fehlentscheidungen. Auch den Hinweis, dass Ihre Personalabteilung Ihnen sicherlich einiges darüber erzählen kann, wie viel Aufwand bei solchen Aufgabenstellungen auch heute schon betrieben wird, vertiefen wir nicht. Wir möchten Ihnen nur *zwei Fragen* stellen: Sehen Sie einen besseren Weg? Welche Bedeutung hat für Sie die bestmögliche Besetzung von Führungspositionen?

Letztlich gilt für unser Thema das Gleiche, wie für viele andere Entscheidungen auch: Was will ich erreichen? Welchen Anspruch definiere ich? Stehen Aufwand und Nutzen in

---

[17] Quelle: Profiling-Datenbanken der MP Management-Profiling GmbH (über 500.000 Einzeldaten).

einem sinnvollen Verhältnis? Die tragischste Variante ist stets die, – Sie werden den alten Witz kennen – dort zu suchen, wo die Beleuchtung gut ist, statt an der Stelle, wo etwas gefunden werden kann.

Lassen Sie uns, dieses Kapitel abschließend, einige *Praxistipps* aus den bisherigen Überlegungen ableiten, wie Sie in Ihrem Haus mit diesem Wissen umgehen können.

3 Praxis-Tipps für Ihr Unternehmen

I. **Überprüfen Sie, welches *Führungsmodell* und welches *Menschenbild* Ihren managementdiagnostischen Instrumenten zugrunde liegen.**

Lassen Sie sich nicht von moderner Technik, beeindruckenden Grafiken und Statistiken,[18] ergreifenden Selbsterfahrungen oder einfach nur Gewohnheiten fesseln. Schaffen Sie Transparenz! Wie definiert das jeweilige Instrument Führungserfolg? Auf welcher Vorstellung vom Menschen basiert es? Ist beides Ihrer Meinung nach tragfähig?

Situation: Das Unternehmen bekommt einen Online-Computertest zur Potenzialanalyse vorgestellt. In der Präsentation wird davon berichtet, dass dieses Verfahren weltweit bislang mehrere Tausend Mal durchgeführt wurde und es empirische Soll-Profile für verschiedene Berufsfelder gibt. Im Selbsttest ist der Personaler überrascht, wie gut seine persönlichen Eigenarten getroffen werden. Auf die Frage nach dem zugrunde liegenden Führungsmodell und dem Menschenbild wird vom Verkäufer auf die wissenschaftliche Begleitung durch Professoren verwiesen.

Kommentar: Es gibt eine ganze Reihe von Verfahren, die zur Selbstreflexion, z. B. im Coaching oder in der Seminararbeit, nützliche Ergebnisse liefern. Der vorgestellte Online-Test scheint dazuzugehören. Was er letztlich tatsächlich „misst" – und wie dies mit Führungserfolg in Verbindung stehen soll – bleibt eher unklar. Unseriös erscheint uns der Ansatz, Test-Ergebnisse erfolgreicher Menschen zu mitteln und als Soll-Profil zu definieren. Wir wären vorsichtig, den Test als Auswahl- oder Potenzialinstrument zu nutzen. Teilweise hören wir an der Stelle die Argumentation: „Er wird ja nur als ein Baustein unter mehreren eingesetzt." In Ordnung – aber sind die anderen transparenter?

II. **Betrauen Sie *diagnostisch erfahrene Führungsspezialisten* mit der Auswahl von (Nachwuchs-) Führungskräften.**

Nur, wer das Phänomen Führung tatsächlich tiefgehend versteht, ist in der Lage, gedanklich den jeweiligen Kandidaten mit der anstehenden Management-Position in Bezug zu setzen. Unglücklich erscheint uns die verbreitete Praxis, diese Aufgabe an Fachpersonal

---

[18] Die Auswertungen des Management-Profilings beruhen auf Musteranalysen, nicht auf klassischen statistischen Methoden (z. B. Mittelwert, Streuung, Varianz).

zu delegieren, das keine Führungserfahrung hat und es gewohnt ist, auf der Basis von Anforderungs- und Sollprofilen auszuwählen.

Situation: Das Recruiting der AG ist sehr erfahren im Umgang mit Stellenausschreibungen, der Analyse von Bewerbungsunterlagen und der professionellen Durchführung unterschiedlicher Auswahl-Instrumente. Als es darum geht, im Hause ein Management-Development-Programm aufzubauen, engagiert sich die Leiterin des Teams stark, dafür die Verantwortung übertragen zu bekommen. Einzige Alternative wäre das Team Personalentwicklung, da alle anderen Bereiche froh sind, damit nicht zusätzlich belastet zu werden.

Kommentar: In vielen Unternehmen existiert ein separater Verantwortungsbereich Management-Development. Für diese Variante plädieren auch wir, da das Phänomen Führung ein eigenes Spezialgebiet definiert. In der Praxis wird dieser Bereich dann oft jedoch nicht entsprechend besetzt, – und damit ist eine Separierung eigentlich überflüssig geworden. Die AG sollte einen Führungsspezialisten, der sich gezielt bestimmte MitarbeiterInnen aus dem Recruiting und der Personalentwicklung zusammenstellt, mit dem Aufbau und der Leitung eines neuen Teams Management-Development betrauen.

III. **Nehmen Sie in der Führungsdiagnostik Abstand von sogenannten *Profil-Vergleichen*.**

Solche sind nur bei Aufgaben sinnvoll, für die im Prinzip Musterlösungen formulierbar sind. Dies ist für komplexe Herausforderungen, wie Führung eine darstellt, nicht der Fall. Halten Sie sich immer vor Augen, dass Soll-Profile aus der Mittelung von individuellen „Mobilés" entstehen – und damit das Wesentliche unvermeidlich völlig verwischen.

Situation: Bei der Ausschreibung der neuen Position LeiterIn Marketing wird viel Wert auf die Erarbeitung eines Anforderungsprofils gelegt. In mühevoller Arbeit wird in mehreren Durchgängen mit den Verantwortlichen ein differenziertes und gewichtetes Soll-Profil erstellt. In der späteren Anwendung stellt man fest, dass sich die interessantesten KandidatInnen in ihren Mustern deutlich unterscheiden und niemand dem „gestrickten Soll" entspricht. Die Entscheidung wird schließlich danach getroffen, wer am frühesten zur Verfügung stehen kann.

Kommentar: Selbstverständlich sollte man sich ein klares Bild davon machen, welche Aufgaben sich jemandem in einer speziellen Position stellen werden. Viele fachliche Dinge lassen sich dabei auch direkt in erforderliche Kompetenzen „übersetzen". Bei überfachlichen Aufgaben (z. B. Führung) ist die individuelle Vielfalt sinnvoller Lösungen jedoch groß. Hier macht es mehr Sinn, im Bewerbungsverfahren herauszuarbeiten, wie die persönlichen Lösungsmuster aussehen – und dann zu entscheiden, welcher Stil zum Haus und zum Kontext am ehesten passt.

IV. **Lassen Sie sich weniger vom Auftritt und den Kompetenzen einer Person beeindrucken, und suchen Sie stattdessen nach seinen *Mustern, Strategien und Gewohnheiten*.**

Stellen Sie dazu individuelle Charakteristika eines Kandidaten zu einem Bild zusammen und spüren Sie dem sich ergebenden Gesamtmuster nach. Beschränken Sie sich dabei keinesfalls nur auf die möglicherweise von einem Bewertungsinstrument vorgegebenen Begrifflichkeiten und Kriterien. Dann verlieren Sie das Individuelle der Person aus dem Blick. Tun Sie all dies schriftlich, damit Sie Ihre Einschätzungen später systematisch überprüfen können.

Situation: Die Ergebnisse im Assessment-Center entsprechen dem überzeugenden Lebenslauf. Der Kandidat „verkauft" sich beeindruckend, präsentiert sich ziel- und ergebnisorientiert, gewinnt die anderen TeilnehmerInnen für sich, und verliert dabei nicht einmal an Authentizität. Alle BeobachterInnen sind glücklich, endlich einmal einen solchen „High-Potential" für das Projektmanagement gewinnen zu können. In der Probezeit baut sich der Kandidat rasch ein Sympathisanten-Netzwerk auf. Als er sich 2 Jahre später wegbewirbt, ist man im Grunde froh darüber, denn wirklich bewegt hat er wenig.

Kommentar: Es hat den Anschein, als bestünde das Erfolgsmuster des Kandidaten darin, andere für sich einzunehmen. Er setzt seine Fähigkeiten dazu ein, sich sozial zu verankern, um Sicherheit zu gewinnen. Ist dieses Ziel erreicht, scheint seine Hauptmotivation befriedigt. Es würde uns nicht wundern, wenn dieses Muster bereits in seiner Kindheit in der Ursprungsfamilie bedeutsam war. Unglücklich ist, dass es für die erfolgreiche Projektarbeit zwar nützlich, aber bei weitem nicht ausreichend ist.

V. **Achten Sie nicht nur auf Leistungen und Fähigkeiten. Richten Sie Ihre Aufmerksamkeit auch auf mögliche *Misserfolgsmuster*.**

Schon eine negative Persönlichkeitsfacette (z. B. Hochmut, Zynismus oder fehlendes Unrechtsbewusstsein) kann eine ganze Sammlung von Stärken irrelevant machen. Anforderungsprofile oder Bewertungssysteme sind jedoch in der Regel auf die Beobachtung von Kompetenzen fokussiert. Negativ ist hier dann nur, diese Kompetenzen nicht oder gering ausgeprägt zu haben. Korrigieren Sie das: Erstellen Sie eine Liste der in Ihrem Hause bislang aufgefallenen Ursachen für persönliches Scheitern.

Situation: Die Kandidatin bringt alle erforderlichen Kompetenzen in erfreulichem Ausmaß mit und ist ebenso glücklich über die Zusage, wie das Unternehmen selbst. Erst nach der Probezeit wächst der Unmut innerhalb des Teams – und letztlich erfolgt sogar eine Versetzung. Zu spät wird deutlich, dass ihr Humor stets eine kränkende Seite hat. Auch im neuen Umfeld „vergiftet" sie die Atmosphäre nahezu unmerklich mit jedem Tag etwas mehr. Das Team geht damit in einer Weise um, die unsere Kandidatin als Mobbing erlebt. Sie beschwert sich beim Betriebsrat. Die Trennung wird „teuer".

Kommentar: Oft sind es nur kleine sprachliche Gewohnheiten, in der Bewerbungs- und Probephase unbemerkt oder in ihrer Bedeutsamkeit unterschätzt, die Hinweise auf entscheidende Misserfolgsmuster geben. Wenn Sie Glück haben, reagiert Ihr Unterbewusstsein früh genug darauf und vermittelt Ihnen das Gefühl, dass hier etwas nicht stimmt. Unserem Bauchgefühl ist in Bezug auf Risiken durchaus zu trauen. Haben Sie den Mut, die richtigen Entscheidungen zu treffen: Keine Einstellung – oder zumindest eine konsequente, Hypothesen prüfende Nutzung der Probezeit.

VI. **Leiten Sie aus dem sich ergebenden Bild** *schriftliche Hypothesen* **ab, die Sie dann systematisch (z. B. mit speziellen Tests, Interview-Fragen oder Referenzen) prüfen.**

Sie können Ihrer Intuition und Ihrem Bauchgefühl trauen, solange Sie deren Impulse als Hypothesen betrachten – und nicht als Wahrheit. Zur Objektivierung sollten Sie diese schriftlich formulieren. Ihre Ableitungen sollten für Dritte inhaltlich nachvollziehbar und damit grundsätzlich überprüfbar sein. Damit entsprechen Sie einem Aspekt von Wissenschaftlichkeit. Weisen Sie in Ihrer Stellungnahme zum Kandidaten aus, was objektivierte Ergebnisse sind und was begründete Hypothesen.

Situation: Eine Beobachterin im Assessment-Center hat die Erfahrung gemacht, dass eine Kombination von hohem Engagement, Ergebnisorientierung und Überzeugungskraft bei vielen Menschen mit geringer Achtsamkeit für Andere einhergeht. Da ein entsprechender Teilnehmer allerdings im Team- und Konfliktverhalten ebenfalls gute Beurteilungen erhält, geht ihre Stimme in der Auswertekonferenz unter. Man unterstellt ihr sogar, persönliche Vorurteile in die Bewertung mit einzubringen und die Methodik mit ihrer Ablehnung des Kandidaten zu konterkarieren.

Kommentar: Da Achtsamkeit zu den Eigenschaften zählt, die oft bedeutsam und nicht gut zu lernen sind, sollte dem Gespür der Beobachterin mehr Aufmerksamkeit geschenkt werden. Sofern sie nicht nur von einem „unguten Gefühl" spricht, sondern ihre Einschätzung mit den beschriebenen Zusammenhängen sachlich begründet, wird man ihr auch eher folgen. Ihre Aussagen sollten nicht in die Richtung gehen, „der Teilnehmer ist unachtsam.", sondern die Problematik betonen, die im Falle des Zutreffens ihrer Hypothese entstehen kann. Dann sollte sie ein gezieltes Testen dieser Annahme empfehlen.

VII. **Systematisieren Sie die** *Sammlung* **Ihrer Erfahrungen und Daten.**

Wenn Sie diesen Aufwand auf sich nehmen, wandeln Sie Schritt für Schritt Ihre subjektiven Theorien und Hypothesen in statistisch begründete Annahmen um. Ihre Sammlung könnte beispielsweise damit beginnen, häufig gemeinsam auftretende Charakteristika festzuhalten. So begannen in den 70er-Jahren auch die ersten Profiler des FBI. Gehen Sie dann dazu über, den Zusammenhang bestimmter Stärken mit Misserfolgsmustern zu beleuchten.

Situation: Nachdem die Beobachterin aus unserer vorherigen Situation feststellen musste, dass ihre Intervention in der Auswertekonferenz nichts bewirkte, begann sie, Ergebnisse der Assessment-Center zu sammeln und mit späteren Beobachtungen zu ergänzen. Ein Jahr später argumentierte sie in einer vergleichbaren Situation bereits folgendermaßen: „Von den 11 Teilnehmern, die in den letzten zwölf Monaten ein vergleichbares

Stärkenmuster hatten, fielen knapp 73 % später in der Praxis durch mangelndes Fingerspitzengefühl auf. Das dürfen wir nicht ignorieren." *Kommentar*: Wir sind beeindruckt.

VIII. **Vorhersagen über den zu erwartenden Erfolg eines Menschen müssen den** *situativen Kontext* **mit einbeziehen.**

Wenn es Ihnen gelungen ist, die Muster und Gewohnheiten eines Menschen zu identifizieren, können Sie Hypothesen ableiten, wie er sich unter bestimmten Bedingungen wahrscheinlich verhalten wird. Gleichzeitig können Sie Aussagen dazu machen, welche speziellen Rahmenbedingungen dem individuellen Erfolg hinderlich oder förderlich sein werden. Damit sind Sie einen deutlichen Schritt über das übliche „Welches Seminar sollen wir dem Kandidaten gönnen?" hinaus.

Situation: In mehreren bereichsübergreifenden Projekten hat eine junge Mitarbeiterin die Chance genutzt, sich eine Bühne zu schaffen und die eigenen Fähigkeiten zu demonstrieren. Sie ist dadurch „ganz oben" aufgefallen, und man denkt darüber nach, „etwas für sie zu tun". In einem Management-Profiling wird u. a. herausgearbeitet, dass sich ihre Motivation ganz wesentlich aus öffentlichkeitswirksamen Auftritten speist und die „Führungsaufgabe: Erfolgsmodell-Klarheit" von den Kern-Aufgaben am wenigsten ihren Mustern entspricht. Ihr Mentor fragt, welche Seminare zu empfehlen wären, um ihr eine erste Führungsposition anvertrauen zu können.

Kommentar: Wenn man wirklich etwas für die Mitarbeiterin tun möchte, sollte man sehr gut überlegen, ob man sie derzeit überhaupt mit einer Leitungsfunktion betraut. Es gibt nicht viele Positionen, die erste Führungsaufgaben mit öffentlicher Wirksamkeit verbinden. Es gibt Hinweise darauf, dass ihre Motivation spürbar gedämpft werden könnte, wenn sie einen kleinen Routinebereich verantworten soll. Für eine selbstständige Gestaltung unternehmerischer Aufgaben fehlt ihr aber noch die Erfahrung. Optimal wäre wohl ein Kontext, in dem sie diese an der Seite einer bewährten Managerin entwickeln kann, eventuell in Assistenzfunktion. Diese sollte der Kandidatin Verantwortung, Freiraum und fordernde Führung schenken. Wir würden einen Mentor in die Verfolgung der Entwicklungsziele einbeziehen. Begleitende Führungsseminare, z. B. auf der Basis des Evolutionären Führungsansatzes, wären sinnvoll.

IX. **Unterscheiden Sie die Leistung eines Kandidaten von seinem** *Potenzial* **und der Wahrscheinlichkeit, dass er dieses auch verwirklicht.**

Wir lassen uns oft von Kompetenzen und vermuteten Potenzialen blenden. Halten Sie sich immer vor Augen: Leistung ist bereits verwirklichtes Potenzial! Zudem geht es nicht darum, was jemand eventuell könnte – es geht darum, was jemand dann auch tatsächlich mit seinen Möglichkeiten tut. Auch hierbei sind Muster und Gewohnheiten bedeutsam. Ein Vergleich aus dem Sport: Wer Muskelkater immer vermieden hat, wird selbst bei größtem Potenzial oft „ewiges Talent" bleiben.

3 Praxis-Tipps für Ihr Unternehmen

Situation: Verbunden mit der Sorge, damit einen ihrer besten Leute bald zu verlieren, meldet die Bereichsleiterin bei der jährlichen Abfrage der Konzernleitung einen Mitarbeiter als Kandidaten mit Führungspotenzial. Er schafft ihr seit Jahren belastende Aufgaben vom Hals, ist weit über das übliche Maß hinaus einsatzbereit und fällt nie durch irgendwelche Eskapaden auf. Sie weiß, dass er gerne mehr verdienen würde. Als sie ihm von der beabsichtigten Meldung im Gespräch berichtete, ist er stolz und dankbar für die Chance.

Kommentar: Nahezu eine Standardsituation. Aus der Tatsache, dass jemand seine Rolle mit Bravour ausfüllt, wird Führungspotenzial abgeleitet. Führung und der damit zumeist verbundene Verdienstzuwachs werden als „Belohnung für geleistete Dienste" vergeben. Wir würden stattdessen dem Mitarbeiter von unseren Überlegungen erzählen und ihm in seiner aktuellen Position systematisch die Chance eröffnen, sich wiederholt den Kern-Aufgaben der Führung zu stellen. Für den Erfolgsfall versprechen wir ihm eine Potenzialmeldung im kommenden Jahr.

Beenden wir unseren Ausflug in die Welt der Management-Diagnostik mit der Feststellung, dass wir an dieser Stelle solange eine sichtbare Baustelle haben, wie wir kein tragfähiges Führungsmodell aufweisen können. Dass wir hier auch für dieses Thema gerne den *Evolutionären Führungsansatz* öffentlich zur Diskussion stellen, ist sicherlich deutlich geworden.

Den vorletzten Scheinwerfer richten wir auf das, was allgemein als „*Führungsverhalten*" bezeichnet wird. Hier sehen wir mittlerweile klarer: Alles, was die definierten Kern-Aufgaben löst, ist Führungsverhalten! Nichts ist *spezifisch* für diese Rolle reserviert. Genau aus diesem Grund fragen wir uns im nächsten Kapitel auch pragmatisch: Wie lässt sich die Wahrscheinlichkeit des Erfolgs in der Führungsaufgabe gezielt erhöhen? Kann man lernen, ein guter Führender zu sein? Was lässt sich aus dem *Evolutionären Führungsansatz* dazu ableiten?

In die Führungsaufgabe hineinwachsen

> *„Manager auf der ganzen Welt haben das letzte Jahrzehnt damit zugebracht, das letzte Bisschen Ineffizienz aus ihren Betriebsabläufen herauszupressen. Nun müssen sie sich der Tatsache stellen, dass das Management selbst ein Sumpf der Ineffizienz ist."*
>
> Gary Hamel, Wirtschaftsvordenker

Wir möchten nicht nur einfach behaupten, es gäbe eine Landkarte für den Weg zur wirksamen Führungskraft. Wir werden diese sogar skizzieren, um Ihnen Ihr eigenes Abenteuer Führung leichter zu machen. Wo ist der eigene Ausgangspunkt? Wie wird man besser, wenn man die erste Führungsaufgabe übertragen bekommen hat? Was ist zu tun, um zum Führungsspezialisten, vielleicht sogar zum Künstler in diesem Betätigungsfeld zu werden? Wir werden Ihnen genau das im aktuellen Kapitel verraten.

Sie kennen den *Evolutionären Führungsansatz* mittlerweile gut genug, dass es hierbei nicht darum geht, Charisma zu entfalten, einen umfangreichen Werkzeugkasten zu füllen oder die „geheimen" Karriere- und Assessment-Center-Tricks zu befolgen. Sie müssen schlicht die Führungsaufgaben akzeptieren, verstehen und erfüllen! Dafür brauchen Sie weder die neuesten Führungstheorien, noch die aktuellste Berater-Mode. Auch die einschlägigen Veröffentlichungen sind von begrenztem Wert. Allerdings ist es ebenso risikoreich, sich unvorbereitet auf die Bühne der Führung zu begeben, wie es der spontane Einstieg in die Box-Bundesliga wäre.

Reflektierte und begleitete Praxis macht Sinn

Natürlich können Sie bei einer neuen Aufgabe einfach loslegen und *Erfahrungen* sammeln. Sie können sich alternativ auch gezielt vorbereiten, Seminare besuchen und Sachbücher lesen. Allerdings erinnern sich Manager in Befragungen so gut wie nie daran, dass ein Kommunikations- oder Motivationsseminar entscheidend für ihre Entwicklung gewesen wäre.

Sie waren allerdings auch selten in ihrer Laufbahn auf sich alleingestellt: Zumeist fühlten sie sich einem Vorgesetzten verpflichtet, der ihnen bei realen und akuten Problemen zu helfen bereit war.[1]

Wir entwickeln uns am leichtesten, wenn es um das wahre Leben geht. Schon unsere Vorfahren mussten im „täglichen Geschäft" und zumeist unter sehr turbulenten Bedingungen lernen. Jeder hatte seine eigenen Probleme, war zumeist auf sich gestellt und wurde durch Ausprobieren und Abgucken besser. Der Lernprozess war der eines *Abenteurers*: entdeckend, erfindungsreich und ohne Wissen, wohin die Reise letztlich geht. Er verlief völlig natürlich im Alltag und bedurfte keiner weiteren Motivation.

Daher haben auch wir eine grundsätzliche Vorliebe für die Erfahrungswelt (die so genannte *Praxis*). In der abstrakten Welt (*Theorie*) halten sich die meisten Menschen nur zeitweise und mit erlebter Anstrengung auf. Wenn Sie also bis zu dieser Stelle des Buches gekommen sind, haben Sie bereits eine **beeindruckende Kulturleistung** vollbracht und eine Menge Energie investiert.

▶   Die Sache mit der Praxis hat allerdings auch seine Haken: Verwechseln Sie Erfahrung nicht mit der schlichten *Anzahl* von Berufs- oder Lebensjahren. Man kann sich durchaus darauf beschränken, wenige Erfahrungen zu sammeln und diese dann 30 Jahre einfach nur nutzen.

Das Leben vieler Menschen ist eher durch Wiederholung als durch Wachstum gekennzeichnet.

Gehören Sie zu unseren jüngeren Lesern? Dann hätten Sie noch vor wenigen Jahren häufig den Spruch gehört: „Warte, bis du deine Erfahrungen gesammelt hast. Du bist noch *zu jung*." Für unsere Art war Erfahrung eine unendlich lange Zeit quasi das Synonym für Kompetenz. Man lernte von den Älteren, schaute zu und ab, profitierte von dem Know-how, das die Vorgängergeneration aufgebaut hatte. Das Selbstvertrauen der Einzelnen wuchs langsam Schritt für Schritt. Das hat sich – insbesondere durch die enorme Dynamik in der Entwicklung von Technik und Software – verändert. *Dan Wagner* war mit 28 Jahren Chefanalyst bei Obamas Wiederwahl und ist heute Unternehmer. Er fragt in unserem Kontext provokant: „Was werden Sie tun in einer Welt, wo junge Leute auftauchen, die nachweisbar bessere Leistungen erbringen als Ihre Manager, die seit 30 Jahren im Unternehmen sind?"[2] Man kann zweifellos sagen: Der aktuelle Zeitgeist spielt den jungen Generationen in den Lauf. In der Vergangenheit unbekanntes Know-how wird hochrelevant, Bewährtes stetig

---

[1] *McCall, M. W./ Lomardo, M. M. / Morrison, A. M.*, Erfolg aus Erfahrung, 1995.
[2] *Ross, A.*, Die Wirtschaftswelt der Zukunft, 2016, S. 292.

infragegestellt und Innovation zu einer Art Heilsbringer erklärt. Rahmenbedingungen, unter denen schon sehr früh im Leben durchaus begründetes Selbstvertrauen entstehen kann.

Heißt das, es gäbe nun eine Abkürzung zum berühmten „Alten Hasen"? Irgendwie schon, zumindest gibt es einen Turbogang. Allerdings erspart uns dieser nicht, in Bezug auf das *eigene Wachstum* einen aufreibenden und -regenden Lernprozess durchlaufen zu müssen. Eine herausfordernde Geschichte, denn die angesprochenen technischen Entwicklungen haben uns schon lange auf eine spezielle Spur gelenkt: Wir wollen sofort – und möglichst sogar ohne innere Beteiligung – wissen, wie man etwas macht. „Her mit der Lösung! Jetzt! Wo kann ich mich registrieren? Der Service ist unterirdisch! Warum kümmert sich niemand besser um mich?"

Lernen erfordert aber immer **Geduld** und das **Aushalten von Unsicherheit**. Wenn es um die Entwicklung unserer Persönlichkeit geht, wird die Sache sogar noch anspruchsvoller: Hier müssen wir uns als Mensch selbst einbringen, uns öffnen und in gewisser Weise schutzlos werden. Was bedeutet das konkret?

- *Abenteuer*: Echte Entwicklung findet stets auf Neuland statt. Sie ist auf Entdecken ausgerichtet; sie ist überraschend, irritierend und mit intensivem Erleben verbunden. Für uns wirklich wichtige Themen und Aufgaben sind bedeutsam und lassen uns daher nie „kalt". Wenn Sie nicht bereit sind, in dieses aufregende und belastende Neue aufzubrechen, werden Sie wohl kaum herausfinden, was alles in Ihnen steckt.
- *Ausdauer*: Lernen folgt seinem eigenen Rhythmus. Wir können uns einerseits nur schwer dazu zwingen, etwas zu lernen, wenn wir *noch nicht so weit* sind. Und wir können es andererseits nicht beliebig abkürzen oder beschleunigen. Akzeptieren Sie die *Eigen-Zeit* von Reifungs- und Wachstumsprozessen.
- *Individualität*: Entwicklung ist stets etwas ganz Persönliches. Sie baut auf vorhandenen Mustern auf und erfolgt im Spannungsfeld von Erleben und Reflexion. Jeder Fahrplan, jeder Coach und Trainer kann Ihnen nur dabei helfen, sich auf Ihrem ganz eigenen Weg nicht zu verirren.
- *Praxis*: Wissen ist nicht Können! Und Können ist nicht Beherrschen! Die Ansammlung von Wissen vermittelt vielleicht ein befriedigendes Gefühl. Fallstudien mögen reizvoll sein und den Intellekt schulen. Wirkliches Wachstum findet aber in der praktischen Auseinandersetzung mit dem Leben statt.

Werfen wir an dieser Stelle einen kurzen Blick auf übliche Maßnahmen, die Ihnen auf dem Weg zur wirksamen Führungskraft helfen sollen: Seminare, Management-Schulen und (Nachwuchs-) Förderprogramme. Wir wagen zu behaupten, in den meisten derzeitigen Entwicklungsmaßnahmen wird – völlig marktgerecht – genau das angeboten, was die Teilnehmer sich wünschen: die Reduzierung der eigenen Unsicherheit. Gefragt sind schnelle Antworten – möglichst in wenigen Stunden oder Tagen – auf folgende Kernfragen:

- Wie finde ich mein **Selbstverständnis** als Führungskraft? (Schlagworte: Selbstvertrauen, Orientierung, Rollenklarheit.)

- Wie bekomme ich **Respekt und Akzeptanz** in meiner Rolle? (Schlagworte: Konfliktmanagement, Durch- und Umsetzung.)
- Wie bekomme ich die Leute dazu, das zu *machen, was ich will*? (Schlagworte: Ziele, Rhetorik, Motivation und Manipulation.)
- Wie *vermeide ich Niederlagen* und peinliche Momente? (Schlagworte: soziales Geschick, Gesprächs- und Verhandlungsführung, Präsentation.)

Aus unserer Sicht sind diese Anliegen absolut verständlich. Und es ist daher auch in Ordnung, dass die Mehrzahl der **Trainingsinstitute** sich einfach darauf ausrichtet. Kunden definieren Wünsche und der Markt orientiert sich daran. Viele Seminarinhalte sind dabei zu einer unterhaltsamen Dramaturgie zusammengestellt. Also: Wo ist das Problem? Nun, die Bedürfnisse und Angebote haben bedauerlicherweise nicht automatisch etwas mit *Managementqualität* zu tun!

Business-Schools verkaufen dagegen etwas ganz anderes: Sie verkaufen ein Karriere-Versprechen! Die meisten ihrer Studenten verlassen sie mit der Vorstellung, dass Management mit Analyse gleichzusetzen sei, insbesondere bei der Erarbeitung systematischer Entscheidungen und der Formulierung durchdachter Strategien. Tut man jemandem einen Gefallen, wenn man ihn im Glauben lässt, dass Manager vor allem Probleme rational lösen und Führungstools auf Menschen anwenden. *Mintzberg* ist der Ansicht, dass MBA-Programme schon aufgrund ihrer typischen Eigenheiten von Anfang an die falschen Leute anlocken: Menschen, die zu ungeduldig, zu analytisch und zu kontrollsüchtig sind. „In einer Welt, die von Erfahrungen lebt und in der es auf Bilder, Geräusche und Gerüche ankommt, achten Business-Schools nur darauf, dass ihre Studenten reden, analysieren und Entscheidungen treffen. Wo Handeln, Sehen, Fühlen und Zuhören gefragt ist, entwickeln sie unsere künftigen Führungspersönlichkeiten durch reines Denken ... Während 24 Prozent der amtierenden Spitzenmanager *Fähigkeit zur Anteilnahme* als das wichtigste Charakteristikum künftiger Führungskräfte nannten, taten dies nur 4 Prozent der MBA-Studenten."

Mintzbergs formuliert ganz in unserem Geiste: „Führung ist ein uraltes Phänomen, während das Managertum, das der MBA befördert, erst seit relativ kurzer Zeit existiert."[3] Er weist darauf hin, dass die **großen Bildungsstätten der Geschichte** immer räumlich eng begrenzte Gemeinschaften engagierter Denker waren, in denen Studenten und Dozenten quasi zusammen auf einem Baumstamm saßen. Offensichtlich muss der pädagogische Stil *verbindlich*, *persönlich* und insbesondere auf die jeweiligen Teilnehmer *maßgeschneidert* sein. Gehen die Programme, die Unternehmen selbst entwickeln und durchführen, einen praxisnäheren Weg?

Uns erscheinen auch **Nachwuchs-Förderprogramme** nicht risikofrei. Sie stellen im Grunde eine Art Abkürzung zur Führungsverantwortung dar. Auf der einen Seite ist es wirklich schön, dass Unternehmen Geld und Aufmerksamkeit in gute Führung investieren. Und wir kennen eine ganze Reihe von Fachleuten, die wirklich eine hervorragende Arbeit darin leisten, den Hoffnungsträgern beste Möglichkeiten zu bieten. Auf der anderen Seite

---

[3] *Mintzberg, H.*, Manager statt MBAs. Eine kritische Analyse, 2005, S. 81 ff.

vermitteln diese Ansätze – oft indirekt und quasi versehentlich – ein *unglückliches Führungsverständnis*. Die meisten Teilnehmer solcher Programme halten sich von Beginn an für *Auserwählte*, was sie ja auch sind. Sie wurden von Entscheidern für die Teilnahme ausgewählt. Tragischer Weise hat ihnen nie jemand gesagt, dass es mehr darauf ankommt, später von *den Gefolgsleuten* auserwählt zu werden.

Und wenn sie das ahnen, sagt ihnen niemand, was sie dafür tun müssen. Und wenn ihnen jemand dazu etwas sagt, ist es zumeist das Falsche! Also müssen sie letztlich doch in der Praxis ihre Erfahrungen selbst sammeln.

▶ Halten wir fest: Wenn Sie einen der üblichen Zugänge genutzt haben, besteht Ihr größtes Risiko darin, ein *falsches Führungsverständnis* entwickelt zu haben.

Unserer Erfahrung nach gibt es von hier aus nur zwei Wege:
a) Sie wollen dieses Bild bewahren und verheddern sich in Ihrem Verhalten immer weiter in der Realität. Ihre Wirksamkeit als Führungskraft nimmt Tag für Tag ab. Sie und Ihre Mitarbeiter leiden!
b) Sie begreifen auf der Basis von (kleinen) Misserfolgen, dass Ihr Bild im Kopf in Bezug auf die Führungsaufgabe nicht angemessen ist und finden einen tragfähigen Weg, es sinnvoll umzuarbeiten.

Eines der derzeit am weitesten ausgearbeiteten Führungsbilder haben Sie in diesem Augenblick in der Hand. Setzen Sie sich damit auseinander, ringen Sie mit ihm, konfrontieren Sie es mit anderen Führungsansätzen und stellen Sie es in Frage. Auf diesem Weg gewinnen Sie ein wirksames Führungsverständnis und schaffen sich einen guten, sicheren Ausgangspunkt für Ihr Abenteuer Führung. Fassen wir dafür noch einmal ein paar Eckpunkte zusammen.

1   Das richtige Führungsverständnis als Ausgangspunkt

Es sind nicht unsere Kompetenzen, die unser Verhalten bestimmen! Wir alle *können* sehr viele Dinge, die wir niemals tun. Nein, es sind ganz entscheidend die *„Bilder im Kopf"*, die unsere Wahrnehmung und unser Handeln steuern. Halte ich die Erde für eine Scheibe, fahre ich nicht weit aufs Meer hinaus. Glaube ich an Zauberei, schütze ich mich vor dem „Bösen Blick". Betrachte ich Führung als Kompetenz, rüste ich mich verhaltenstechnisch maximal auf …

Sind die Bilder im Kopf unsinnig, agieren wir unsinnig! Aus einer falschen Haltung heraus zu handeln, kann nur zufällig zu richtigen Aktionen führen (Abb. 1).

Falsche Vorstellungen führen zu falschem Verhalten
Wenn ich überzeugt bin, Torwart in einem Handballspiel zu sein, während tatsächlich ein Basketballspiel stattfindet, habe ich ein Problem! Und dieses Problem hat nicht das Geringste damit zu tun, über welche Basketball- und Handballfähigkeiten ich verfüge.

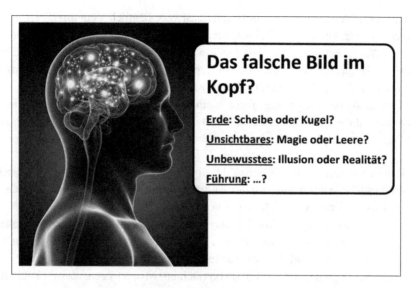

Abb. 1 Vorstellungen lenken unser Handeln

In dieser Situation wäre es auch erstaunlich, wenn meine Mitspieler glücklich über meine Teilnahme wären.

Diese Tatsache wird in erschreckender Form in der Entwicklung und dem Training von Führungskräften vernachlässigt.

Solange der Schwerpunkt in der Managemententwicklung in erster Linie auf dem *Verhalten* von Führungskräften liegt, auf Techniken und Werkzeugen, bewegen wir uns in eine unglückliche Richtung.

Aus eigener Erfahrung ist uns klar, dass „der Markt" diese Entwicklung fördert. Wie bereits erwähnt, suchen viele Unternehmen und Teilnehmer von Managementtrainings nach schnell wirksamen Techniken, damit Mitarbeiter motivierter das von ihnen Gewünschte tun. Unvermeidlich transportiert dabei jedes Seminar bzw. jede Maßnahme auch ein Führungsbild. Im häufigsten Fall: Mitarbeiter sind Wesen, die man mit Tricks bzw. rhetorischer Rafinesse zu etwas bewegen muss. So wird „unter der Hand" eine Haltung vermittelt, die selten transparent gemacht, diskutiert oder reflektiert wird. Man könnte sagen: Alle Entwicklungsmaßnahmen „pflanzen" etwas in das Unbewusste der Teilnehmer ein, das von nun an dessen Denken und Handeln rund um die Führungsaufgabe beeinflusst. Was wollen wir davon halten?

▶ Aus unserer Perspektive ist es sowohl für Manager wie auch für Mitarbeiter entscheidend, zum Thema Führung *das richtige „Bild im Kopf"* zu haben.

 Ein Manager, der unzureichend versteht, worin seine Aufgabe besteht und wie wir Menschen rund um das Phänomen Führung „funktionieren", hat ebenso ein ernst zu nehmendes Problem, wie der Mitarbeiter, der die Funktion der Führung falsch bewertet!

1 Das richtige Führungsverständnis als Ausgangspunkt

Interessanterweise haben natürlich auch Mitarbeiter ein Führungsbild im Kopf. Auch dieses kann mehr oder weniger wertvoll sein. So ist sicherlich viel Platz zwischen der Sichtweise *„Chefs sind Ausbeuter, die durch unsere Leistung ihre Karriere und Boni sichern."* und der Überzeugung *„Chefs sind Kümmerer, die verantwortungsvoll das große Ganze im Auge behalten und dafür Sorge tragen, dass wir gemeinsam unsere Anliegen verwirklicht bekommen."*

Wenn Sie Lust auf interessante Gespräche haben, testen Sie doch Ihr eigenes Führungsbild und das Ihrer Mitarbeiter anhand folgender vier Fragen:

- Wozu ist Führung gut?
- Wer soll die Führung übernehmen?
- Was ist gutes Führungsverhalten?
- Wer ist eigentlich wofür verantwortlich?

Die Antworten sollten Sie mit allen Beteiligten diskutieren. Besteht an dieser Stelle keine gemeinsame Wirklichkeit, werden sich Grundsatzprobleme häufen. Hier sind unsere Antworten:

1.1 Wozu ist Führung gut?

Der *evolutionäre Sinn* der Führung besteht darin, dass die Gruppe mit einem Führenden erfolgreicher ein Problem löst als ohne ihn. Dies wiederum setzt voraus, dass die anstehende Aufgabe über die Möglichkeiten des Einzelnen hinausgeht, also Zusammenarbeit erfordert. Wer sehr gut ohne andere ein Problem lösen kann, hat keinen Bedarf an Führung. Das ist vermutlich der Grund, warum es vor allem Berater, dezentrale Fachspezialisten und Kleinunternehmer sind, die sich für die derzeit populären „Anti-Führungskonzepte" rund um das Schlagwort *New Work* einsetzen.

> **Führung wird nicht überall gebraucht**
>
> Tiere, die erfolgreich allein ihr Überleben sichern können, kommen zumeist nur zur Paarung zusammen und verschwinden dann wieder in ihre individuelle Welt. Für sie gibt es das Phänomen Führung nicht.
>
> Ein anderes Beispiel: Stellen Sie sich die Irritation vor, wenn Sie mit Ihrem Aquarellmalblock und einer Staffelei einen schönen Platz in Paris finden, sich unter die dort bereits versunken arbeitenden Künstler mischen, und plötzlich ruft einer davon: „Ich bin hier der Chef!" Wahrscheinlich würden Sie eher an die bekannte Nähe von Künstlertum und Wahnsinn denken als daran, nun endlich ein geführter Aquarellmaler zu sein.

Aus dem Spagat, für größere Aufgaben andere zu brauchen und sich gleichzeitig dadurch organisatorische, soziale und emotionale Probleme einzuhandeln, ergibt sich die *Spezialaufgabe Führung*. Diese lautet: Dafür sorgen, dass „es" gemeinsam funktioniert! Aus unserer Warte wird Führung von den Beteiligten dann als wertvoll erlebt, wenn

1. es eine Aufgabe zu lösen gilt, die *keiner allein* so gut bewältigen könnte, wie mit anderen gemeinsam,
2. jemand dafür sorgen kann, dass es mit ihm innerhalb dieser Gruppe *gesamtheitlich* besser funktioniert als ohne ihn,
3. der *erlebte Nutzen* für die Beteiligten größer ist als deren Zusatzbelastungen und Einschränkungen.

Dadurch entstand einer der wesentlichsten Differenzierungsfaktoren zwischen menschlichen Gruppen, der sich während unserer Evolution bewährte! Weil gut geführte Gemeinschaften erfolgreicher überlebten, hat sich das Phänomen Führung erhalten und weiterentwickeln können.

1.2 Wer soll die Führung übernehmen?

Die Besetzung einer Führungsposition beruht von Natur aus stets auf Vergleichen; es handelt sich im Kern um eine *Konkurrenzsituation*. Wer bei einer Aufgabe als Führungskraft einen wertvollen Beitrag für eine Gemeinschaft zu leisten vermag, kann eventuell in einer anderen Situation nicht den Bruchteil dieses Nutzens in dieser Funktion bieten. Folglich sollte die Person die Führung übernehmen, die

1. innerhalb der Gruppe von ihren *Kompetenzen* und ihrem Wissen her am ehesten dafür sorgen kann, dass die gemeinsame Aufgabe funktioniert,
2. die *Legitimation* für ihre Führung aufbauen und bewahren kann und
3. persönlich genug *Energie* mitbringt, dieser gerecht zu werden.

Im ersten Fall geht es um die *Relevanz* einer Führungskraft für die Gruppe, im zweiten um die *Akzeptanz* auf Seiten der Geführten und im dritten um *Motivation und Ehrgeiz*. Letzterer scheint spürbar durch frühe Lebenserfahrungen geprägt zu werden.[4]

> **Sollte ich die Führung übernehmen?**
> Fragen Sie sich: „Warum sollte mir jemand folgen?" Finden Sie Ihre Antwort überzeugend und attraktiv? Prima!
> Sofern Ihnen nun noch das zwischenmenschliche Miteinander Freude macht und Sie mit vielen unterschiedlichen Persönlichkeiten „können", haben Sie eine gute Startposition. Ihre Ausdauer für den vor Ihnen liegenden Weg ist vermutlich dann vorhanden, wenn Sie sich als jemanden kennen, der gerne „auf der Bühne steht" und die eigenen Fähigkeiten beweist.

---

[4] Prof. Gerhard Blickle vom Institut für Psychologie der Uni Bonn (in „Wenn Lebensfreude mehr zählt als beruflicher Erfolg", Generalanzeiger vom 16.05.2019, von Maike Walbroel).

Die Überlebensfähigkeit der Gruppe wird davon abhängen, dass Führende – durchaus im Wettbewerb – stets nach noch besseren Lösungen suchen. Tun sie dies nicht, lassen sie sich beispielsweise vom so genannten Alltagsgeschäft auslasten, verlieren sie leicht die Legitimation. Nie darf vergessen werden, dass es für die Natur Sinn macht, *Erfolgsmodelle in Konkurrenz* zueinander zu prüfen.

1.3 Was ist gutes Führungsverhalten?

Spezielle Verhaltensweisen *nur* für Führende gibt es nicht! Führungsverhalten ist schlicht das Verhalten eines Führenden – mehr nicht! Dabei löst man Führungsaufgaben ebenso wenig durch einzelne Aktionen (z. B. ein gut geführtes Zielvereinbarungsgespräch), wie man durch das Mitbringen eines Blumenstraußes eine gute Beziehung schafft. *Gutes* Führungsverhalten ist das Verhalten, das

1. die Ur-Aufgabe der Führung (bzw. ihre Kern-Aufgaben) erfüllt und
2. dabei die Legitimation durch die Gruppe nicht nachhaltig gefährdet.

Die Praxis zeigt, dass erfolgreiche Führungskräfte kaum das tun, was in der Managementliteratur zu ihren Hauptaufgaben gezählt wird: planen, organisieren, koordinieren und kontrollieren. Es war *Henry Mintzberg*,[5] der dies recht systematisch belegte. Er sammelte und analysierte Forschungsmaterial darüber, wie der Alltag von Führungskräften aussieht und betont, dass es zwischen den von ihm beobachteten Topmanagern und ihren Vorgängern von vor 1000 Jahren keine fundamentalen Unterschiede gibt.

Kann ein Manager zur Aufgabenerfüllung völlig willkürlich agieren? Nein! Wir haben bereits herausgearbeitet, dass sich auf unserem evolutionären Weg *Erwartungen* rund um das Phänomen Führung gebildet haben. Diese sind so in uns verankert, dass sie das Spektrum akzeptierten Verhaltens einschränken.

Mit unserem Verhalten ist es wie mit Medikamenten: Wenn es Wirkung erzielt, hat es auch *Nebenwirkungen*. Es wird gefährlich, wenn die Nebenwirkungen unbedacht bleiben und gar schädlich für das Gesamtziel sind. Dieses Prinzip gilt unausweichlich auch für Führungsverhalten. ***Es ist nicht alles gleich sinn- und wertvoll, um die Ur-Aufgabe der Führung zu erfüllen.***

> **Heiligt der Zweck die Mittel?**
> Wer davon überzeugt ist, kennt nur keine besseren Mittel. Er beweist seine persönlichen Grenzen, die eigene Unwissenheit und Hilflosigkeit. Die Auswirkungen dieser Fehleinschätzung wird er zwangsläufig erfahren.

---

[5] *Mintzberg, H.*, Der Managerberuf: Dichtung und Wahrheit, in *Harvard Businessmanager/ Seeger, Ch.* (Hrsg.), Köpfe, Konzepte, Klassiker, 2005, S. 76–103.

Wenn wir Führung nicht an spezifischen Verhaltensweisen festmachen, sondern es als Aufgabe definieren, müssen wir genauer klären, wer dabei wofür verantwortlich ist. Welche Aufgaben innerhalb des Teams sind gemeinsame Aufgaben, welche die des Führenden?

Unsere Gattung hat sich vor vielen Jahrtausenden ein *gegenseitiges Leistungsversprechen* gegeben, um besser zu überleben. Wenn wir es nicht einhalten, gefährden wir uns und sterben (aus). Diese Erkenntnis mussten sich unsere Vorfahren nicht mühsam in philosophischen Gesprächen und Vertragsverhandlungen erarbeiten, denn es begründete ihren Ursprung: Ohne Leistungsversprechen der Eltern an ihr Neugeborenes keine Menschheit. Ohne gegenseitiges Leistungsversprechen der Mitglieder einer Ur-Horde kein Überleben. Ende!

Unsere Vorfahren hätten sich dabei niemals erfolgreich zusammentun können, ohne die Fähigkeiten zu gegenseitigem *Zutrauen* (gemeinsam können wir es schaffen) und *Vertrauen* (jeder tut das Nötige und nichts Schädigendes).

▶ *Verantwortungsbewusstsein* ist keine Anforderung, die Führung besonders auszeichnet. Sich ver-antworten (Antwort geben) muss jeder, der innerhalb einer Gemeinschaft eine Aufgabe übernimmt. Dies gilt für Führende ebenso wie für Gruppenmitglieder.

Der Unterschied zwischen Führenden und Geführten ergibt sich daraus, wofür sich jemand zu verantworten hat.

Führungskräfte haben die Aufgabe übernommen, das *große Ganze* zum Erfolg zu bringen. Es wäre ein folgenschwerer Irrtum anzunehmen, man müsse sich daher ausschließlich um die *großen Dinge* kümmern. Viele Menschen möchten Führung übernehmen, weil sie die Beschäftigung mit Details langweilig finden. Bei Misserfolg hört man diese Manager dann sagen: „Ich kann mich doch nicht um jeden Mist kümmern." oder etwas zeitgemäßer „Mikromanagement gehört zu den Kardinalfehlern vieler Führungskräfte! Das vermeide ich." Dabei geht es bei der Wahl der Aufgaben weder um groß noch um klein. Es geht um das, was für den gemeinsamen Erfolg notwendig ist!

An dieser Stelle möchten wir Sie mit einer Autorin bekanntmachen, die wohl aus einer inneren Unzufriedenheit mit dem populären Führungsverständnis heraus, provokante Aussagen macht. Ein Buch zu veröffentlichen, das dem Zeitgeist widerspricht, ist mutig und – wenn der Leser Glück hat – auch anregend. *Judith Mair* ist eine solche Veröffentlichung gelungen. Sie meint, „Es ist absurd, Arbeit als Ersatzheimat und Statussymbol anzupreisen, die Selbstverwirklichung und Spaß verspricht. Arbeit ist zunächst einmal einfach nur Arbeit."[6]

Die neue Freiheit der Geführten (z. B. die so genannte Vertrauensarbeitszeit oder Zielvereinbarungen) definiert sie als unlauteres „Drücken" vor der Führungsaufgabe und Frustrierung akzeptabler Mitarbeiter-Erwartungen. Der in einem solchen Ansatz angelegten Überforderung der Mitarbeiter stehe aufseiten des Führenden die völlige Entspannung

---

[6] *Mair, J.*, Schluss mit lustig! Warum Leistung und Disziplin mehr bringen als emotionale Intelligenz, Teamgeist und Soft Skills, 2002, S. 9.

1 Das richtige Führungsverständnis als Ausgangspunkt

gegenüber: Dieser könne sich moralisch hinter Begriffen wie Vertrauen, Verantwortung und Selbstbestimmung verstecken.

Mair fordert u. a. ein klar umrissenes Tätigkeitsfeld, wohlportionierte Aufgaben und überschaubare Verantwortlichkeiten für die Geführten ein. Gerade wenn die Arbeitsinhalte immer komplexer werden, sei es wichtig, den Prozess der Arbeit selbst klar zu strukturieren. Ziel und Pflicht des Führenden sei es, die Mitarbeiter so gut es geht vor Stress und unnötigen Strapazen zu bewahren, statt sie darauf abzurichten. Er fungiere als eine Art Dolmetscher, der die Unsicherheit und Komplexität des Marktes für den Mitarbeiter in Anleitungen und Anweisungen übersetze.

Die moderne Forderung nach steter Veränderung kritisiert sie in diesem Zusammenhang, da den meisten Unternehmen das abhandenkomme, was man als Substanz oder Zentrum bezeichnen könne. Sie weist sogar mit eigenen Worten darauf hin, dass hochflexible Organisationen *nicht unseren Ur-Bedürfnissen* nach Geborgenheit und Sicherheit entsprechen. Sie vermutet, dass diese Art der Arbeit vielen von uns „nicht liegen" wird. Ihre Haltung gipfelt in dem unmodernen Satz: „Mitarbeiterführung ohne verbindliche Absprachen, Regeln und Forderungen funktioniert nicht, denn Führen bedeutet immer auch einzuschränken, zu kontrollieren und Vorgaben zu machen."[7]

Aus unserer Perspektive beweist die Autorin ein gutes (intuitives?) Gespür für die Ur-Aufgabe der Führung. Wenn Manager ihren eigenen Teil des Leistungsversprechens nicht mehr wahrnehmen, wozu werden sie dann benötigt?

Wir stellen also fest, dass auch etwas unpopuläre Ansichten über Führung durchaus einer evolutionspsychologischen Sichtung unterzogen werden können. Es geht eben bei unserem Thema nicht vorrangig um das Kriterium der Popularität, es geht um ein reales, existenzielles Phänomen mit einem zeitlosen Kern!

Die Sachlage ist allerdings komplizierter! Das exakte Festschreiben von Verantwortlichkeiten hat nicht nur Vorteile. So fördert es beispielsweise auch den *„Dienst nach Vorschrift"*, reduziert die Flexibilität, schwächt die Kreativität und Selbstständigkeit. Setzt man dagegen auf das Verantwortungsbewusstsein des Einzelnen, auf die eigenverantwortliche und selbstständige Arbeit, fördert man zugleich oft Ängste, Chaos, Wildwuchs und Fehlerquellen.

▶ Ein „evolutionär geführtes Team" hat ein grundlegendes und gemeinsam getragenes ***Verständnis für Verantwortlichkeiten***.

Kann unser evolutionäres Führungsmodell eine tragfähige Orientierung für diese schwierige Situation geben? Wir sind überzeugt davon:

- Die **übergeordneten Ziele** liegen in der Organisation selbst definiert! Um diese Ziele herum treffen sich die Mitglieder der Organisation. Sie können nur vom **Topmanagement** geändert werden (oder in völliger Basisdemokratie). Wer diese Ziele nicht teilen

---

[7] *Mair, J.,* Schluss mit lustig!, 2002, S. 68.

kann, verlässt früher oder später die Gruppe – zumindest mental („Innere Kündigung"). Einer professionellen Jagdgruppe gehören die an, die jagen können und wollen! Ein Sänger sollte nicht dabei sein.

- Das *Vorgehen zur Zielerreichung* leitet sich aus dem Verständnis der *Führenden* ab, wie Erfolg entsteht. Sie sind damit das personifizierte Erfolgsversprechen für die Gruppe. Es ist in ihrem eigenen Interesse, dafür zu sorgen, dass alle wesentlichen Erfahrungen und Kenntnisse (u. a. der Gruppenmitglieder) in dieses Modell eingeflossen sind. Der erfahrene Jagdleiter sagt in letzter Instanz, was getan wird. Führt sein Vorgehen nicht zum Erfolg, entzieht die Gruppe ihm „Legitimationspunkte".
- Die *Suche nach Verbesserungsmöglichkeiten* liegt – wiederum in eigenem Interesse – in der *Verantwortung aller Beteiligten*. Es macht für das gemeinsame Ziel nicht den geringsten Sinn, der Gruppe Erkenntnisse vorzuenthalten. Machtkämpfe innerhalb der Gruppe haben einen hohen Preis. Wer während der Jagd das gemeinsame Ziel aus den Augen verliert, weil er gegen ein anderes Gruppenmitglied „gewinnen" will, verscheucht schnell auch das Wild – und jeder hungert.
- Die letztendliche Bewertung vorhandener Alternativen nimmt die *Führung* vor. Sie hat eine gewisse *Entscheidungshoheit*. Von welcher Seite man sich dem Wild nähert, entscheidet im Zweifelsfall der Jagdleiter. Führt seine Entscheidung nicht zum Erfolg, entzieht die Gruppe ihm weitere „Legitimationspunkte".
- Die Verantwortung für die *Umsetzung der Entscheidungen* bzw. die *Maßnahmen zur Zielerreichung* liegt in den Händen des speziell dafür *fähigsten Gruppenmitglieds*. Die schnellsten Läufer verfolgen das Wild, die treffsichersten Schützen schleudern die Speere.
- Der *Gesamtverantwortung* entkommt die Führung nicht! Sie hat dafür zu sorgen, dass es funktioniert, und dazu die Möglichkeit, sich jederzeit überall einzuschalten. Jedes Einschalten führt bei Misserfolg zu einer Belastung des „Kontos: Legitimation" oder bei Erfolg zu einer Einzahlung. War die Jagd wiederholt erfolglos, wird die Ursache immer unwichtiger: Die Unzufriedenheit der Gruppe wächst und alternative „Jagdleiter-Anwärter" treten auf.

Uns erscheint es merkwürdig, dass Unternehmen immer wieder in z. T. aufwändigen Prozessen *Führungsgrundsätze* erarbeiten. Wenn man mal davon absieht, dass letztlich sowieso zumeist inhaltlich das Gleiche dabei herauskommt, wird dabei übersehen, dass es natürliche und unumstößliche Führungsgrundsätze *gibt*!

> **Führungsgrundsätze und -leitlinien**
> Warum Zeit damit vergeuden, das Rad immer wieder neu erfinden zu wollen. Investieren Sie lieber Zeit in die Gestaltung einer gemeinsamen Wirklichkeit bezüglich der hier dargestellten Facetten des Phänomens Führung.
> Wir empfehlen, die Grundsätze der *Evolutionären Führung* in Unternehmen ausführlich und mit allen Beteiligten (nicht nur Führungskräften) zu diskutieren.

Verschenkt eine Organisation damit die Chance zur Entwicklung einer eigenen Identität? Unsinn! Wenn ein Sportler sich an die biophysikalischen Grundprinzipien der menschlichen Natur hält, wird er auch nicht eingeschränkt, sondern erfolgreicher. Der Charakter, der Stil, die Einzigartigkeit einer Organisation müssen auf diesem Weg nicht gefährdet werden. Es gilt zu unterscheiden:

- *Grundprinzipien* der Führung (stabile Gesetzmäßigkeiten)
- *Wertewelt* des Unternehmens („Spielregeln" und Identität)

Vor diesem Hintergrund macht es also durchaus Sinn, auch in die Diskussion relevanter Werte in der Organisation einzusteigen. Aber das ist ein anderes Thema!

An dieser Stelle sollten Sie nun für sich ein klares Führungsbild im Kopf haben, das Ihr Handeln wirksam orientiert. Im Idealfall gibt es in Ihrer Gruppe und Organisation ein gemeinsam geteiltes Führungsverständnis. Für die weitere Entwicklung in der Führungsrolle müssen Sie dann aber nun „ran ans Leben"!

2 Erfahrung: Erfolgreich zum Führenden werden

Lassen Sie uns zwei Varianten eines Starts in die Führungsaufgabe betrachten, um unsere „Landkarte der Entwicklung" weiter zu detaillieren.

Die Person, die mit einer Führungsaufgabe betraut wird, hat in aller Regel zunächst weder ein treffendes Selbstverständnis in Bezug auf ihre neue Rolle noch die entsprechenden Fähigkeiten. Daneben kennt sie auch die jeweilige Gruppe oft nicht. Der Anfänger fragt sich, ob die Aufgabe überhaupt für ihn zu schaffen ist und macht anfangs nicht selten einen schmerzhaften Lernprozess durch. Die Mitarbeiter warten zunächst ab und fühlen dem neuen Chef „auf den Zahn". Sie testen mehr oder weniger bewusst, welchen *Nutzen* er für die Gemeinschaft bietet, wie sein *Führungsverständnis* und das *Zukunftsversprechen* aussehen, und wie sie gelebt werden. Oft prüft jedes Gruppenmitglied, in welchen Punkten der neue Chef (k)einen *Vorsprung* hat. Die neue Führungsaufgabe zerrt an den Nerven. Unentwegt ist man Kommentaren, Kritik und (Fehl-)Interpretationen ausgesetzt.

Kann die neue Führungskraft einen Vorsprung spürbar machen und ihre Ur-Aufgabe für die Gruppe erfolgreich wahrnehmen, erhält sie für ihre Rolle zunehmend *Legitimation*. Der neue Chef wird jetzt mit Aufgaben und Problemen überhäuft, viele sind dabei wohl vom Vorgänger geerbt. Arbeit ohne Ende! Es gilt, die eigene Zeit auf die wirklich *wesentlichen Aufgaben* zu konzentrieren. Auf dem noch unbekannten Terrain ist zumeist umsichtiges und *besonnenes Verhalten* gefragt. Alle Beteiligten erleben zunehmend ein Zusammenwachsen der Gruppe und eine immer wirkungsvollere Ausrichtung auf den Erfolg der Gemeinschaft. Erfahrene Mitarbeiter beginnen, der neuen Führung den Rücken zu decken.

Gelingt der Start weniger gut, beginnt rasch ein mehr oder minder subtiler Machtkampf. Oft versucht die neue Führungskraft auf ihre ganz persönliche Weise die Mitarbeiter für sich zu gewinnen: Sie ist z. B. nett oder setzt ihre Macht ein, baut Netzwerke auf, manipuliert, kontrolliert und versucht alles, um die Geschehnisse in den Griff zu bekommen. Sie erlebt zunehmend eine Kluft zwischen sich und der Gruppe. Der Druck „von oben" steigt zudem, da allmählich konkrete Ergebnisse eingefordert werden. Von nun an muss sich der neue Chef immer häufiger mit selbst produzierten Nebenwirkungen seines Verhaltens auseinandersetzen. Es entstehen erkennbare Sympathien und Antipathien, Verbrüderungen, Konflikte usw. Statt Freude am Erfolg und positivem Gemeinschaftsgefühl tauchen zunehmend Frustration und Kräfteverlust bei allen Beteiligten auf. Die Gemeinschaft verliert ihre eigentlichen Ziele mehr und mehr aus den Augen und wird immer erfolgloser. Die Fluktuation nimmt – sofern es der Arbeitsmarkt erlaubt – zu. Dies gilt auch für die Wechselmotivation des Chefs. Er holt vielleicht kurzfristig noch einmal alles aus der Gruppe heraus – und wechselt dann auf eine andere Position; oft nach etwa 2 Jahren, denn so lange dauert der hier beschriebene Prozess zumeist.

Wie auch immer: Es entsteht in beiden Fällen ein ganz *individuelles Führungs-Geführten-System*, das sich automatisch seine eigenen Regeln, Tabus und Sachzwänge schafft. Mit der Zeit gewöhnen sich oft alle Verbliebenen an die Lage und der Chef an seine Rolle. Da er mittlerweile erfahrener und im Machtnetzwerk etabliert genug ist, bewahrt er seine Position. Die Gesamtlage ist recht stabil. Es funktioniert solange, wie es der Führung gelingt, ihr Legitimationskonto im Kreditrahmen zu halten. Dieser Prozess des Etablierens dauert nicht selten 2 bis 3 Jahre.

Wie lange braucht es eigentlich, um auf anderen Gebieten? erfolgreich zu werden? In einer Studie mit dem Titel „Development of Talent Project" wurde u. a. der Entwicklung hervorragender Künstler, Schachspieler, Sportler und Neurologen nachgegangen. Dabei stellte man fest, dass es unabhängig von der Branche 10 bis 18 Jahre dauerte, um auf einem Gebiet Topleistungen zu erbringen und Meisterschaft zu erreichen.[8] Für den Managementbereich berichten Quellen von 10 bis 20 Jahren, bis man eine Führungskraft „großgezogen" hat.[9] Das muss für ehrgeizige Menschen, die schon bereit waren, für ihr Ziel viele zusätzliche Jahre in die Ausbildung zu investieren, eine erschreckende Nachricht sein!

Der lange Weg zum Erfolg

Ich stelle mir vor, wie ich nach einem Studium (natürlich mit Auslandsaufenthalt) – in Deutschland bin ich mittlerweile wohl Anfang oder Mitte Zwanzig – noch ein Traineeprogramm absolviere, promoviere oder ein MBA-Studium anhänge und schließlich meine erste Sachaufgabe im Unternehmen antrete. Ich beginne, wirklich an der Lösung realer Probleme in einer realen Welt mitzuwirken. Ich habe einen beeindruckenden Werkzeugkasten, aber diese konkrete Welt kenne ich verständlicherweise wenig.

Erfreulicherweise bin ich nach fünf Jahren noch dabei, habe gerade meinen 33-jährigen Geburtstag gefeiert, einige Seminare besucht und an einem Assessment-Center teilgenommen. Mir wurde Führungspotenzial bescheinigt, weil ich selbstbewusst rangegangen und sprachlich ziemlich gut drauf bin. Empfohlen hat man mir, meine soziale

---

[8] *Buckingham, M./ Coffman, C.*, Erfolgreiche Führung gegen alle Regeln, 2001.
[9] *McCall, M. W./ Lomardo, M. M. / Morrison, A. M.*, Erfolg aus Erfahrung, 1995.

Kompetenz noch auszubauen. Ein entsprechendes Seminar wurde angeregt. Mache ich gerne, denn dann geht es hoffentlich endlich los mit der Karriere.

Ich habe gelesen, dass man erst nach 10 bis 20 Jahren richtig gut ist. Wenn die Forschungsergebnisse stimmen, wäre ich Ende 40, bevor ich in der Aufgabe einer Führungskraft ein Kenner wäre. Vorausgesetzt, ich nutze die Zeit wirklich gut. Das kann doch nicht wahr sein! Gibt es denn keinen schnelleren Weg?

3 Systematik: Die Abkürzung zum „Alten Hasen"

Auch wenn klar ist, dass Lernen durch Erfahrung ein sehr langwieriges Unterfangen sein kann: Die entscheidenden Entwicklungen machen wir nun mal in der Praxis, d. h., wenn wir uns mit echten Problemen und Konsequenzen auseinandersetzen. Dabei liegt der Unterschied zwischen einer unerbittlichen Survival-of-the-Fittest-Ideologie („einfach ins kalte Wasser werfen") und einem fürsorglichen Entwicklungsansatz, in der angebotenen Unterstützung und in der Reaktion auf unvermeidliche Fehler. An dieser Stelle sind Fachleute wertvoll, die wissen, welche Entwicklungsimpulse durch welche Tätigkeiten ausgelöst werden können. Diese Menschen können die Selbstreflexion fördern und Wegbegleiter auf diesem unbekannten Terrain sein.[10] Gleichzeitig gilt es, günstige Gelegenheiten zu nutzen und zur Improvisation bereit zu sein.

In einer interessanten Studie[11] wurden wertvolle Erfahrungen auf dem Weg zur erfolgreichen Führungskraft systematisch herausgearbeitet, die wir ein wenig näher beleuchten möchten.

- Es soll demnach von Vorteil sein, auf dem Weg zu definierten Zielen mit unbekannten Menschen umgehen zu müssen. In dieser Erkenntnis finden sich drei wesentliche Punkte: Zum einen geht es um konkret prüfbare Erfolge. Wurde das Ziel erreicht oder nicht? Zum anderen soll das Ergebnis nicht nur von mir und meinen Sachkompetenzen abhängig sein. Dann brauche ich Andere. Zusätzlich profitiere ich in meiner Entwicklung offenbar davon, wenn ich mich dabei auch noch auf unterschiedliche Persönlichkeiten einstellen muss. Vor diesem Hintergrund gilt es für zukünftige Führungskräfte also, *früh herausgefordert zu sein, mit anderen gemeinsam Erfolg herzustellen.*
- Bedeutsam ist es anscheinend auch, selbst *verschiedenartigste Vorgesetzte zu erleben.* Offenbar ist es wichtig, sich bewusst mit der Rolle des Geführten auseinanderzusetzen und zu spüren, wie es einem damit geht. Da dies vom Verhalten des Chefs abhängt, erweitere ich meine Erfahrungen, wenn ich unterschiedliche Vorgesetzte habe. So wird es

---

[10] „Wenn jemand sein Potenzial bei mir verwirklichen soll, dann muss ich dafür auch was tun. Ich kann den nicht einfach so mitlaufen lassen." (Interview mit *Pascal Machate*, Human Resource Manager der Hewlett-Packard CDS GmbH).

[11] *McCall, M. W./ Lomardo, M. M. / Morrison, A. M.*, Erfolg aus Erfahrung, 1995.

unwahrscheinlicher, dass ich einfach dem Impuls folge, es später auch so – oder gerade genau anders – als eine bestimmte Person machen zu wollen.

- Wertvoll scheint es zu sein, **Hilfe bei kritischen Übergängen** zu haben. Gerade in schwierigen Momenten sollte man nicht allein und ohne Sicherung auf seinem Weg unterwegs sein müssen. Man benötigt in seiner Entwicklung nicht nur den geistigen Sparringspartner, sondern durchaus auch mal denjenigen, der einen fallenden Felsbrocken abzulenken versteht. Überlegen Sie einmal, wie sorgfältig man mit vielversprechenden Sportlern umgeht – ohne sie auch nur eine Spur zu schonen.

- Nahezu selbstverständlich erscheint der Tipp, **Erfahrungen mit Mitarbeitern** sammeln zu können. Dazu bedarf es nicht einmal zwingend einer Beförderung im Unternehmen. Entscheidend ist es vielmehr, Gelegenheit zu haben, mit der Verantwortung der **Ur-Aufgabe der Führung** konfrontiert zu werden: Dafür sorgen zu müssen, dass es gemeinsam funktioniert! Das ist sicherlich auch im Amateurbereich möglich (z. B. in Vereinen, in Freizeitprojekten und im Ehrenamt).

- *Verantwortung sollte wachsen*, aber dabei keinesfalls einfach mit größerer Mitarbeiteranzahl gleichgesetzt werden. Reife Führung hat nicht nur etwas damit zu tun, sich für Ergebnisse verantworten zu müssen. Es geht im Wesentlichen darum, sich selbst als Ursache für Ergebnisse und die Befindlichkeiten anderer Menschen zu erkennen. Überzogen wird dieser Prozess, wenn man beginnt, sich nahezu für alles verantwortlich zu fühlen. Hier könnten wir eher von „Größenwahn" als von Verantwortungsgefühl sprechen.

- *Schwierige Situationen mit Risiko* bieten offenbar besondere Entwicklungschancen. Die Führung einer eingespielten, erfahrenen und harmonischen Gruppe in einem stabilen Umfeld mag noch relativ einfach sein. Um aber zu vermeiden, in Krisen die Legitimation einzubüßen, muss man solche Momente schon überstanden haben. Schwierige Situationen wird man verständlicherweise aus ethischen Gesichtspunkten nicht aktiv herstellen, aber seien wir realistisch: Das Leben bietet uns an dieser Stelle zweifellos früher oder später Gelegenheiten.

- Ohne *(Selbst-)Reflexion und Korrekturen* geht es nicht. Wertvolle Erfahrungen entstehen bei uns Menschen nicht automatisch. Es gibt keine Garantie dafür, dass eine Person aus bestimmten Erlebnissen das mitnimmt, was sie lernen könnte. Unreflektiert wird das Geschehen einfach Teil unseres Autopiloten, der nach anderen Kriterien funktioniert als denen der Professionalität. Das ist einer der wesentlichen Gründe, warum es nicht ausreicht, unterschiedliche Menschen durch ähnliche Aufgaben und Situationen laufen zu lassen. Was für den einen ein traumatisches Erlebnis ist, von dem er sich nie zu befreien versteht, ist für den anderen eine nützliche Erfahrung. Die Unfähigkeit, Erlebnisse in einen Bezug zum eigenen Innern zu setzen, schränkt die Lernfähigkeit drastisch ein.[12]

---

[12] „Wenn sich jemand 20 Jahre lang keine Gedanken gemacht hat um seine eigenen Muster, dann ist es verständlich, dass diese Person wenig Verständnis hat für Entwicklungsimpulse bzw. -notwendigkeiten." (Interview mit *Nancy Fuchs*, Leiterin der Personalentwicklung der EWR GmbH – Unternehmensverbund Stadtwerke Remscheid GmbH).

3 Systematik: Die Abkürzung zum „Alten Hasen"

Gerade diesem letzten Punkt kommt aus unserer Erfahrung ein ganz besonderer Stellenwert zu. Lassen Sie uns darauf etwas näher eingehen.

▶ Vielleicht ist mittlerweile der Eindruck entstanden, wir hielten Führungstrainings und ausgearbeitete Entwicklungsmaßnahmen für wertlos. Ganz im Gegenteil!

Sie sollten allerdings zum einen sehr sorgfältig prüfen, welches Führungsverständnis dabei (vom Referenten) transportiert wird. Zum anderen dürfen Sie nie die Beherrschung von „Tools" mit erfolgreicher Führung verwechseln. Es geht für Sie in der Praxis *immer* um die Erfüllung der Kernaufgaben, nie um die Anwendung von Techniken! Sie können „technisch" alles richtig machen – und dennoch eine erfolglose Führungskraft sein, deren Legitimation zurecht infragegestellt wird. Um ein anderes Bild zu wählen: Man wird nicht dadurch ein guter Koch, indem man sich viele Gewürze und Kochutensilien kauft.

Dennoch stellen gute Köche sicher, dass sie die nötigen Werkzeuge für ihre Arbeit haben. Bezogen auf Ihre Entwicklung bedeutet das: Nutzen Sie Seminare, um (a) Ihr Führungsverständnis und -bild weiter zu schärfen, (b) sich sinnvolle Standards anzueignen, z. B. Gesprächstechniken, und (c) sich gezielt für einzelne Kernaufgaben der Führung zu stärken.

Die besten Seminare sortieren entweder ihre Inhalte in ein Gesamtbild wirksamer Führung ein – oder sie sind systematischer Bestandteil einer übergreifenden, transparenten Führungsphilosophie. Wir selbst haben unsere Veranstaltungen nach Kernaufgaben sortiert und stellen vor allem deren konkrete Lösung in den Vordergrund unserer Trainings.

3.1 Selbstreflexion: Der erste Schritt zur Freiheit

Wir kommen nicht *aus unserer Haut*! Unser Autopilot ist mächtig! So überlegen, frei und erwachsen, wie wir es uns vorstellen, sind wir einfach nicht. Und das setzt uns spürbare Grenzen für Entwicklung, Veränderung und persönliches Wachstum.

Emotionen und reflexhaftes Verhalten

Eine unserer Gehirnstrukturen hat seit Urzeiten eine emotionale Bewertungsaufgabe, die uns das Überleben sichert. Sie urteilt unmittelbar, inwieweit eine Situation oder ein Ereignis gefährlich oder attraktiv für uns sein könnte. Aus dieser Bewertung erwachsen sofort Handlungsimpulse, die wesentlich schneller sind als unser Großhirn es mit seinen analytischen Möglichkeiten je sein kann.

Auf dieser Basis bewegen sich 99,9 Prozent aller Tiere durch ihr Dasein; sie leben im Hier und Jetzt, ihr Alltag beruht im Wesentlichen auf Fressen, Schlafen, Fortpflanzen, Kämpfen. Die restlichen 0,1 Prozent sind vermutlich nur Menschenaffen und

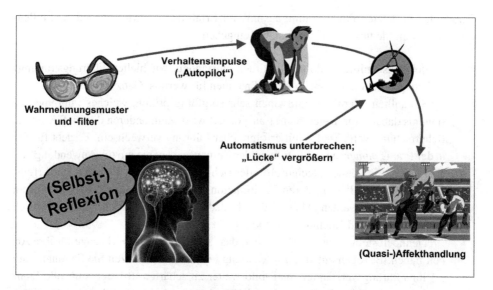

Abb. 2 (Selbst-)Reflexion als Fundament des Wachstums

Menschen, die ausreichend freie Hirnkapazität haben, um in die Vergangenheit schauen und über die Zukunft nachdenken zu können.[13]

Erst wenn wir einen Weg finden, nicht unmittelbar zu reagieren, können wir unseren Autopiloten auf seine Qualität prüfen. Dazu brauchen wir eine „Lücke" zwischen Handlungsimpuls und Reaktion. Wir müssen uns Raum zum Überlegen schaffen (Abb. 2). Was lässt sich in diesem Zusammenhang tun?

- Sie könnten Ihre Handlungsimpulse *ignorieren oder verdrängen*. Dies entspricht in etwa der Strategie von Kleinkindern, die sich die Augen zuhalten, um nicht gesehen zu werden. Psychisch hilft Ihnen dieser Ansatz, real tut er es nicht. Sie sind nun erst recht Opfer Ihrer Impulse und verwechseln Freiheit und Spontaneität mit Gedankenlosigkeit, (schlechten) Gewohnheiten und Willkür. Sie bleiben in Ihrer Entwicklung stecken.[14]
- Dann könnten Sie sich das sichtbare *Ausleben Ihrer Impulse verbieten*. Diese Strategie erfordert Kraft, Disziplin und Selbstkontrolle – manchmal bis hin zur Selbstverleugnung. Unserer Erfahrung nach ist das der Lieblingsansatz vieler erfolgreicher Menschen. Je nach Erschöpfungsgrad und Widerstandskraft, je nach Übung in Disziplin sind sie hierbei im Kampf gegen ihre Handlungsimpulse mal erfolgreicher und mal weniger. Gleichzeitig erwächst daraus oftmals ein Frustrationspotenzial, das zu Kurzschlussreaktionen und Krankheiten führen kann.

---

[13] *Weber, P. F.*, Der domestizierte Affe. Die Evolution des menschlichen Gehirns, 2005.

[14] Managementtrainings und Coachings vermeiden übrigens nicht die weniger erfolgreichen Führungskräfte oder die besonders guten. Es sind diejenigen, die der Selbstreflexion ausweichen wollen.

- Sie können Ihre Impulse allerdings auch einfach zulassen, ihnen zuschauen und sie *vergehen lassen*. Diese Strategie wird beispielsweise in Meditationsübungen gepflegt und beruht darauf, den Abstand zwischen emotionalem Impuls und Handlung ruhig und stetig zu vergrößern. Auch hierzu wird Übung und Disziplin benötigt, aber es staut sich viel weniger auf. Als wir an der 1. Auflage saßen, irritierte das Thema Führungskräfte oft noch, mittlerweile wird selbst auf dem Weltwirtschaftsforum in Davos Donnerstag- und Samstagmorgen eine Meditationsrunde angeboten.[15]

▶ Der Weg zur erfolgreichen Führungspersönlichkeit verlangt **Selbstreflexion**: Was sind meine persönlichen Impulse, was ist mein eigener Anteil, und was verlangt die Situation?
   Diese benötigt (innere) Ruhe, Wahrhaftigkeit und die Kenntnis eigener **Wahrnehmungsmuster**.

Zweifellos werden Sie Ihre Leistung im Weitsprung, Tennis oder Golfspielen treffsicherer bewerten können als Ihre Führungskompetenz. Wir sind realistischer in den Bereichen, in denen Dinge direkt in ihrer Auswirkung beobachtbar sind. Der schwierige Entwicklungsprozess zur Führungspersönlichkeit ist daher mit *guten Lehrern* und *wertvollen Rückmeldungen* erfolgreicher zu bewältigen.

Fassen wir zusammen: Sie benötigen zu Beginn Ihrer Entwicklung zumindest ein realistisches Bild über Führung und deren Aufgaben. Die dann zwingend notwendigen praktischen Erlebnisse müssen reflektiert und zu Erfahrungen gemacht werden. Dabei können Sie von guten Lehrern profitieren. Wollen Sie Ihr eigenes Wachstum noch darüber hinaus weiter vorantreiben? Dann brauchen Sie den Mut, immer wieder aufs Neue einen Schritt über das Gewohnte hinauszugehen. Das ist deshalb so schwer, weil Sie sicherlich erst einmal froh sein werden, die Unsicherheit der Startphase endlich überwunden zu haben.

3.2 Wandel: Der Schritt über uns hinaus

Auf dem Weg des praktischen Lernens entstehen Gewohnheiten, Strategien und Prinzipien, die oft plötzlich ein Hindernis für die weitere Entwicklung werden. Genau die Dinge, denen Sie vielleicht Ihre derzeitige herausragende Position verdanken (z. B. Ihre Fähigkeit, sich intensiv in ein Thema zu verbeißen), blockieren mit einem Male Ihren nächsten Schritt (bei dem vielleicht eine Helikopterperspektive nötig ist). Die systematische Reflexion eigener *Erfolgsstrategien* sind daher wesentlich für Ihr Wachstum. Es ist wichtig, die Gründe und Muster zu kennen, die für die bisherigen eigenen Erfolge verantwortlich sind.

---

[15] *Jörg Eigendorf*, Wie Manager Abschalten lernen, WELT, 26. Januar 2013.

▶ Nicht wir haben unser Erfolgsmodell geprägt. Es prägt uns! Es beeinflusst maßgeblich die Art, wie wir unsere Wirklichkeit wahrnehmen, die Weise wie wir denken und fühlen, unsere Handlungsimpulse und Entscheidungen.

Unser persönliches Erfolgsmodell ist uns in aller Regel nur ansatzweise bewusst, da wir es als *völlig normal* empfinden – so wie kein Fisch weiß, dass er im Wasser schwimmt. Erst wenn etwas nicht wie gewohnt funktioniert und wir an Grenzen stoßen, fällt es uns auf. In solchen Situationen haben Sie drei Möglichkeiten:

1. Sie **verdrängen das Problem**, indem Sie die Schwierigkeiten leugnen, eigene Schwächen kompensieren oder vergleichbaren Situationen von nun an ausweichen. Dieser Weg zehrt jedoch immer mehr von Ihren Energien und Kräften auf. Oft denken Sie dann vielleicht, das äußere Umfeld würde Sie auslaugen. Doch im Kern zahlen Sie schlicht den Preis dafür, nicht von Ihrem alten Erfolgsmodell loszukommen.
2. Möglicherweise neigen Sie aber auch mehr zur **Methode „Mehr-des-Selben"**: Dies entspricht dem Ansatz, einfach mehr Anlauf zu nehmen, wenn man gegen ein Hindernis gerannt ist. Unser Erfolgsmodell bestimmt dermaßen unsere persönliche Wahrheit, dass wir der festen Überzeugung sind, man könne gar nicht auf eine andere Art erfolgreich sein. Sie haben möglicherweise dann den Eindruck, dass das Leben immer härter würde.
3. Wir empfehlen dagegen diese Variante: **Nutzen Sie die Chance** und machen Sie sich Ihr Erfolgsmodell bewusst (so wie Sauerstoff in der Luft dann am ehesten registriert wird, wenn er weniger wird): Über Ihr eigenes Modell hinauszugehen heißt dabei nicht, es aufzugeben. Das ist auch gar nicht möglich. Aber es kann gelingen, eine offenere Beziehung zu ihm zu entwickeln. In Ordnung: Der erste Moment, in dem Sie anerkennen, dass irgendetwas grundlegend nicht mehr stimmt, ist unangenehm. Sie verlieren vielleicht die Überzeugung, Ihr Leben unter Kontrolle zu haben, und gefährden Ihre Identität. Aber wollten Sie nicht über sich hinauswachsen? Dieses Gefährden des Selbstverständnisses ist wichtig, denn auf dem eigenen Entwicklungsweg dürfen Sie an Ihrer alten Identität nicht festkleben. Also: Lassen Sie sich immer wieder von Schwierigkeiten und spannenden Begegnungen „konstruktiv verunsichern".

Erinnern Sie sich an die Pubertät?

Die Veränderung vom Kind zum Erwachsenen vollzieht sich voller Dramatik und Unsicherheiten. Wir verabschieden uns von etwas, was wir nicht mehr länger sind und finden uns in einer unbekannten, faszinierenden und verschreckenden Welt wieder. Ein Festhalten am Vergangenen ist praktisch nicht möglich.

Es bedarf schon einer Änderung im Selbstverständnis eines Menschen, wenn er eine Führungsaufgabe übernimmt. Aber erst der Weg des ständigen Wandels verdient den Begriff des Reifens. Hier finden wir den Weg des Künstlers.

4 Künstlertum: Zur Führungspersönlichkeit reifen

Führungsreife entsteht ebenso wenig automatisch mit einer definierten Anzahl von Managerjahren wie Persönlichkeitsreife durch Altwerden. Spätestens an dieser Stelle wird deutlich, ob Management als Karriereweg betrachtet wird oder als Notwendigkeit zur eigenen, stetigen Entwicklung. Wenn der Reiz der Führungsaufgabe Sie wirklich gefangen genommen hat, finden Sie sich früher oder später vor der Frage: Wie kann ich mich (meine Persönlichkeit) noch wertvoller für die Gemeinschaft machen?

Persönliches Wachstum hat etwas damit zu tun, unsere Potenziale und Möglichkeiten tatsächlich zu verwirklichen. Wie Erfahrungen mit so genannten „Wilden Kindern" belegen, ist das eindeutig nicht für unsere individuelle Entwicklung genetisch automatisiert.[16] Einige Aspekte des Menschseins scheinen sich wie selbstverständlich zu entfalten, andere nicht. Weisheit, Neugier, Mitgefühl, Freundlichkeit, Humor und Liebe müssen offenbar in einem kulturellen Prozess erworben werden.

> **Vorsicht vor Kultur-Darwinismus**
> Es erscheint uns in diesem Zusammenhang überheblich, davon auszugehen, dass ein so genannter höherer *Kulturstand* zwangsläufig die Führung „niedrigerer Wesen" notwendig mache. Wir würden uns in der Wildnis lieber an dem Verhalten und dem Erfolgsmodell wilder Kinder orientieren, als zu versuchen, sie unter unsere Führung zu bekommen.

Wir haben die Möglichkeit, unterschiedliche Dinge zur Meisterschaft zu bringen. Und da es Autoren gibt, die Management im Zusammenhang mit Künstlertum nennen,[17] möchten wir dieses Kapitel damit beenden, Ihnen den Weg zum *Meister der Führung* zu skizzieren. Gönnen Sie sich den Spaß und „übersetzen" Sie ihn doch einmal auf Ihren persönlichen Entwicklungsprozess:

1. Der naive Anfänger startet aus einer Lage der **Unwissenheit und Willkür** und ist überzeugt, die Aufgabe besser als die meisten anderen erfüllen zu können – oder zumindest ebenso gut. („Diese Kinderzeichnungen kann doch jeder. Wer ist überhaupt Picasso?") Wir fühlen uns in dieser Lage authentisch und wirksam. Einen Lehrer benötigen wir unserer Ansicht nach nicht wirklich. Haben wir Kontakt mit ihm, wollen wir beweisen, dass er viel mehr Fehler hat, als er selbst glaubt, und der Unterschied zwischen ihm und uns nur gering ist.
2. Wir lernen bald *einfache Standards* (Grundtechniken), wenden diese an und begreifen allmählich die Zusammenhänge zwischen Handeln und Ziel. Unser Verhalten fühlt sich für uns noch fremd und ungewohnt an. Wir glauben, viele Dinge, die uns der Lehrer aufträgt, wären überflüssig. („Diese doofe Übung haben wir doch schon mal gemacht. Die bringt im realen Alltag sowieso nichts.") Wir haben bei der Ausführung oft das Gefühl, nicht wir selbst zu sein. Von außen wirkt unser Vorgehen gelernt, widersprüch-

---

[16] *Newton, M.*, Wilde Kinder. Schicksale jenseits der Zivilisation, 2004.
[17] *Schircks, A. D.*, Management Development und Führung, 1994, S. 64.

lich und „aufgesetzt". Unseren Lehrer halten wir einerseits für den Größten, andererseits für zu zwanghaft und nicht auf das wahre Leben bezogen. Er geht aus unserer Sicht nicht genügend auf unsere Individualität ein, gängelt und unterdrückt uns („Ich mache das nicht mehr lange mit.").

3. **Übung und Professionalisierung** im Umgang mit den Standards bringen uns auf den Weg der Perfektion. Allmählich entsteht bei uns das Gefühl, dass wir die Standards beherrschen und nicht sie uns. Wir fühlen uns zunehmend authentischer und beginnen, unser Vorgehen geschickter und situativer zu steuern. Es wirkt nun nicht mehr aufgesetzt. Unseren Lehrer halten wir zunehmend für überflüssig. Er gehört aus unserer Sicht zur „alten Schule" und begreift nicht, dass mittlerweile alles ganz anders geworden ist. In manchen Punkten sind wir offensichtlich erfolgreicher („Es wird Zeit, dass ich aus dieser Sache hier rauskomme. Hier lerne ich nichts mehr.").

4. Entweder werden wir an dieser Stelle zunehmend starr und unflexibel, *perfektionieren* die Standards – isoliert von den situativen Feinheiten – immer weiter, oder wir füllen diese mit unserer Persönlichkeit und entwickeln einen *eigenen Stil*. Im ersten Fall werden wir ein „Abziehbild solider Arbeit" („Ich mache halt meinen Job. Und das verdammt gut."). Im zweiten Fall bewegen wir uns auf das Künstlertum zu. Mittlerweile hält man uns für außergewöhnlich und unterstellt uns Talent und Begabung, vielleicht auch Charisma und Führungspersönlichkeit. Unseren Lehrer verstehen wir mittlerweile wieder besser. Unser Respekt ist gewachsen und wir begegnen ihm mit wachen Sinnen, immer bereit, weitere Feinheiten aufzunehmen. Die Frage „Ist er besser oder schlechter als ich?" bewegt uns nicht mehr („Das kann man schlecht erklären, aber er ist schon was Besonderes.").

5. Unsere Leistungen heben sich mittlerweile sehr vom Durchschnitt ab und wir stehen vor einer weiteren Weiche: Entwickeln wir nun **Künstlertum und Meisterschaft** oder **Überheblichkeit und Hochmut**? Wenn es uns gelingen soll, Führung wirklich zu einer Kunstform zu entwickeln, benötigen wir Disziplin, Achtsamkeit und die Bereitschaft, die Aufgabe nahezu losgelöst von unserer Persönlichkeit zu leben. Die „*Führungs-Primadonna*" überbewertet sich selbst zunehmend als Ursache ihres Erfolgs. Sie beginnt, die wirklichen entscheidenden Dinge zu vernachlässigen. Hochmut kommt bekanntlich vor dem Fall. Der „*Führungs-Meister*" vergisst nicht, was das Wesentliche ist, und hört nie auf, sich in Bezug auf diese Punkte weiter zu entwickeln. Er gestaltet sich selbst zum Führungsinstrument („Ich erkenne heute erst, wie unendlich viel es noch zu lernen gibt.").

6. An dieser Stelle bewegen wir uns bereits an der Grenze des Bekannten. Wir beginnen Neuland zu erforschen und gewinnen eine sehr große **Freiheit** in unserer Kunst, die oft nicht mehr verstanden wird und für die meisten Menschen auch nicht zur Nachahmung geeignet ist. Wenn wir nun nicht im **Kontakt mit dem wahren Leben** bleiben, werden wir exzentrisch („Weißt du, Führung ist eine Welt, die niemand je verstehen wird."). Noch immer besteht die Gefahr, die Ur-Aufgabe der Führung aus den Augen zu verlieren – und das Entwickelte zu verlieren. Wenn wir nicht mehr von der realen

4 Künstlertum: Zur Führungspersönlichkeit reifen

Welt herausgefordert werden, wenn das Leben uns keine Rückmeldungen mehr geben kann (z. B. weil sich niemand mehr traut, an unserem Denkmal zu kratzen oder wir in einem geschützten Elfenbeinturm leben), werden wir schwach und beginnen, die Natur der Dinge misszuverstehen. Wir werden wie ein Spitzensportler ohne (Wettkampf-)Praxis.

7. Mittlerweile sind wir wohl selbst zum **Vorbild und Lehrer** geworden. Der Unterschied besteht darin, ob wir unseren Weg durchschaut haben und über eine Landkarte durch das Gelände des Wachstums verfügen – oder nicht. Im ersten Fall können wir zum umfassenden Wegführer werden, wir können lehren („Schau, in deiner Phase ist Folgendes wertvoll …"). Im zweiten kann man bestenfalls durch Zusehen von uns lernen („Was soll ich sagen? So schwer ist es doch nicht. Schau halt genauer hin."). Der wahre Künstler beginnt, ein Werk und Erbe zu hinterlassen.

Ob wir uns den Weg von Malern (z. B. Picasso, Dali), Spitzensportlern (z. B. McEnroe) oder asiatischen Kampfkunst-Meistern anschauen: Wir finden sehr oft diese Muster in ihrer Biografie wieder. Und es gibt hier keine Ziellinie, kein Ende, kein „Fertigsein"!

Zugegeben, wir kennen kaum Manager, die Ihre eigene Entwicklung mit der eines Kampfkunstmeisters oder Künstlers vergleichen – geschweige denn diese so betreiben. Allerdings sind wir überzeugt, dass es sie gibt. Und wir würden sie gerne kennenlernen!

Kommt Ihnen ein solcher Bezug zynisch vor, wenn Sie an die eine oder andere Führungskraft denken, die Sie (aus den Medien) kennen? Zweifellos kann die Ur-Aufgabe der Führung auch von unangenehmen oder gar kriminellen Persönlichkeiten wahrgenommen werden. Man kann die Führungsrolle sogar einfach „besetzen", wie man illegal ein Haus besetzt. Zweifellos kommt in der Entwicklung eines Managers also auch der persönlichen Gesinnung ein wesentlicher Stellenwert zu.

▶ Neben der funktionalen Seite der Aufgabenerfüllung gibt es noch die **Seite der Werte**. Erinnern wir uns an die „Deal-Dimension" und die „Emotionale Dimension" jeder Beziehung – also auch der zwischen Führendem und Geführten.

Haben Sie schon einmal überlegt, welche Grundhaltung unsere Wirtschaftsschulen ihren Studenten vermitteln? Gehen Sie einmal auf die Website der renommierten St. Galler Business School[18] und geben Sie „Werte" in das Suchfeld ein. Wir haben das spontan getan, als wir an der letzten Auflage schrieben – und waren ebenso erschrocken wie bestätigt.

Die erste Nennung dort bestand in einer Veranstaltung für Geschäftsführer (Wertoptimierung: Wie monetäre Werte entstehen), erst in der vierten Nennung tauchen Werte im Zusammenhang mit Verhalten auf. Eine Veranstaltung wurde angezeigt, die sich an oberste Führungskräfte richtete: *„Im Diskurs mit den Teilnehmenden bringen die erfahrenen Dozenten bewährtes wie neues Führungswissen auf den Punkt und zeigen, wo aus ihrer Sicht*

---
[18] Das sah im Feb. 2013 bei anderen Business Schools nicht viel anders aus.

die wirklichen Hebel zur Steigerung Ihrer persönlichen Management-Kraft liegen." Das Ziel wird so definiert: „*Werte und Verhaltensweisen, welche meinen Führungsanspruch unterstützen*". Heute gibt es auf der Website nicht einmal mehr das Suchfeld, – und Veranstaltungen zum Thema „Werte und Gesinnung" waren für uns auch nicht zu finden. Produzieren wir tatsächlich systematisch die Manager, über die wir uns hinterher beschweren?

Teil IV

Die Zukunft der Führung

Führung 10.0 – Bitte nicht!

> *„Wir ersinnen Mittel und Wege, nach außen hin originell zu erscheinen – indem wir etwa Fliege oder knallrote Schuhe tragen. Wirkliche Originalität riskieren wir lieber nicht."*
>
> *Adam Grant (Grant, A., Non Konformisten, 2016, S. 47)*

Wenn wir mit Menschen über die Zukunft der Führung ins Gespräch kommen, ist es für uns immer sinnvoll, etwas Zeit mitzubringen. Zunächst schildert man uns die Umbrüche und Krisen unserer Zeit. Hier wird unterschiedlich weit ausgeholt und anschließend das Spielfeld um VUCA,[1] Wertewandel und Künstliche Intelligenz erweitert. Man weist auf die dadurch provozierten Veränderungen der Arbeitswelt hin und leitet „völlig neue" Anforderungen an die Führungskräfte der Zukunft ab. Wobei diese Zukunft natürlich schon längst begonnen haben soll. Alles andere ist „von gestern", bestenfalls überholt, schlimmstenfalls den nötigen Entwicklungen im Wege.

Können Sie sich vorstellen, wie skeptisch in solchen Begegnungen ein Führungsansatz betrachtet wird, der sich als „uralt" positioniert? Erst wenn sich die Atmosphäre etwas entspannt hat und wir erfolgreich ein paar zweckmäßige Differenzierungen ins Gespräch bringen konnten, kommt der pragmatischere Teil der Diskussion: Was muss Führung heute und in Zukunft leisten? Wie wird ihr das gelingen können? Was ändert sich dadurch – und was nicht?

---

[1] Nach Wikipedia, 03.09.2019: VUCA ist ein Akronym für die englischen Begriffe volatility (Unbeständigkeit), uncertainty (Unsicherheit), complexity (Komplexität) und ambiguity (Mehrdeutigkeit). Es beschreibt schwierige Rahmenbedingungen der Unternehmensführung. ... Eine Strategie zum Überleben in der VUCA-Welt leitet sich ebenfalls von der Abkürzung ab, nämlich: vision (Vision), understanding (Verstehen), clarity (Klarheit), agility (Agilität).

▶ Um Missverständnissen vorzubeugen: Verändert sich die Welt, in der Führung stattfindet? Auf jeden Fall tut sie das! Ist das erstmalig in der Geschichte der Menschheit? Absolut nicht! Stellt das die Hauptaufgabe bzw. Funktion der Führung infrage? Nein! Möchten wir damit die Dynamik der Veränderungen und das Ausmaß der aktuellen Herausforderungen kleinreden? Keinesfalls!

Wir werden hier nicht auf die zweifellos bahnbrechenden Veränderungen unserer Zeit eingehen.[2] Die thematische Breite sprengt zum einen unseren Rahmen, zum anderen teilen wir die Haltung von *Horari*: „Jahrtausendelang war die Geschichte voller technologischer, ökonomischer, gesellschaftlicher und politischer Umwälzungen. Eines aber blieb stets konstant: die Menschheit als solche. Unsere Werkzeuge und Institutionen unterscheiden sich gründlich von denen aus biblischen Tagen, aber die Tiefenstrukturen des menschlichen Geistes sind die gleichen geblieben."[3]

Uns ist bewusst, dass selbst eine solche Sichtweise durch manche Visionäre unserer Zeit infrage gestellt wird. Exemplarisch sei dazu auf Diskussionen verwiesen, die sich rund um das Schlagwort „Cyborg" abspielen: den prophezeiten Zwitterwesen zwischen Menschen und Robotern. In diesem Kontext „gibt es praktisch kaum etwas, das sich Wissenschaftler nicht zutrauen würden."[4]

1 Was muss Führung heute und in Zukunft leisten?

Aus Perspektive des evolutionären Ansatzes sind die Rahmenbedingungen, unter denen Führung stattfindet, grundsätzlich immer in Bewegung. Genau dies macht sie so komplex und anspruchsvoll. Hierbei ist es wichtig, nicht nur über die „Dimension: früher-heute-zukünftig" nachzudenken. Viel prägender für das konkrete Vorgehen im Alltag sind situative Variablen, z. B. die Atmosphäre in der Abteilung, wirtschaftlicher Druck, Anzahl und Ausbildungsniveau der Beteiligten, Leistungsanforderungen, Heterogenität des Teams, Marktbedingungen, Entwicklungsgrad der Organisation usw.

An den fundamentalen Kernaufgaben der Führung ändert sich dadurch nichts.

Lösungen sind immer situativ

Wenn es meine Aufgabe ist, dafür zu sorgen, dass niemand in der Familie durstig sein muss (stabil bleibende Aufgabe), dann sehen meine Lösungen heute völlig anders aus, als die meines Urahnen. Einfach den Getränkelieferanten zu bestellen, hätte diesem

---

[2] Erfreulicherweise gibt es zu diesen Themen eine ganze Reihe lohnender Lektüre. Hier eine kleine, subjektive Auswahl: *Zuboff* in „Das Zeitalter des Überwachungskapitalismus" (2018), *Herles* in „Zukunftsblind" (2018), *Harari* in „Homo Deus" (2017), *National Intelligence Council* (NIC) in „Die Welt im Jahr 2035 – gesehen von der CIA" (2017), *Ross* in „Die Wirtschaftswelt der Zukunft" (2016), *Goldin und Kutarna* in „Die zweite Renaissance" (2016) und *Morozov* in „Smarte neue Welt" (2013).
[3] *Harari, Y.N.*, Homo Deus, 2017, S. 68.
[4] *Eberl, U.*, Smarte Maschinen, 2016, S. 359.

1 Was muss Führung heute und in Zukunft leisten?

sicherlich gut gefallen. Schon fließendes, sauberes Wasser wäre ein kleines Wunder für ihn gewesen, – was für viele Familien anderer Kulturen oder in kritischen Zeiten auch heute gilt.

Werden wir etwas konkreter und nehmen uns dazu eine Kernaufgabe der Führung heraus: das „Herstellen der gemeinsamen Wirklichkeit". Viele situativen Aspekte beeinflussen, welche Art der Lösung wann zweckmäßig ist. Zum Beispiel ist es zweifellos von Vorteil, über eine *gemeinsame Sprache* zu verfügt; Führungskräfte von gemischtsprachigen Teams müssen also nach alternativen Wegen suchen. Schon *sehr lange* zusammenzuarbeiten und dabei *eng beieinander* zu sein, erleichtert die Aufgabe. Für dezentrale Teams[5] müssen speziellere Lösungen gefunden werden: Wo früher zu Trommeln und Rauchzeichen gegriffen wurde, nutzt man heute Video-Konferenzen und Collaboration-Tools. Macht es Sinn, wegen solcher Techniken sofort von „Digital Leadership" zu sprechen?[6]

Wenn wir uns die üblichen Anforderungen an zeitgemäß Führende anschauen, finden wir selten etwas im evolutionspsychologischen Sinne wirklich Neues. Dennoch wird hier gerne von einem „Paradigmenwechsel in der Führung" gesprochen.[7] Um ein Beispiel herauszugreifen: Die neue Welt (VUCA) erfordert nach weitverbreiteter Einschätzung ein flexibles Vorgehen und ein schnelles (Re-) Agieren, regelmäßig mit dem Oberbegriff der „agilen Führung" bezeichnet. In diesem Umfeld müssen Führungskräfte „häufig mit mehreren Optionen ‚jonglieren' und ‚auf Sicht fahren'. Ein pragmatisches Ausprobieren und Lernen ist oft erfolgreicher als detaillierte Analyse und Planung."[8] Man ruft zu einer offeneren Kultur mit einer freien und direkten Kommunikation auf; mehr Selbstverantwortung und Transparenz seien gefragt. Kommt Ihnen nach unseren bisherigen Überlegungen über die Frühgeschichte der Führung davon irgendetwas unbekannt vor? So hätte man den Alltag unserer Ahnen vor 250.000 Jahren auch beschreiben können. Das meiste davon gehörte zu den Standardbedingungen, mit denen Ur-Horden zurechtkommen mussten.[9]

Insofern sollten wir eher davon ausgehen, dass sich in jüngerer Vergangenheit – quasi zwischendurch für eine kurze Zeit – eine spezielle Situation für Führungskräfte ergab: *Stabilität und Berechenbarkeit*. Darauf stellten sie sich mit ihren Lösungen ein. In der Tat können wir davon ausgehen, dass diese ihre Wirkung zunehmend verlieren. Wer entsprechende Führungsgewohnheiten entwickelte, hat es zunehmend schwerer, sowohl in Bezug auf seine Wirksamkeit als auch bezüglich des eigenen Selbst- und Führungsverständnisses.

Die in den Organisationen in dieser Phase entwickelten Erfolgsmodelle „kristallisierten" sich zweckmäßigerweise in Strukturen, Rollen und Verfahren. Auf Mitarbeiterseite passen

---

[5] Z. B. beschreibt *Harald Schirmer* seine wenig überraschende Erfahrung bei der Firma Continental, dass es eine echte Herausforderung ist, virtuelle Teams auf Dauer auf einem engagierten Level zu halten, in „Entwicklung von Digitalkompetenzen und Führungskultur ..." in *Petry, Th.*, Digital Leadership (2016), S. 370.

[6] Oder haben umgekehrt technische Möglichkeiten die Chance geboren, überhaupt dezentral zu arbeiten?

[7] *Petry, Th.*, Digital Leadership, 2016, S. 39.

[8] *Petry, Th.*, Digital Leadership, 2016, S. 40.

[9] Heute wird aus solchen Bedingungen abgeleitet, dass einzelne Personen mit der Führung überfordert seien und diese verteilt werden müsse („partizipative Führung").

dazu Disziplin, Gehorsam und Fleiß. Zusammen ermöglicht das unter stabilen Bedingungen eine hochgradig effiziente Leistungserbringung und die Sicherheit klarer Orientierung. Heute steht diese Kombination – insbesondere, wenn sie sich in Gewohnheiten und kulturellen Mustern gefestigt hat – der flexiblen Anpassung an die sehr dynamisch gewordenen „Biotope" im Weg. Die Phase der Stabilität und Sicherheit ist wieder vorüber! „Der Shift Index von Deloitte zeigt, dass die durchschnittliche Lebenserwartung eines Fortune 500 Unternehmens von 75 Jahren vor einem halben Jahrhundert auf weniger als 15 Jahre gefallen ist."[10]

Das ist der Grund dafür, dass man heute von Führungskräften im Wesentlichen erwartet, ihre Organisation maßgeblich zu verändern. Da niemand genau weiß, wie dafür eine Musterlösung aussieht, wird vieles ausprobiert. Wir Design Thinken, sind disruptiv, agil, kooperieren mit Start-ups und managen „im Hipster-Modus".[11] Wenn dabei Ideen übergezogen werden (z. B. durch die teilweise propagierte völlige Selbststeuerung von Communities), entstehen neue Probleme. Mit dieser Erfahrung im Hinterkopf stellt *Prof. Thorsten Petry* ausgerechnet in einem Buch über Digital Leadership klar: „Es braucht Führung. Führungsverantwortung lässt sich nicht vollständig sozialisieren."[12] Zerstört er damit einen modernen Mythos? Es wäre erfreulich.

Derzeit scheint es sich herumgesprochen zu haben, dass Organisationen aus dem Spannungsfeld von Routine und Gestaltung nicht so richtig herauskommen: „Einerseits müssen die Unternehmen ihre Abläufe so effizient und strukturiert wie möglich ausrichten, womit dem Individuum wenig Freiraum für Kreativität und eigenständiges Arbeiten bleibt. Andererseits sind die Unternehmen mehr und mehr auf Ideen und Lösungen der Mitarbeiter angewiesen."[13] Interessanterweise kommt gerade das Vorzeigeunternehmen der modernen Welt überhaupt (Google bzw. Alphabet) in einem großangelegten „Projekt Oxygen" zum Ergebnis: *Ja, Führung macht einen Unterschied. Und Führung wird gebraucht.* Die Ergebnisse dieser gigantischen Feldstudie „… stellen traditionelle Vorstellungen und Bilder von Führung nicht infrage. Im Gegenteil."[14]

Halten wir fest: Führungskräfte müssen auch in Zukunft ganz pragmatisch und operativ ihre Kernaufgaben in den Vordergrund ihrer Überlegungen stellen. Erst dann sollten Sie über Lösungen nachdenken, die genau in dieser speziellen Lage Erfolg versprechen. Dabei auch alle (technischen) Möglichkeiten der Gegenwart in Betracht zu ziehen, war schon immer sinnvoll. Oder wie es *Sascha Wolff*, Gründer und Partner der Berliner Agentur Dark Horse, formuliert: „Ist Digital Leadership noch Digital Leadership, wenn für die Leader Digital eine Selbstverständlichkeit ist?"[15] Ein Blick in ältere Veröffentlichungen zum Thema lässt an der Halbwertszeit dieses Begriffs Zweifel aufkommen.[16]

---

[10] *Ries, E.* (Hrsg.), Lean Enterprise, 2019, S. XI.

[11] *Hölzner, H., Nicolai, A.*, Managen im Hipster-Modus, in OrganisationsEntwicklung 1/18, S. 33–39.

[12] Auf jeden Fall trägt das von ihm herausgegebene Buch zu einer differenzierteren Diskussion bei: Digital Leadership, 2016, S. 66.

[13] *Ayberk, E.-M., Kratzer, L., Linke, L.-P.*, Weil Führung sich ändern muss, 2018, S. 19.

[14] *Ayberk, E.-M., Kratzer, L., Linke, L.-P.*, Weil Führung sich ändern muss, 2018, S. 27.

[15] *Wolff, S.*, „Posthierarchisches Management" in *Petry, Th.*, Digital Leadership, 2016, S. 431–432.

[16] Vgl. z. B. *Buhse, W.*, Management by Internet, 2014.

2 Werden wir irgendwann von Robotern geführt?

Der ehemalige leitende Berater für Innovation der früheren Außenministerin Clinton ist überzeugt, dass am Arbeitsplatz von morgen „entweder der Mensch dem Roboter sagen wird, was zu tun ist, oder der Roboter dem Menschen".[17] Ob es jemals dazu kommt, dass wir die Verantwortung für unsere Gemeinschaften, unsere Erfolge und unsere Zukunft aus eigenen Stücken an eine Künstliche Intelligenz abgeben, erscheint uns persönlich eher fraglich. Fairerweise müssen wir aber an dieser Stelle sagen: Die Spezialisten der Szene sind sich rund um solche Fragen hochgradig uneins.[18]

Es wird häufig darauf hingewiesen, dass wir unser Leben effizienter gestalten könnten, wenn technische Hilfsmittel unsere Intuitionen ablösen, gleichzeitig wird aber auch befürchtet, „… dass einige der Qualitäten, die uns menschlich machen – Liebe, Spontaneität, Autonomie –, leiden werden, wenn wir unser Leben mehr und mehr Algorithmen unterwerfen."[19] Allerdings lässt sich nicht ignorieren, dass unsere Art bisher immer alle zur Verfügung stehenden technischen Möglichkeiten genutzt hat, um ihre Ziele zu verfolgen und Aufgaben zu erledigen.

▶ Wir haben zuvor bereits über unsere eigenen Schritte berichtet, der Komplexität der Führungsaufgabe mithilfe von Algorithmen in professioneller Weise zu begegnen (www.LEAD2gether.de). Eine selbstständig agierende „Digital Leadership-Intelligence" haben wir dabei nicht im Sinn. Unser System versteht sich vielmehr als konkretes, alltagsbezogenes Problemlöse-Tool für Führende.

Wird etwas Technisches auftauchen, dem wir Menschen die Legitimation geben, uns zu führen? Und ist es vorstellbar, dass eine Künstliche Intelligenz ggfs. unbemerkt die Führung übernimmt?

Aus einer sehr pragmatischen Sicht müssen wir beide Fragen zunächst einmal bejahen: Schon heute lassen wir uns z. B. willentlich von unserem Navigationsgerät und unwillentlich von unsichtbar arbeitenden Algorithmen „führen". Im ersten Fall haben wir das Gerät legitimiert, im zweiten Fall – z. B. bei Einkaufsentscheidungen – ist das seltener der Fall. *Zuboff* bringt die damit verbundene Problematik auf den Punkt: „Was auf dem Spiel steht, ist das herrschende Prinzip sozialer Ordnung … und unser Recht als Individuen und Gesellschaften, eine Antwort auf die alten Fragen zu finden: *Wer weiß? Wer entscheidet? Wer entscheidet, wer entscheidet?*"[20]

Wie wir Menschen in Bezug auf das Thema Führung mit der begonnenen Entwicklung umgehen werden, ist aus unserer Sicht davon abhängig, in welchem Ausmaß wir davon

---
[17] Ross, A., „Die Wirtschaftswelt der Zukunft", 2016, S. 310.
[18] Einen interessanten und breiten Einblick gibt z. B. das von *John Brockmann* herausgegebene Buch „Was sollen wir von Künstlicher Intelligenz halten?", 2017.
[19] Ross, A., Die Wirtschaftswelt der Zukunft, 2016, S. 229.
[20] *Zuboff, S.*, Das Zeitalter des Überwachungskapitalismus (2018), S. 595.

profitieren: Ist ein technisches System in der Lage, die Hauptaufgabe der Führung zu erfüllen („Dafür sorgen, dass es gemeinsam funktioniert!"), ohne dabei unseren Widerstand auszulösen? Sicherlich ist das bis zu einem bestimmten Punkt der Fall.

Skeptisch sind wir bei der Frage, ob ein solches System uns attraktive Zukunftsangebote machen kann (7. Kern-Aufgabe). Auf die Frage „Wo komme ich hin, wenn ich dir folge?" wird es wohl in absehbarer Zeit keine Antworten mit breiter Sogwirkung liefern. Und damit bliebe es ein Werkzeug, wie jedes andere Hilfsmittel auch. Oder um genau zu sein: Es blieben *Werkzeuge*! Solange hier keine *zentrale* „Digital Leadership Intelligence" aktiv ist, würden uns diese Werkzeuge bei unterschiedlichsten Projekten und Anliegen zur Seite stehen.

Nun sind wir Menschen allerdings selbst auch nicht sonderlich gut darin, Zukunft zu gestalten. Unser Augenmerk liegt immer noch in erster Linie auf der Bewältigung *konkret erlebbarer* Probleme. Es fällt uns leichter, bei Rückenschmerzen zur Krankengymnastik zu gehen als im schmerzfreien Zustand vorbeugende Übungen beizubehalten. Diese Abhängigkeit vom akuten Leidensdruck führt dazu, dass uns schwerwiegende Probleme wenig berühren, wenn sie nicht schmerzhaft werden. Klimawandel? Ist doch schön, wenn es etwas wärmer wird. Müllkatastrophe? Hauptsache, mein Stadtteil ist ordentlich. Die reine Vernunft vermag hier offenbar keine wesentliche Richtungsänderung einzuleiten.

Zweifellos stehen wir als Gemeinschaft vor großen Herausforderungen, für die wirksame Führung weiterhin entscheidend bleibt. Welcher (technischen) Hilfsmittel sie sich bedient, um ihre Aufgabe professionell wahrzunehmen, wird sich weiterhin wandeln.

3   Wie entwickeln sich unsere Organisationen?

Nicht nur in Bezug auf gesellschaftliche Themen verschärft sich die Herausforderung, Menschen *attraktive, nachhaltige und glaubwürdige Zukunftsversprechen* anbieten zu können. Auch Unternehmen gelingt dies offenbar immer seltener! Eine Ursache ist darin zu sehen, dass sich Organisationen kaum noch als Gemeinschaften verstehen, sondern als *„fluide Gebilde zur Rendite-Produktion"*. Was genau haben solche Konstruktionen uns Menschen – außer einer zunehmend unberechenbaren wirtschaftlichen Existenz und nüchterner Sachlogik – zu bieten? Glaubt wirklich jemand, das wäre durch die Forderung nach einer „werteorientierten Führung" zu lösen!

Ob die aktuelle Faszination von (Social-)Startups und Nonprofit-Organisationen hier eine Lücke schließt, bleibt abzuwarten. Auf jeden Fall verdeutlich sie die Sehnsucht vieler (junger) Mitarbeiter, einen erlebbaren Beitrag zu etwas Sinnvollem zu leisten. Ein Bedürfnis, das tief in unserer menschlichen Geschichte wurzelt – und offenbar selbst nach Jahrtausenden auf breiter Fläche nicht befriedigt wird. Dabei haben junge Menschen nach aktuellen Studien – unabhängig vom Grad der Selbstorganisation in einem Unternehmen – kein Problem mit Führung an sich. Sie suchen allerdings Persönlichkeiten, die herausragen und vorangehen. Diese sollen durch ihr Handeln zeigen, was geht und was getan werden muss.[21]

In sehr vielen Unternehmen wird es für Führungskräfte immer schwerer, dem Bedürfnis der Mitarbeiter nach einer lebenswerten Gemeinschaft, einer sinnhaften persönlichen Rolle und einer beruhigenden Perspektive zu entsprechen. Lässt sich unter solchen Bedingungen Loyalität von Mitarbeiterseite erwarten?

Nun, vielleicht braucht man die in Zukunft gar nicht mehr. Denn Roboter und Algorithmen arbeiten loyaler, fleißiger und disziplinierter als wir. Sie werden nicht krank, haben keine Urlaubsansprüche und emotional werdende Konflikte haben sie auch nicht. „Jedem rational denkenden Unternehmen wird die Einführung arbeitssparender Technologie nahezu immer unwiderstehlich erscheinen."[22] Unsere technischen Helfer tun das, was man ihnen vorgibt. Und das Herrliche ist: sie akzeptieren vorbehaltlos ihre Führungskraft.

Sollten wir uns also gar nicht fragen, ob sich Menschen von einer Künstlichen Intelligenz führen lassen, sondern ob Manager irgendwann gar keine Menschen mehr führen? Studien prophezeien den Verlust von 40–60 % der derzeit vorhandenen Arbeitsplätze.[23]

Wie passt das zum vielzitierten Personalmangel? Ganz einfach: den gibt es nicht! Wir haben keinen *Personal-* sondern einen *Spezialisten*-Mangel. Die Lücken, die Maschinen (noch) nicht schließen können, sind sehr speziell. Damit gibt es eine kleine Gruppe von Menschen, deren Wert immer weiter steigt, weil sie diese abdecken können. Denen geht es wirtschaftlich gut und ihre Marktmacht gibt ihnen die Möglichkeit, eigene Wünsche durchzusetzen (Stichworte: Work-Life-Balance, Arbeitsqualität, „Grad der Verwöhnung", Gehaltserwartungen). Nicht selten fühlen sie sich sehr unabhängig, wechseln häufig den Arbeitgeber oder sind direkt freiberuflich tätig.

Eine Herausforderung für jede Führungskraft – erst recht, wenn diese ansonsten nur noch brave Roboter im Team gewohnt ist. „Im Grunde sind die Führungskräfte heute nicht weniger verunsichert als vor dreißig Jahren, als die Führungspyramide durch das traditionelle Projektmanagement infrage gestellt worden ist."[24] Und dann verlieren die alten Statussymbole und Privilegien auch noch ihre Bedeutung. Oft lösen sie sogar spürbaren Widerstand aus.

Unkomplizierter wird die Lösung der Kernaufgaben der Führung in Zukunft offenbar nicht! Und sicherlich reicht es nicht aus, unsere Organisationen sinnvoll zu verändern bzw. wieder neu an die Rahmenbedingungen anzupassen. Es gilt gleichzeitig, uns auf das uralte menschliche „Erfolgsmodell: geführte Gemeinschaft" rückzubesinnen. Schauen wir über unsere Unternehmen hinaus!

---

[21] *Ayberk, E.-M., Kratzer, L., Linke, L.-P.*, Weil Führung sich ändern muss, 2018, S. 113.
[22] *Ford, M.*, Aufstieg der Roboter, 2016, S. 305.
[23] *Petry, Th.*, Digital Leadership, 2016, S. 35.
[24] *Ayberk, E.-M., Kratzer, L., Linke, L.-P.*, Weil Führung sich ändern muss, 2018, S. 10.

Führung über das Unternehmen hinaus

> *„Wie das Genom der Code für die biologische Lebensfähigkeit von Menschen ist, ist richtiges Management der Code für ihre Lebenstüchtigkeit, also ihre gesellschaftliche Lebensfähigkeit – und gleichzeitig für die Funktionstüchtigkeit der Institutionen einer Gesellschaft."*
>
> *Fredmund Malik, Management-Kenner (Malik, F., Management: Das A und O des Handwerks, 2005, S. 7)*

Haben Sie schon einmal etwas von Rosi Gollmann gehört? Für uns war sie unbekannt, obwohl sie aus unserer Heimatstadt stammt. Offenbar liegt die Betonung dabei auf „für *uns* unbekannt", denn *Käthe Rosalie Gollmann* (geb. 1927) gehört mit ihrem Andheri-Hilfe Bonn e.V. zu den ganz großen Frauen Deutschlands. Ihr Buch „*Einfach Mensch*" berührt. Sie berichtet darin u. a. von der aussichtslosen Situation in einem indischen Dorf (Shantipura), die sie selbst vor einiger Zeit mit „Hier ist nichts mehr zu retten." kommentierte: Dürre, zerstörte Felder, weggeschwemmte Böden, massive soziale Kluften zwischen den Bewohnern …

Ihr war rasch klar, dass – wenn überhaupt – nur die enge Zusammenarbeit zwischen den armen Bauern der Hänge mit den Reichen des Tals den Teufelskreis von Dürre und Monsun-Gewalt durchbrechen könnte. Wer indische Verhältnisse kennt, weiß, wie unwahrscheinlich so ein Schulterschluss ist. Lassen Sie uns direkt zum Happy End springen: In Shantipura wurden innerhalb weniger Jahre nicht nur Analphabeten zu Wassermanagern. Weil die Vorteile des Miteinanders dabei so deutlich hervortraten, gründete man gemeinsam Einkaufs- und Absatzgenossenschaften, und die reichen Landbesitzer zahlen ihren Arbeitern bessere Löhne, treten ihnen sogar Parzellen ab. „Die Menschen haben hautnah erfahren, welcher Schaden entsteht, wenn jeder ausschließlich auf seine eigenen

Interessen aus ist ..."[1] In gemeinsamen Gesprächen erinnerten sich die ältesten Dorfbewohner mit einem Mal wieder an längst vergessen geglaubtes Wissen, wie das Wasser im Abfluss von den Hügeln gebremst und im Tal gespeichert werden konnte. So etwas war nur möglich, weil Kastengrenzen überwunden und die notwendigen Aktionen gemeinsam organisiert wurden. In Ordnung, sagen Sie vielleicht, aber was hat das mit entwickelten Ländern zu tun?

Nun ja, die haben einfach nur andere Probleme. Szenenwechsel: Strukturwandel, Überalterung, Abwanderung in die Städte, nichts von Postkartenidyll. So sieht heute die Realität der meisten Dörfer und kleinen Gemeinden dieser Art in Deutschland aus. Nicht so im inzwischen mit Preisen überhäuften Wiesenburg[2] (ca. 1.300 Einwohner, rund 100 Kilometer südwestlich von Berlin). In enger Gemeinschaft – auch hier spielen interessanterweise Genossenschaften eine Rolle – wurde die Infrastruktur erhalten und ausgebaut, das Dorfzentrum ist wirklich Zentrum geblieben, rund 500 (!) Arbeitsplätze gibt es mittlerweile im Dorf, rund 25 Prozent der Einwohner sind zugezogen, der Kontakt zu ehemaligen Jugendlichen des Dorfes wird systematisch gepflegt ...

Gelingende Gemeinschaften

Hoffentlich sind Sie nicht der Meinung, diese Berichte wären eher ein Beispiel für gute Gemeinschaft und Kooperation, statt für unser Phänomen Führung. Dann wäre es uns nach über 200 Seiten nicht gelungen, Ihnen die enge Verzahnung dieser Aspekte menschlichen Überlebens zu verdeutlichen.

Erinnern Sie sich an einen der ersten Sätze dieses Buchs? Wir wiesen darauf hin, dass die Evolution nicht abgeschlossen ist und dass der Beweis noch aussteht, ob wir Hominiden erfolgreicher sind als andere Lebensformen. Wir haben seitenlang dafür argumentiert, dass unsere Existenz sehr wesentlich auf erfolgreicher Führung beruht. Jetzt möchten wir diesen Gedanken erweitern: *Auf ihr beruht – wie in Shantipura und Wiesenburg – auch unsere Zukunft!*

Derzeit ist es nicht gerade Mode, diese Zukunft allzu rosig zu sehen. Keine Sorge: Wir werden an dieser Stelle weder all die besorgniserregenden Statistiken noch die öffentlichkeitswirksamen Krisenszenarien bemühen. Dazu gibt es genug Veröffentlichungen. Fassen wir deshalb mit dem Zitat eines der berühmtesten Biologen unserer Zeit die Lage zusammen: „Wir haben eine Star-Wars-Zivilisation erschaffen, unterliegen aber zugleich steinzeitlichen Emotionen, besitzen mittelalterliche Institutionen und eine gottgleiche Technologie. Wir teilen nach allen Seiten aus. Wir sind furchtbar verunsichert von der schlichten Tatsache unserer Existenz, und wir sind eine Gefahr für uns selbst und das übrige Leben."[3]

---

[1] *Rosi Gollmann, Beate Rygiert*, Einfach Mensch, 2012, S. 352.
[2] http://www.wiesenburgmark.de.
[3] *Wilson, E.O.*, Die soziale Eroberung der Erde, 2016, S. 15.

Führung über das Unternehmen hinaus 205

Uns scheint es kaum überzogen, viele der gesellschaftlichen Probleme, die uns weltweit massiv beschäftigen, auf zwei entscheidende Herausforderungen – und damit zwei Schlüsselaufgaben – zu reduzieren:

- Wir brauchen *Erfolgsmodelle*, die deutlicher auf ein gelungenes, gemeinsames Leben in unserem Biotop ausgerichtet sind,
- und wir müssen *wirksamer führen*!

Einer der weltweit bekanntesten Wirtschaftsphilosophen, der Norweger *Anders Indset*, formuliert in seinen Worten: „Wir müssen entscheiden, wie wir mit den exponentiellen Technologien, künstlichen Intelligenzen und der damit verbundenen Automatisierung umgehen wollen – solange es hier noch etwas zu entscheiden gibt. Und wir müssen klären, welche Regierungs- und Wirtschaftsmodelle uns dabei helfen können, die gewaltigen Herausforderungen unserer globalisierten Welt zu meistern."[4]

Wir sind überzeugt, dass der *Evolutionäre Ansatz* derzeit das solideste Fundament darstellt, um unser Wissen und Können rund um das Phänomen Führung zu erweitern. Und unsere Beispiele aus Shantipura und Wiesenburg haben verdeutlicht, welches Potenzial insbesondere die 7. Kern-Aufgabe („Attraktion: Der Gemeinschaft zu einer guten Zukunft verhelfen") für unsere weitere Entwicklung hat. Unsere Gesellschaft und die Zukunft der Führung gehen weiterhin Hand in Hand!

▶ Erfolgreiches Wirtschaften und die Weiterentwicklung menschlicher Gemeinschaften müssen **nicht im Widerspruch** zueinander stehen und profitieren massiv von wirksamer Führung!

Gleichzeitig müssen wir aber wohl akzeptieren, dass der ***Ruf unserer Führenden*** „angeschlagen" ist! Bei einer regelmäßig durchgeführten Bürgerbefragung der *forsa* zum Ansehen unterschiedlichster Berufsgruppen waren Manager 2017 in Bezug auf das Vertrauen der Bürger mit 6 % auf Rang 25 zu finden. Nur Werbeagenturen lagen noch einen Prozentpunkt tiefer.

Andere Umfragen[5] verstärken diesen Eindruck. Der *GfK-Vertrauensindex*[6] zeigt, dass in Westeuropa lediglich 15 Prozent der Befragten unseren Konzern-Lenkern trauen. Politiker halten in der GfK-Studie sogar das Schlusslicht (nur 14 Prozent hielten sie für vertrauenswürdig). Und der Ruf wird auch noch ***zunehmend schlechter*** (Abb. 1).

▶ Es steht zu befürchten, dass – all unserer Lobpreisung des Phänomens zum Trotz – Führung seine Rolle im Rahmen der gesellschaftlichen Weiterentwicklung nicht mehr ohne weiteres wahrnehmen kann. Das gilt nicht nur für das Wirtschaftsumfeld,

---

[4] *Indset, A.*, Quantenwirtschaft, 2019, S. 29–30.
[5] Z. B. Allensbacher Berufsprestige-Skala (2011).
[6] Quelle: Pressemitteilung GfK Custom Research vom 8. August 2008.

Manager büßen an Ansehen ein
Gewinner und Verlierer der Berufsgruppen seit 2007 in Prozentpunkten

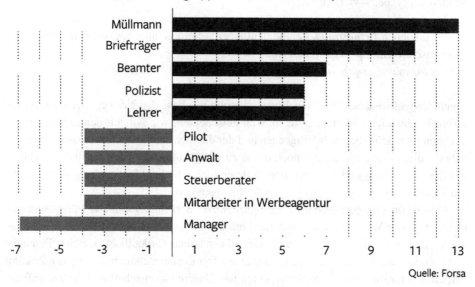

Abb. 1 Ansehen unserer Führenden (nach DIE WELT, 20.10.2011)

sondern auch für die Politik. Während wir das schreiben, berichtet die WELT darüber, dass das Berliner Spitzenpersonal der größeren Parteien massiv (bis zu 10 Prozentpunkte) an Beliebtheit eingebüßt hat. Und die größten Sorgen bereitet den Deutschen nach Infratest Dimap, dass „die gesellschaftlichen Gruppen weiter auseinanderdriften.", „der Klimawandel unsere Lebensgrundlagen zerstört" und „die Parteien auf drängende Fragen keine gemeinsamen Antworten finden".[7] „Politik ist heute in einem magischen Dreieck gefangen. Sie muss die wichtigsten Interessengruppen und die Journalisten bei Laune halten, der Masse der Wähler Problemlösungskompetenz und das Vorhandensein klarer Konzepte vorgaukeln und darf trotzdem die privaten Investoren nicht vergraulen. Und sie bringt das nicht auf einen Nenner."[8]

Die Legitimation unserer Top-Führenden scheint sehr begrenzt, das gesellschaftliche Vertrauen in sie bedeutsam gestört.

Jetzt könnte man sarkastisch sagen, unsere Gesellschaft hätte derzeit zwar zur Verfügung stehende Positionen besetzt, allerdings keine Führenden. Als Gedanke auch gerne – zumeist etwas scheinheilig – eingebracht: „Unsere Manager und Politiker agieren nicht

---

[7] WELT vom 06.09.2019, Seite 5, Der Popularitätsverlust trifft nach den Wahlen fast alle.
[8] *Drenning, M.*, Tauschen und Täuschen. Warum die Gesellschaft ist, was sie ist, 2008, S. 449.

wertebewusst genug!". Ja, so *könnten* wir argumentieren! *Sollten* wir aber nicht! Lassen Sie uns – im Sinne unseres Modells – fragen, von wem diese Menschen für welche Aufgabe legitimiert wurden. Welche Gemeinschaften führen sie, und zu welchem Zweck kamen diese zusammen?

Wir durften in den letzten zwei Jahrzehnten sehr viele Führungskräfte kennenlernen. Nahezu alle sind hochgradig verantwortungsbewusste, kompetente, fleißige und sympathische Menschen. Einigen sind wir mittlerweile freundschaftlich verbunden. Welchen Vorwurf machen wir diesen Persönlichkeiten eigentlich?

▶ Im Grunde können Führende stets nur von den *Mitgliedern ihrer eigenen Gemeinschaft* (Organisation) bzw. der Erreichung der dort *definierten Ziele* beurteilt werden: Schaffen sie Rendite? Mobilisieren sie Wähler? Gewinnen Sie Förderer und Investoren? usw.

Das Urteil Dritter (z. B. der Bürger, der Presse oder ihrer Familie) bleibt entweder eine Privatsache oder ist nachrangig, – außer es bestimmt den Erfolg mit.

Wirtschaftsgemeinschaften haben den Maßstab ihres Funktionierens öffentlich klar definiert und damit auch die Führungsaufgabe! Beides wird de facto am finanziellen Erfolg gemessen und – je nach Organisationsform – mit zusätzlichen Zielen versehen: in Familienunternehmen z. B. mit der Forderung nach Sicherheit für folgende Generationen, in Aktiengesellschaften mit der Erwartung kurzfristiger Erfolge und hoher Börsendotierung, in der Genossenschaft mit dem Bedürfnis nach Gleichheit … Gesellschaftliche Themen und Perspektiven spielen nur insofern eine Rolle, als sie in diesem Zusammenhang nützlich oder schädlich sind.

Auch in der *politischen Landschaft* suchen wir recht vergeblich nach attraktiven Zukunftsversprechen. Im Grunde kann man sich nicht dem Eindruck entziehen, dass Ausblicke hier zunehmend etwas Bedrohliches bekommen. Freude und Lust auf die Zukunft – oder zumindest Zuversicht – werden selten vermittelt. Ein wenig Hoffnung wird dadurch geschürt, dass man konsequent von *Krise* statt von *Umbruch* spricht – und so von etwas zeitlich Begrenztem. Leider werden mit diesem Stilmittel automatisch aber dann auch die falschen Maßnahmen ergriffen. Plakativ gesagt: ***In der Krise sucht man das alte Gleichgewicht wiederzufinden, im Umbruch sucht man nach neuen Erfolgsmodellen!***

Vor diesem Hintergrund scheinen unsere gesellschaftlichen Anliegen zunehmend an viele kleine Organisationen ge- und zerfallen zu sein. Vieles regeln wir privat im Familien- und Freundeskreis, um einiges kümmert sich der Staat. Für den Rest engagieren sich unterschiedlichste Non-Profit-Organisationen, Communities und Initiativen. ***Gibt es ausreichend fruchtbare Diskussionen darüber, wie wir in Zukunft zusammenleben wollen?*** Wir können uns darüber entsetzen, es ignorieren oder weiterhin von unseren Politikern erwarten, dass sie etwas tun, was sie (derzeit?) nicht leisten können. Dann überlassen wir die Entwicklung mehr oder minder zufälligen Machtverhältnissen, Dynamiken und Nebenwirkungen.

Es wäre allerdings auch möglich, aus dieser Lage eine neue, gemeinschaftlich anzugehende Aufgabe abzuleiten. Wir wissen ja mittlerweile, dass ein gigantisches „*Mammut*" den großen Vorteil bieten kann, unsere Kräfte bündeln zu können.

In einem – vielleicht sentimentalen Moment – hat sogar *Darwin* gehofft, die Menschheit würde einmal zusammenwachsen. „Wenn der Mensch in der Kultur fortschreitet und kleinere Stämme zu größeren Gemeinschaften vereinigt werden, so wird das einfachste Nachdenken jedem Individuum sagen, dass es seine sozialen Instinkte und Sympathien auf alle Glieder der Nation auszudehnen hat, selbst wenn sie ihm persönlich unbekannt sind. Ist dieser Punkt einmal erreicht, so besteht dann nur noch eine künstliche Grenze, welche ihn abhält, seine Sympathien auf alle Menschen aller Nationen und Kulturen auszudehnen." [9] Interessanterweise möchte der berühmte Naturwissenschaftler hier „*das einfachste Nachdenken*" gegen die „*sozialen Instinkte*" einsetzen.

Dieser Weg erscheint uns – auf die gigantische Anzahl unterschiedlichster Menschen bezogen – unrealistisch. Aus unseren bisherigen Überlegungen lässt sich aber eine strategische Alternative ableiten:

1. „*Mammut*": Gibt es ein Ziel bzw. Anliegen, dass viele Personen ansprechen und mobilisieren kann? (Attraktion)
2. „*Gemeinschaft*": Lassen sich Menschen finden, die gerne mit anderen zusammen etwas bewegen? (gewachsene Beziehungen)
3. „*Geteiltes Leid*": Sind wir mit den Umständen und Entwicklungen dermaßen unzufrieden, dass wir gemeinsam genug Handlungsenergie mobilisieren? (Schicksalsgemeinschaften)

Allerdings sind wir Menschen vermutlich noch längere Zeit nicht so weit, uns auf ein gemeinsames Vorgehen zu einigen. In unserem Vokabular: Es ist viel leichter, sich auf ein *Mammut* zu verständigen als auf ein *gemeinsames Erfolgsmodell*!

Selbst in Bezug auf die *Organisation einer solchen Aufgabe* ist noch viel Diskussionsbedarf: Nur wenige Futurologen erwarten, dass es etablierte Hierarchien – speziell traditionellen politischen Eliten, aber auch alteingesessenen Unternehmen – in der Zukunft besonders gut gehen wird. *Fukuyama* bildet eine Ausnahme mit seiner Meinung, die Hierarchie werde letztlich den Sieg davontragen, weil Netzwerke allein nicht imstande seien, „einen stabilen institutionellen Rahmen für wirtschaftliche Entwicklungen oder politische Ordnung bereitzustellen".[10]

Wirtschaftsorganisationen, Vereinigungen und Verbände haben ihre Ziele und Führungsstrukturen in der Regel klar definiert. Bei gesellschaftlichen Herausforderungen ist dies – wie wir festgestellt haben – anders! Hier muss erst (a) ein Einigungsprozess in Bezug auf die zu verfolgenden Anliegen stattfinden und (b) ein gemeinsames Erfolgsmodell

---

[9] *Charles Darwin*, Die Abstammung des Menschen, 1966, S. 135.
[10] *Ferguson, N.*, Türme und Plätze, 2018, S. 70 und 74.

gefunden werden. Der gesamte Prozess würde von einer wirksamen, legitimierten Führung zweifellos profitieren.

Da wir diese derzeit nicht ausmachen können, müssen wir uns *gemeinsam um die anstehenden Aufgaben kümmern*. Spielen wir das doch einmal mit unseren bisherigen Erkenntnissen durch:

1. *Besonnenheit*: Vergeuden wir weder Ressourcen noch Motivation in Umsetzungspläne, an die wir nicht gemeinsam glauben können.
2. *Attraktivität*: Definieren wir ein Ziel, um das sich Menschen gerne treffen und zusammentun.
3. *Experimentierfreude*: Initiieren wir gemeinsam eine Vielzahl unterschiedlicher Experimente im „Wahren Leben", die wir dann systematisch auswerten.
4. *Realitätssinn*: Lassen wir uns von den überzeugendsten Ergebnissen leiten. Erarbeiten wir aus den gesammelten Erfahrungen ein tragfähiges gemeinsames Erfolgsmodell.
5. *Kommunikation und Umsetzung*: Schaffen wir nun eine gemeinsame Wirklichkeit und gehen wir dann Schritt für Schritt in eine breitere Umsetzung.

Noch vor einigen Jahren freuten sich Computerwissenschaftler und Fans auf die Möglichkeiten eines „globalen Gehirns" und den sich selbst organisierenden „planetaren Superorganismus".[11] Man träumte von einer Welt freier und gleicher Netzbürger, in der sich quasi alle Probleme durch eine technische Innovation auflösen. Viele dieser Köpfe beschwören auch heute noch berauschende Visionen herauf, die bis in die technisch-biologische Realisierung von Unsterblichkeit hineinranken. Selbst wenn wir das Marktschreierische, an Investoren und Kunden gerichtete Übertreiben, von solchen Zukunftsbildern abziehen, lässt sich hier eine Art „Gemeinde" erkennen.

Mark Zuckerberg rief 2017 Harvard-Studenten dazu auf, bei der Schaffung einer Welt mitzuwirken, in der jeder das Gefühl von Sinnhaftigkeit hat. Neben dem Aufbau von Gemeinschaften und einer Neudefinition von Gleichheit betont er hierbei die gemeinsame Inangriffnahme großer, bedeutsamer Projekte. Ein Aufruf, dem wir uns aus evolutionspsychologischer Perspektive durchaus anschließen können. Überzeugender wäre er allerdings, wenn *Zuckerberg* nicht geradezu die Personifizierung von Ungleichheit der Superstar-Ökonomie darstellen würde. Reine Gläubigkeit erscheint auf diesem Spielfeld auch noch aus anderen Gründen unangemessen. So dürfen wir keinesfalls übersehen, „dass ungeachtet des ganzen utopischen Hypes weniger gutwillige Kräfte bereits gelernt haben, wie die „Kognisphäre" zu ihrem Vorteil zu gebrauchen und zu missbrauchen ist."[12] Das System, das China derzeit zur „Erhöhung der Sicherheit seiner Bürger" entwickelt, fasziniert und beängstigt zugleich.[13] „Ich glaubte, sobald jeder frei reden und Informationen und Ideen austauschen

---

[11] *Heylighen, F., Bollen, J.*, The World-Wide Web as a Super-Brain., in Trappl, R. (Hrsg.) Cybernetics and Systems '96, Wien, 1996, S. 917–922.
[12] *Fersuson, N.*, Türme und Plätze, 2018, S. 492.
[13] *Indset, A.*, Quantenwirtschaft, 2019, S. 297.

könnte, würde die Welt automatisch zu einem besseren Ort werden. Damit lag ich falsch!",
stellte *Evan Williams*[14] im selben Jahr fest, in dem Zuckerberg in Harvard sprach.

Wir möchten durchaus für den Weg sprechen, soziale und gesellschaftliche Herausforderungen (auch) mit technischen Mitteln anzugehen. Hier teilen wir die Haltung des Wirtschaftsphilosophen *Anders Indset*: „Ziel muss es sein, eine starke künstliche Intelligenz zu entwickeln, die unsere Handlungsfreiheit maximiert und nicht etwa einschränkt oder untergräbt."[15] Betrachten möchten wir einen solchen Ansatz nicht als absolute Lösung, sondern einfach als eines der großen Experimente unserer Zeit, die wir bewusst und reflektiert im Auge – und auch unter Kontrolle – halten sollten.

---

[14] einer der Mitbegründer von Twitter.
[15] *Indset, A.*, Quantenwirtschaft, 2019, S. 252–253.

Wettbewerb der Erfolgsmodelle

> *„Wenn Ökonomen durch Entwicklung Veränderungen herbeiführen, dann trägt jedes Experiment – sei es ein neues Unternehmensmodell, eine Komplementärwährung oder eine Opensource-Kooperation – dazu bei, eine neue ökonomische Zukunft zu ermöglichen, zu bestimmen und voranzutreiben."*
> *(Rawort, K., Die Donut-Ökonomie, 2018, S. 350)*
>
> Kate Raworth, Prof. für Ökonomie

Das menschliche *„Basis-Erfolgsmodell"* dürfte mittlerweile als bewiesen gelten: Die Gemeinschaft war der Ausgangspunkt unserer Existenz und hat sich bis heute bewährt! Gleichzeitig scheinen wir in einigen Lebensbereichen (z. B. Leistungssport, Medizin, Technologie) sehr viel professioneller zu agieren, als in Fragen des gesellschaftlichen Fortschritts. So lassen wir es z. B. in der Weiterentwicklung erfolgreichen Miteinanders oder wirksamer Führung an Systematik fehlen. Es gab für solche *„zwischenmenschlichen Leistungsfelder"* nie eine Gilde oder Zunft, keine Profession oder weltweite Struktur, die es auch nur annähernd mit z. B. der technischen Parallelwelt aufnehmen kann. Ist das vor dem Hintergrund der Bedeutsamkeit nicht verblüffend – oder gar besorgniserregend?

Die Evolution selbst interessiert sich nicht für unsere Weiterentwicklung. Sie wartet und sortiert aus, schickt zufallsgesteuert neue Erfolgsmodelle in den Wettbewerb, erlebt kein Problem! Sie hat mit uns nichts Besonderes vor!

Dabei haben wir unser Schicksal spürbarer in der Hand als andere Lebewesen. Warum setzen wir diese Möglichkeit nicht systematisch überall dort ein, wo es für unsere gemeinsame Zukunft nützlich ist?

▶ Worin besteht *unsere besondere Chance*? Wir können Erfolgsmodelle entwerfen, diskutieren, testen, überarbeiten oder wieder verwerfen. Das alles ist zumeist sogar machbar, ohne unsere Existenz dabei ernsthaft zu gefährden.

Es ist jedoch zu befürchten, dass wir mit einer solchen Professionalität an zeitliche Grenzen stoßen: „Je schneller der Wandel, desto größer die Gefahr, dass die Gesellschaft ohne festen Kurs ins Schleudern gerät und in einer Zukunft landet, auf die sie sich so nicht geeinigt hätte."[1]

Im Wirtschaftsumfeld experimentieren wir zwangsläufig. Jede Entscheidung ist hier eine „Wette auf die Zukunft". Damit sind alle Unternehmen (nicht nur Start-ups) Erfolgsmodell-Experimente. Allerdings sind wir selbst in diesen Bereichen nicht so professionell, wie es wertvoll wäre. Sehr gelungen zeigen uns *Collins und Hansen*,[2] welches Potenzial in dieser Strategie für uns Manager noch zu bergen ist. Nachdem unsere Unternehmen nun controlled, schlank, zertifiziert, auf ihr Kerngeschäft konzentriert, prozessorientiert, qualitäts- und kundenorientiert sind, müssen sie …

Ja, was eigentlich? Ihre Marke auf- und ausbauen? Den War-for-Talents gewinnen? Innovativere Produkte und Services entwickeln? Wirksamere Vergütungsmethoden anbieten? Unsere Antwort kennen Sie bereits: Die *„Gewinner-Unternehmen von morgen"* müssen zum einen *innovative Erfolgsmodelle* anbieten, die – inklusive ihrer Produkte und Leistungen – deutlicher auf ein gelungenes, gemeinsames Leben ausgerichtet sind. Zum anderen müssen diese Gemeinschaften *besser geführt* werden!

Wenn tatsächlich einmal beides zusammenkommt, entsteht eine besondere Organisation! Fallen Ihnen dazu viele Namen von Firmen ein? Selbst aus den großen und bekannten Unternehmen hören wir doch eher selten, dass die Mitarbeiter begeistert von der Führungskultur ihres Hauses erzählen. Warum ist das so? Haben wir uns innerlich damit arrangiert, dass wirtschaftlicher Erfolg und gutes menschliches Miteinander nicht zusammen zu finden sind?

> **Tipp: Integration statt Konkurrenz**
> Sie können als nächstes mit der Ankündigung in den Markt gehen, dem Kunden einen intelligenten Chat-Bot anzubieten. Erwarten Sie darauf eine beeindruckende Welle von Aufmerksamkeit?
>
> Welche Wirkung hätte es dagegen wohl, wenn Ihr Konkurrent darauf mit der Meldung reagiert, ein breites soziales Experiment unter dem Titel „*Wirksam führen*" zu starten?

---

[1] *Herles, B.*, Zukunftsblind, 2018, S. 230.
[2] Vgl. *Jim Collins, Morten T. Hansen*, Oben bleiben. Immer., 2012.

In den über 20 Jahren, in denen wir mit Führenden und Geführten zusammenarbeiten, haben wir viele Erfolgsmodelle im Wettbewerb erlebt, an die wir nicht glauben konnten. Die meisten sind gescheitert. Manche nicht.

Was zum Erfolg wird, beweist in letzter Instanz immer das wahre Leben. Es sortiert Untaugliches aus. Mit dieser Haltung und dem *Evolutionären Führungsansatz* möchten wir nun ein alternatives Erfolgsmodell in den Wettbewerb senden. Lassen Sie uns auf *keinen Fall* damit aufhören, nach besseren Lösungen für das gemeinschaftliche Überleben zu suchen.

An dieser Stelle möchten wir nun unsere gemeinsame Reise durch die Welt der Führung vorerst unterbrechen. Es hat Spaß gemacht, mit Ihnen unterwegs gewesen zu sein. Wenn Sie eigene praktische Erfahrungen rund um die *Evolutionäre Führung* planen oder umsetzen: Können Sie uns bitte darüber auf dem Laufenden halten? Vielleicht lernen wir uns ja sogar irgendwann einmal auf dem großen gemeinsamen Weg kennen. Es würde uns sehr freuen!

Bis dahin: Machen Sie es gut!

Anhang

Open-Source-Kreis: Management

> *„Anstatt eine Idee nur anzunehmen oder abzulehnen, kann man die Idee betrachten, um zu „sehen, wohin man damit kommt". Dies verleiht Ideen einen völlig anderen Nutzwert. Wir müssen viel mehr Gewicht auf Gestaltung legen ..."*
>
> *Edward de Bono, weltbekannter Kreativitätsforscher*

Der renommierte Management-Denker *Gary Hamel* kritisiert uns Führende sehr provokant.[1] In diesem Zusammenhang weist er auch darauf hin, dass die aktuelle Management-Haltung im selben Zeitraum entstand, wie die Glühbirne, das Telefon und das Automobil. Sein von wenig Gnade gekennzeichnetes Urteil kann – wie wir selbst erleben durften – bei dem einen oder anderen Manager berechtigten Widerstand auslösen.

Vermutlich dürfen wir seine Kommentare in erster Linie als Ausdruck persönlicher Leidenschaft für unser Thema verstehen, denn er bezeichnet gleichzeitig das Management als eine der wichtigsten *„sozialen Technologien der Menschheit"*. Gefreut haben wir uns

---

[1] „Was würden Sie dazu sagen, wenn Sie wüssten, dass ein Arzt mehr Patienten umbringt als heilt? Und was, wenn ein Polizist mehr Morde begeht als aufklärt, oder wenn ein Lehrer die Schüler im Laufe des Schuljahrs eher dümmer als klüger macht? Und was wäre, wenn Sie dann noch entdecken würden, dass dies nicht die Ausnahme, sondern die Regel ist – wenn dies für die meisten Ärzte, die meisten Polizisten und die meisten Lehrer gilt? Sie wären sicherlich mehr als perplex – Sie wären außer sich vor Wut und würden verlangen, dass sofort etwas dagegen getan wird! Warum nehmen wir es dann so ruhig hin, wenn wir mit Daten konfrontiert werden, die zeigen, dass die meisten Manager die Begeisterung ihrer Mitarbeiter eher ersticken als fördern? Warum sind wir nicht wenigstens ein bisschen ärgerlich darüber, dass unsere Managementsysteme hervorragende Leistungen eher bremsen als unterstützen?" (*Gary Hamel*, Worauf es jetzt ankommt, 2013, S. 153).

darüber, dass er zu ihrer Weiterentwicklung u. a. den Blick in die Anthropologie und Biologie empfiehlt.

Ein anderer berühmter Kopf der Szene ist bezüglich einer systematischen Weiterentwicklung unseres Phänomens Führung skeptisch, da es seiner Ansicht nach beim Managen kaum Bereiche gibt, „… für die verlässliche festgelegte Verfahrensweisen existieren, die auf ihre Wirksamkeit hin überprüft wurden … Der Ingenieur- und der Arztberuf beruhen auf kodifiziertem Wissen, das nach feststehenden Regeln zu erlernen ist. Deshalb kann der erfahrene Ingenieur oder Arzt den Laien fast immer übertrumpfen."[2] Mit dem *Evolutionären Führungsansatz* ändern wir jedoch diese Lage: **Wir legen Verfahrensweisen vor, die auf ihre Wirksamkeit hin überprüft werden können!**

Hamel hat derzeit die Idee, Management in weltweiter Zusammenarbeit weiterzuentwickeln.[3] In Ermangelung eines Führungsmodells hat er 2008 von sechsunddreißig Managementexperten eine Grundlage in Form von 25 Management-Regeln (er nennt sie „Moonshots") erarbeiten lassen.[4] Eine herrliche Idee! Dass wir dennoch mit unserer **Open-Source-Initiative: Management** einen eigenen Weg gehen, hat drei Gründe:

1. Wir bewegen uns nicht im konzeptfreien Raum! Die *Evolutionäre Führung* bietet ein konkretes theoretisches Fundament an, auf dem eine gezielte Weiterentwicklung schneller, wirksamer und systematischer möglich ist. Wir arbeiten an Theorie („*Quellcode*") und Praxis („*Anwendung*") parallel!
2. Um nicht auf dem Niveau der Aneinanderreihung unterschiedlicher Erfahrungen zu verharren, muss der *„Quellcode der Führung"* weiterentwickelt werden. Das verlangt intensiven Austausch, reflektierte Praxis und bewusste Qualitätssicherung der Ergebnisse. Der aus der IT-Welt stammende Open-Source-Ansatz verfügt über methodisches Know-how, von dem wir profitieren können.
3. Es ist, wie wir gesehen haben, für die Führenden unserer Gesellschaft wichtig, wieder Vertrauen aufzubauen – zumindest, wenn sie mehr **gesellschaftliche Verantwortung** übernehmen wollen. Auch in diesem Sinne sieht sich der *Open-Source-Kreis: Management* verpflichtet.

Die Initiative versteht sich nicht als „Treffpunkt der Manager des Jahres". Vielmehr geht es (a) um den persönlichen Mut zu innovativem Handeln und zur offenen Begegnung, (b) um die Wahrhaftigkeit in Bezug auf Selbstreflexion und Analyse und (c) die Bereitschaft, auch über die eigenen Organisationsziele hinaus Verantwortung zu übernehmen.

---

[2] *Henry Mintzberg*, Managen, S. 25/26.
[3] Vgl. www.managementexchange.com.
[4] *Gary Hamel*, Worauf es jetzt ankommt, 2013, S. 261 ff.

▶ Wir wollen gemeinschaftlich und systematisch das *Verständnis des Phänomens Führung* vertiefen, die eigene *Wirksamkeit als Führungskraft* zu vergrößern und das Wissen für den *gesellschaftlichen Fortschritt* einsetzen und weitergeben.

Es ist dabei eine besondere Herausforderung, dies alles nicht im berühmten Elfenbeinturm zu verwirklichen, sondern im anstrengenden, hektischen und irgendwie stets auch gnadenlosen Management- und Berufsalltag. Dabei hilft es außerordentlich, sich dieser Aufgabe in einer Gemeinschaft motivierter und sympathischer Menschen zu widmen!

Sollten Sie sich fragen, welchen Beitrag Sie selbst in diesem Rahmen leisten können, dann lassen Sie uns noch einen Moment beim Open-Source-Gedanken bleiben. Dieser verlangt zum einen, dass der **Quellcode (der Führung)** offengelegt ist. Das ist in der 3. Auflage in einem Umfang geschehen, den wir als Berater noch vor einigen Jahren als Gefährdung von Geschäftsgeheimnissen bezeichnet hätten. Selbstredend, dass unser Ansatz von Ihrer **Weiterempfehlung des Buches** profitiert! Es wäre sehr schön, wenn Sie dies täten.

Sie können zudem – ebenso wie wir es tun – selbst auf dieser Grundlage führen oder systematisch **Projekte initiieren und auswerten**. Wir wären Ihnen besonders dankbar, wenn Sie Ihre Erfahrungen auch in die **gemeinsame Diskussion** einbrächten, z. B. im persönlichen Gespräch oder im Rahmen kommender **Open-Source-Managementtagung**. *Sind Sie dabei?*[5]

Interviewpartner

Wir möchten uns ganz herzlich bei all unseren Kunden und Gesprächspartnern dafür bedanken, dass sie uns an ihren Erfahrungen und Sichtweisen haben teilhaben lassen.

Namentlich erwähnen dürfen wir an dieser Stelle:

Martina Baier war zum Zeitpunkt des Interviews 2013 Bereichsleiterin Personal der Robinson Club GmbH, Hannover. Heute ist sie als selbstständige Coachin tätig.

Peter van Eyk war zum Zeitpunkt des Interviews 2013 Bereichsleiter Human Resources Development & Management der Vivento-Group/Deutsche Telekom AG, Bonn. Er ist Präsident der EMCC Germany, Mitglied der „Open-Souce-Initiative: Management" und heute selbstständiger Coach.

Nancy Fuchs war zum Zeitpunkt des Interviews 2019 Leiterin der Personalentwicklung der EWR GmbH – Unternehmensverbund Stadtwerke Remscheid GmbH.

Maik Holtz war zum Zeitpunkt des Interviews 2019 Berater der HRT – Training & Consulting im Hochrisikobereich (Feuerwehr-Einsatzkräfte, Polizisten/ -innen u. ä.).

---

[5] Sie erreichen uns unter opensource@evolutionäre-führung.de.

Roland Keppler war zum Zeitpunkt des Interviews 2013 CEO von Europcar International in Paris und Mitglied der „Open-Souce-Initiative: Management". Nachdem er danach für den Daimler- und den TUI-Konzern tätig war, leitet er heute die Onlineprinters GmbH.

Jan Knott war zum Zeitpunkt des Interviews 2019 Produktspezialist Flottenmanagement, Digitalisierung der Bauwirtschaft, Carl Beutlhauser Baumaschinen GmbH.

Tobias Könning war zum Zeitpunkt des Interviews 2019 Berater bei der GSD Gesellschaft für Sparkassendienstleistungen mbH.

Max Lehmann war zum Zeitpunkt des Interviews 2019 Senior Director Human Resource bei SIXT Leasing SE.

Pascal Machate war zum Zeitpunkt 2019 des Interviews Human Resource Manager der Hewlett-Packard CDS GmbH.

Dr. Peter May betreute sein ganzes Berufsleben lang Leistungssportler und Manager aus medizinischer Sicht (MVZ Dr. May Dr. Fehring, Bonn). Mit ihm durften wir 2013 über Ähnlichkeiten und Unterschieden zwischen diesen Gruppen sprechen. Er verstarb 2019 und wird uns immer fehlen.

Günter Reichart war zum Zeitpunkt des Interviews 2013 Vertriebsvorstand der EWR AG in Worms, ist Mitglied der „Open-Souce-Initiative: Management" und heute selbstständig beratend tätig.

Philipp Vossen war zum Zeitpunkt des Interviews 2019 HR Business Partner Enterprise Solutions, HRS Group.

Prof. Gerd-Christian Weniger war zum Zeitpunkt des Interviews 2013 Direktor des Neanderthal-Museums.

Daniel Zinner war zum Zeitpunkt des Interviews 2019 Head of Human Resource der AVANCIS GmbH und ist heute selbstständig beratend tätig.

Literaturverzeichnis

Folgende Autoren haben uns mit ihren Erfahrungen, ihrer Fantasie und ihrem Wissen sehr angeregt. Sollten wir ihnen in unserer Arbeit in manchen Punkten widersprochen haben, schmälert das unsere Hochachtung für ihre Kompetenz in keiner Weise. Für ein möglicherweise unzulängliches Verstehen entschuldigen wir uns an dieser Stelle, verbunden mit der herzlichen Bitte, uns unsere Missverständnisse zu erläutern.

Buchtitel, die uns auffallend inspirierten, haben wir hier fettgedruckt.

Allman, W. F., Mammutjäger in der Metro. Wie das Erbe der Evolution unser Denken und Verhalten prägt, 1999, Berlin: Spektrum

Ayberk, E.-M., Kratzer, L., Linke, L.-P., **Weil Führung sich ändern muss, 2018, Wiesbaden: Springer**

Baxter, St., **Evolution. Ein Roman, 2004, München: Heyne**

Becker, M., Personalentwicklung, 2. Auflage, 1999, Stuttgart: Schäffer-Poeschel

Berg, W., Die Teilung der Leitung, Ursprünge industriellen Managements in den landwirtschaftlichen Gutsbetrieben Europas, 1999, Göttingen: Vandenhoeck & Ruprecht

***Bonazzi, G.*, Geschichte des organisatorischen Denkens, 2014, Wiesbaden: Springer**

***Brockmann, J.*, Was sollen wir von Künstlicher Intelligenz halten?, 2017, Frankfurt/M.: Fischer**

Brodbeck, F.C., Internationale Führung, 2016, Heidelberg: Springer

Brown, A., Der Mythos vom starken Führer, 2018, Berlin: Ullstein

Buckingham, M., The One Thing. Worauf es ankommt, 2006, Wien: Linde

Buckingham, M., Coffman, C., Erfolgreiche Führung gegen alle Regeln, 4., aktualisierte und erweiterte Auflage, 2012, Frankfurt/M.: Campus

Buskes, Ch., Evolutionär denken, Darwins Einfluss auf unser Weltbild, 2008, Darmstadt: Primus

Buss, D. M., Evolutionäre Psychologie, 2. Auflage, 2004, München: Pearson Studium

***Collins, J. & Hansen, M.T.*, Oben bleiben. Immer., 2012, Frankfurt/M.: Campus**

***De Bono, E.*, Think! Denken, bevor es zu spät ist, 2. Aufl., 2010, München: mvg**

***Diamond, J.*, Vermächtnis. Was wir von traditionellen Gesellschaften lernen können, 2012, Frankfurt/M.: Fischer**

Diamond, J., Krise. Wie Nationen sich erneuern können, 2019, Frankfurt/M.: Fischer

Dijksterhuis, A., Das kluge Unbewusste. Denken mit Gefühl und Intuition, 2010, Stuttgart: Klett-Cotta

***Dick, R. van, Fink, L.* Führungsstile. Prominenten und Persönlichkeiten über die Schulter geschaut, 2019, Berlin: Springer**

***Drenning, M.*, Tauschen und Täuschen. Warum die Gesellschaft ist, was sie ist, 2008, Wien: Ueberreuter**

Eberl, U., Smarte Maschinen, 2016, München: Hanser

Ferguson, N., Türme und Plätze. Netzwerke, Hierarchien und der Kampf um die globale Macht, 2018, Berlin: Propyläen

Fischer, K., Generation Laminat. Mit uns beginnt der Abstieg, 2012, München: Albrecht Knaus

Ford, M., Aufstieg der Roboter, 2016, Kulmbach: Plassen

Fortey, R., Leben. Eine Biographie, 2002, München: DTV

***Goffee, R. & Gareth, J.*, Why should anyone be led by you?, Boston: Harvard Business School Press, 2006**

***Goldin, I. & Kutarna, Ch.*, Die zweite Renaissance, München: FinanzBuch, 2016**

Gollmann, R. & Rygiert, B., Einfach Mensch. Das Unmögliche wagen für unsere Welt, 2012

Gomez, P. & Probst, G., Die Praxis des ganzheitlichen Problemlösens, 3. Auflage, 1999, Stuttgart: Haupt

Goss, T., Schaffen Sie Ihre Zukunft neu, 2000, Düsseldorf/Berlin: Metropolitan

Gottwald, F.-Th., Sprinkwart, K.P., Social Business. Für ein neues Miteinander, 2011, München: F.A. Herbig

Grand, A., Non Konformisten. Warum Originalität die Welt bewegt, 2016, München: Droemer

Gray, J., Von Menschen und anderen Tieren. Abschied vom Humanismus, 2012, München: DTV

Grünewald, St., Wie tickt Deutschland? Psychologie einer aufgewühlten Gesellschaft, 2019, Köln: Kiepenheuer & Witsch

Hamel, G., Worauf es jetzt ankommt, 2013, Weinheim: Wiley-VCH

Harari, Y.N., Homo Deus. Eine Geschichte von morgen, 2017, München: Beck

Herles, B., Zukunftsblind. Wie wir die Kontrolle über den Fortschritt verlieren, 2018, München: Droemer

Herzog, R., Staaten der Frühzeit: Ursprünge und Herrschaftsformen, 1998, München: Beck

Hölldobler, B., Wilson, E.O., Der Superorganismus. Der Erfolg von Ameisen, Bienen, Wespen und Termiten, 2009, Heidelberg: Springer

Hübler, M., New Work: Menschlich – Demokratisch – Agil: Wie Sie Teams und Organisationen erfolgreich in eine digitale Zukunft führen, 2018, Regensburg: Metropolitan

Indset, A, Quantenwirtschaft. Was kommt nach der Digitalisierung?, 2019, Berlin: Econ

Klingner, A., Heimliche Regenten. Astrologen als Drahtzieher der Macht, 2012, München: Rolf Heyne

Lehky, M., Leadership 2.0, 2011, Frankfurt/M.: Campus

Malik, F., Führen, Leisten, Leben. Wirksames Management für eine neue Zeit, 2001, München: Heyne

Malik, F., Management: Das A und O des Handwerks, 2005, Frankfurt: Frankfurter Allgemeine Buch

Marcus, G., Der Ursprung des Geistes. Wie Gene unser Denken prägen, 2005, Düsseldorf: Walter

McNamara, P., Trumbull, D., An Evolutionary Psychology of Leader-Follower Relations, 2009, New York: Nova Science Publishers, Inc.

Mintzberg, H., Managen, 2. Aufl., 2011, Offenbach: GABAL

Moffett, M.W., Was uns zusammenhält. Eine Naturgeschichte der Gesellschaft, 2019, Frankfurt: Fischer

Morozov, E., Smarte neue Welt, 2013, München: Blessing

Müller, S., Köhler, D., Hinrichs, G., Täterverhalten und Persönlichkeit, 2005, Frankfurt: Verlag für Polizeiwissenschaft

Musolff, C. & Hoffmann, J. (Hrsg.), Täterprofile bei Gewaltverbrechen. Mythos, Theorie und Praxis des Profilings, 2002, Berlin: Springer

National Intelligence Council (NIC), Die Welt im Jahr 2035 – gesehen von der CIA, 2017, München: Beck

Nicholson, N., How hardwired is Human behavior?, in HARVARD BUSINESS REVIEW, Juni-August 1998, S. 134–147

Neuberger, O., Führen und führen lassen: Ansätze, Ergebnisse und Kritik der Führungsforschung, 6. Auflage, 2002, Stuttgart: Lucius und Lucius

Nye, J., Macht im 21. Jahrhundert. Politische Strategien für ein neues Zeitalter, 2011, München: Siedler

Nowak, M.A., Highfield, R., Kooperative Intelligenz, 2013, München: Beck

Pauen, M., Macht und soziale Intelligenz, 2019, Frankfurt/M.: S. Fischer

Petry, Th. (Hrsg.), Digital Leadership, 2016, Freiburg: Haufe

Pinker, S., Gewalt. Eine neue Geschichte der Menschheit, 2011, Frankfurt/M.: S. Fischer

Rawort, K., Die Donut-Ökonomie, 2018, München: Hanser

Reich, R., Super-Kapitalismus. Wie die Wirtschaft unsere Demokratie untergräbt, 2008, Frankfurt/M.: Campus

Ridley, M., Wenn Ideen Sex haben. Wie Fortschritt entsteht und Wohlstand vermehrt wird, 2011, München: Deutsche Verlags-Anstalt

Ries, E. (Hrsg.), Lean Enterprise, 2019, Heidelberg: O'Reilly

Rootselaar, F. van, Leben in schwierigen Zeiten, 2019, Darmstadt: wbg Theiss

Rosenstiel, L. v., Lang-von-Wins, Th., Perspektiven der Potentialbeurteilung, 2000, Göttingen: Hogrefe

Rosenstiel, L. v., Regnet, E. & Domsch, M. (Hrsg.), Führung von Mitarbeitern, 5. Auflage, 2003, Stuttgart: Schäffer-Poeschel

Ross, A., Die Wirtschaftswelt der Zukunft, 2016, Kulmbach: Plassen

Sarges, W. (Hg.), Management-Diagnostik, 2. Auflage, 1995, Göttingen: Hogrefe

Scheidel, Walter, Nach dem Krieg sind alle gleich. Eine Geschichte der Ungleicheit, 2018, Darmstadt: sbg Theiss

Scott, J.C., Die Mühlen der Zivilisation, 2019, Berlin: Suhrkamp

Sedlacek, Th., Die Ökonomie von Gut und Böse, 2012, München: Carl Hanser

Sennet, R., Die Kultur des neuen Kapitalismus, 5. Aufl., 2011, Berlin: Bloomsbury

Sennet, R., Zusammenarbeit. Was unsere Gesellschaft zusammenhält, 2012, München: Hanser

Siegel, D. J., Wie wir werden die wir sind. Neurobiologische Grundlagen subjektiven Erlebens & die Entwicklung des Menschen in Beziehungen, 2006, Paderborn: Junfermann

Spisag, B. R., Nicholson, N., van Vugt, M., Leadership in Organizations: An Evolutionary Perspective; in: *Saad, G.* (ed.) Evolutionary Psychology in the Business Sciences, 2011, Berlin: Springer

Sprenger, R. K., Radikal führen, 2012, Frankfurt: Campus

Tomasello, M., Eine Naturgeschichte des menschlichen Denkens, 2014, Berlin: Suhrkamp

van Vugt, M.: Selected, 2010, London: Profile Books

Vaughn, K. J., Eerkens, J. W., Kantner, J. (Edit.): The Evolution of Leadership, 2010, Santa Fe: School for Advanced Research Press

Voelpel, S., Lanwehr, R.: Management für die Champions League, 2009, Erlangen: Publicis Publishing

Ward, P., Kirschvink, J.: Eine neue Geschichte des Lebens, 2018, München: Pantheon
Weibler, J.: Personalführung, 2001, München: Vahlen
Weinert, A. B., Organisations- und Personalpsychologie, 5. Auflage, 2004, Weinheim: Beltz
Welch, J. und S.: Winning. Das ist Management, 2005, Frankfurt: Campus
Weniger, G.-Ch.: Projekt Menschwerdung. Streifzüge durch die Entwicklungsgeschichte des Menschen, 2003, Heidelberg/Berlin: TB Spektrum
Wilson, E.O., Die soziale Eroberung der Erde, 2014, München: Beck
Wunderer, R., Führung und Zusammenarbeit. Eine unternehmerische Führungslehre, 5. Auflage, 2003, München: Luchterhand
Zuboff, S., Das Zeitalter des Überwachungskapitalismus, 2018, Frankfurt/M.: Campus

Stimmen zum Buch

„Das Buch ist ohne Frage eine faszinierende Lektüre. Alznauers ungewöhnliche Ansätze fördern viele spannende Ideen rund um das Thema Führung zutage. Inhalt: Exzellent." *(Buch der Woche im Hamburger Abendblatt)*

„Das Buch ermöglicht ungewöhnliche Zugänge zum Thema Führung. Es ist sowohl für Führungskräfte als auch für Mitarbeiter eine spannende Lektüre." *(Controller News)*

„Insgesamt bietet Alznauer eine interessante Entmystifizierung des Führungsbegriffs." *(Schweizer Zeitschrift Cash)*

„Das Buch vermittelt eine ungewöhnliche Fülle von Anregungen und eine wertvolle Basis für die konstruktive Führungsarbeit." *(Niedersächsische Rundschau)*

„Michael Alznauer stellt den Kern erfolgreicher Führung auf den Kopf. Seine Thesen könnten eine Revolution in den Chefetagen auslösen." *(Zeitschrift Nobilis)*

Michael Alznauer, Jahrgang 1962, hat in Bonn Klinische Psychologie und Diagnostik studiert, bevor er vor über 25 Jahren begann, sich mit dem Phänomen Führung auseinanderzusetzen. Seither hat er einige Tausend Führungskräfte in ihrer Aufgabe unterstützt und begleitet.

Er ist verheiratet, Vater zweier erwachsener Kinder und seit einigen Jahren Mitglied eines Wohnprojekts in einem ehemaligen Kloster in Bonn. Hier sind auch die von ihm gegründeten Beratungsunternehmen ansässig.

Anhang

Valerie Lesaar, Jahrgang 1988, hat in ihrer kaufmännischen Ausbildung und dem folgenden Wirtschaftspsychologie-Studium ihre Faszination an der validen und wertschätzenden Arbeit mit Führenden und Geführten entdeckt. Sie überprüfte erstmals mit wissenschaftlichen Mitteln das Evolutionäre Führungsmodell (2015), entwickelte das Management-Profiling weiter und hat ihre Leidenschaft für Change Prozesse zur Profession gemacht.

Sie ist engagierte Tierschützerin und findet ihren Ruhepol in der Natur. Gemeinsame Zukunftsgestaltung ist ihre Passion.

Sie erreichen die Autoren über die beruflichen Netzwerke (XING, LinkedIn) oder ihre Unternehmen
  www.LEAD2gether.de
  www.Management-Profiling.com
  www.Change-Support-Team.de